HEYNE <

W0058593

Das Buch

Seit seiner Jugend sammelte Hellmuth Karasek, Journalist und Schriftsteller, Witze in allen Varianten. Diktatorenwitze, jüdische Witze, Arztwitze, Irrenwitze, Männerwitze, Frauenwitze, Elefantenwitze – kein Lebensbereich, der nicht als Witz taugt. Viele davon gibt er in seinem Buch preis. Natürlich interessierte er sich dabei auch für den geistigen Hintergrund, für Freuds psychoanalytische Deutung, für die Psychologie hinter der Pointe: Was macht Witze witzig? Gibt es ganz neue oder nur immer wiederkehrende Varianten? Ist der Witz eine wirksame Waffe der Unterdrückten? Unterscheidet sich der Humor von Frauen und Männern? So machte er sich stark für eine fast vergessene Kultur, die angeblich keine ist. Er verstehte den Witz als die kürzeste und präziseste Form von erzählter Literatur. Romanautoren brauchen hunderte Seiten, um die Realität zu erfassen, ein Witz kann dies in wenigen Zeilen auf den Punkt bringen. Angeregt wurde Karaseks Buch von gemeinsamen Auftritten mit dem Arzt, Bestsellerautor und erfolgreichen Komiker Eckart von Hirschhausen.

Der Autor

Hellmuth Karasek war Journalist und Schriftstelle und leitete über zwanzig Jahre lang das Kulturressort des Nachrichtenmagazins *Der Spiegel*. Er war Herausgeber des Berliner *Tagesspiegels* und zuletzt Autor bei *Welt* und *Welt am Sonntag*. Hellmuth Karasek starb 2015.

Lieferbare Titel

HELLMUTH KARASEK

SOLL DAS EIN WITZ SEIN?

HUMOR IST, WENN MAN TROTZDEM LACHT

MIT EINEM VORWORT VON
ECKART VON HIRSCHHAUSEN

WILHELM HEYNE VERLAG
MÜNCHEN

Verlagsgruppe Random House FSC® N001967
Das für dieses Buch verwendete FSC®-zertifizierte Papier *Holmen Book Cream*
liefert Holmen Paper, Hallstavik, Schweden.

6. Auflage
Vollständige deutsche Taschenbuchausgabe 01/2014
Copyright © 2011 by Quadriga Verlag, Berlin,
in der Bastei Lübbe GmbH & Co.KG, Köln
Copyright © 2014 dieser Ausgabe by Wilhelm Heyne Verlag,
München, in der Verlagsgruppe Random House GmbH
Printed in Germany
Umschlaggestaltung: Nele Schütz Design, München,
unter Verwendung der Umschlaggestaltung von
© Uwe C. Beyer und des Umschlagfotos von © Marco Grundt
Satz: Pinkuin Satz und Datentechnik, Berlin
Druck und Bindung: GGP Media GmbH, Pößneck
ISBN: 978-3-453-41269-9

www.heyne.de

INHALT

SOLL DAS EIN WITZ SEIN?

ECKART VON HIRSCHHAUSEN
VORWORT

Kennen Sie den? Kommt ein Literaturkritiker zum Arzt ...
Klingt wie der Einstieg in einen Witz. Und so ist die Idee zu diesem Buch auch entstanden: Von Wein und Pasta beflügelt, in einer Kneipe auf Sylt, wo Hellmuth Karasek und ich im Lauf eines langen Abends eine gemeinsame Leidenschaft entdeckten: das Witzeerzählen.

Und wenn man, wie wir beide, schon seit Jahren auf der Suche nach guten Witzen ist, freut es jeden von uns umso mehr, auf einen Kenner und Sammler zu stoßen, der noch andere seltene Kostbarkeiten in seinem Repertoire hat. Bis spät in die Nacht hauten wir uns die Pointen um die Ohren und hatten samt allen anderen Anwesenden an unserem Tisch sehr viel Spaß. Im Nachhinein heißt es bei solchen Gelegenheiten stets: »Man hätte dabei sein müssen.« Deshalb haben wir unser nächtliches Treffen noch einmal aufleben lassen, in Berlin in der »Bar jeder Vernunft«. Und jetzt kann jeder nachträglich noch »live« dabei sein, denn wir haben es aufgenommen und zugunsten der Stiftung HUMOR HILFT HEILEN eine CD daraus gemacht: *Ist das ein Witz?*

Als Arzt hat mich die Wirkung von Humor schon immer fasziniert: Genauer gesagt war ich erst Komiker und dann Arzt, nicht umgekehrt. Denn schon in der Schulzeit sammelte ich Witze und trat als kabarettistischer Zauberkünstler auf.

Wenn man die Physiologie des Lachens betrachtet, erkennt man, dass Humor das natürlichste Anti-Stress-Mittel ist, das es überhaupt gibt. Wenn wir Angst haben, weil wir nicht wissen, ob etwas Bedrohliches auf uns zukommt, dann spannen wir unsere Muskeln an. Aber was tun wir, wenn wir lachen? Wir entspannen unsere Muskeln, lassen sie gewissermaßen los, denn im Lachen können wir die Muskelspannung gar nicht aufrechterhalten. Kinder wälzen sich vor Lachen auf dem Boden, lachende Erwachsene krümmen sich, können manchmal gar Muskeln entspannen, die sie eigentlich seit ihrem vierten Lebensjahr ganz gut unter Kontrolle hatten. Daher kommen auch Redewendungen wie: Man lacht sich krumm, kaputt oder gar krank.

Nach dem Lachen sinkt der Blutdruck, und das Immunsystem verbessert sich. Gut belegt ist die schmerzhemmende Wirkung des Lachens. Das kann jeder selbst überprüfen: Hauen Sie sich mit einem Hammer auf den eigenen Daumen! Einmal alleine, und dann noch einmal in Gesellschaft, Sie spüren den Unterschied. Alleine tut es lange weh, in Gesellschaft muss ich über mein Missgeschick lachen, und der Schmerz lässt nach. Deshalb sollten Menschen mit Schmerzen nicht alleine sein und etwas zu lachen bekommen. Bis es Humor auf Krankenschein gibt, ist es sicher noch ein weiter Weg, aber man darf ja wohl träumen von einer neuen Kultur, die sich mehr damit beschäftigt, was der menschlichen Seele guttut und sie vor Stress schützt. Im Gesundheitswesen und in der Gesellschaft.

Ein verbreitetes Vorurteil verbannt das Lachen ins Reich des Oberflächlichen. Unsinn, im Gegenteil: Die Psychologie des Humors stößt zu den grundlegendsten Menschheitsfragen vor – wie ticken wir, warum täuschen wir uns so leicht, wie kommen wir der Wirklichkeit näher, woran halten wir gedanklich fest, und wann sind wir bereit, die Kontrolle abzugeben, loszulassen, uns im Lachen hinzugeben und zu ergeben?

Bei aller Übereinstimmung gibt es zwischen Hellmuth Karasek und mir naturgemäß auch Auffassungsunterschiede: Er bezieht sich gern auf Sigmund Freud und die Psychoanalyse, die ich arg verquast finde. Das ganze Gedankengebäude in einem Aphorismus zusammengefasst: Wenn jemand eine Schraube locker hat, liegt es an der Mutter. Und wenn man den Freudianern mit vernünftigen Argumenten kommt, lautet ihre stereotype Antwort: Da hast du etwas verdrängt.

Ich bin überzeugt, dass es zeitgemäßere und wirksamere Ideen in der Psychotherapie gibt. So arbeitet man in der Hypnotherapie, den systemischen Ansätzen und auch in der provokativen Therapie nach Frank Farrelly mit der heilenden Wirkung von humorvollen Geschichten. Da kann eine Geschichte, zum richtigen Zeitpunkt in einer tragfähigen Beziehung erzählt, mit einem Gedanken ein ganzes Lebensprinzip verdeutlichen. Und hinter diese Erkenntnis des anderen Blickwinkels kommt man auch nicht mehr zurück. Zum Beispiel die Erkenntnis, dass es besser ist, eine offenkundige Schwäche gar nicht erst zu verstecken, sondern aus der Schwäche eine Stärke zu machen:

Ein Stotterer bewirbt sich als Vertreter, er will Bibeln von Tür zu Tür zu verkaufen. Der Vertriebsleiter der christlichen Firma ist skeptisch, erbarmt sich jedoch: »Na gut, hier haben Sie eine Bibel, probieren Sie mal Ihr Glück.« Eine halbe Stunde später ist der Stotterer wieder da. Verkauft! Der erstaunte Vertriebsleiter gibt ihm jetzt drei Bibeln – nach einer Stunde sind auch die verkauft. Um es kurz zu machen: In zwei Tagen sind dreißig Bibeln verkauft, da nimmt der Vertriebsmann den Stotterer zur Seite und sagt: »Guter Mann, ich mache das seit zwanzig Jahren, habe aber noch nie erlebt, dass jemand so erfolgreich Bibeln verkauft. Ich verrate Ihren Trick nicht, aber sagen Sie mir bitte, wie Sie das machen.« »G-g-ganz einfach. Ich k-klingel und sag, hier ist die Bi-Bibel, wollen S-S-Sie k-k-kaufen, oder soll ich vo-vo-vorlesen?«

Eine große Leitfigur dieser Art moderner Psychotherapie ist Viktor Frankl, der aus seiner eigenen Biografie eine unglaubliche Wende im therapeutischen Denken entwickelt hat. Im KZ hat er mit anderen jüdischen Häftlingen verabredet, jeden Tag einen Witz zu erzählen. Im Nachhinein sagte er, dass dieses Festhalten an der Freiheit im Kopf ihm in der verzweifelten Situation immer wieder Kraft gegeben habe. Aus seinen traumatischen Erfahrungen hat Viktor Frankl später die Logotherapie entwickelt, die davon ausgeht, dass Menschen das Erlebnis von Sinn, von Sinnhaftigkeit dringender benötigen als alles andere. Wenn ein Patient sich beispielsweise umbringen wollte, hat er ihn gefragt, warum er es bisher nicht getan hat! Er drehte also die Perspektive um und fragte sein Gegenüber nach dem, was ihm bisher Halt gegeben hat, um daran zu arbeiten.

Humor ist das bewährte Gegengift gegen irrsinnige Annahmen und felsenfeste Überzeugungen. Instinktiv lieben wir alle diese unumstößlichen Gewissheiten, aber der Humor kann sie ins Wanken bringen und die Perspektiven verändern. Wenn wir uns von dem Schock erholt haben, sehen wir klarer als vorher: Vielleicht ist alles ganz anders, nicht schwarz oder weiß, sondern bunt.

Ein Beispiel: *Ein betrunkener Mann tastet sich um eine Litfaßsäule herum, läuft dabei immer im Kreis und schreit:* »*Hilfe, ich bin eingemauert!*« Durch das Fassungsvermögen seines Magens ist das Fassungsvermögen seines Hirns eingeschränkt, er versteht nicht, dass er sich nur umdrehen müsste, um schlagartig frei zu sein.

Diese subversive Sprengkraft des Witzes erklärt auch, warum sämtliche Diktaturen, alle Herrschaftssysteme, die auf brutaler Unterdrückung und totalitärer Ideologie beruhen, ungeheure Angst vor Komik und Satire haben. Eines meiner großen Vorbilder, Werner Finck, hat in den Zeiten der Naziherrschaft beispielhaften Mut bewiesen. Zu einem Gestapo-Spitzel, der versuchte, seine Witze mitzuschreiben, sagte er: »Kommen Sie mit, oder soll ich mitkommen?« Und er fügte hinzu: »Ich stehe hinter jeder Regierung, unter der ich nicht sitzen muss, wenn ich nicht hinter ihr stehe.«

Die widerständige Tradition von Witzen setzte sich dann in den Zeiten des Kalten Kriegs im Ostblock fort. In der DDR erzählte man sich, Willy Brandt habe zu Walter Ulbricht gesagt: »Mein Hobby ist, Witze zu sammeln, die die Leute über mich erzählen.« Dazu Ulbricht: »Ich habe ein ganz ähnliches Hobby: Ich sammle Leute, die Witze über mich erzählen.«

Witze zünden im Kopf, wenn Bilder entstehen, die nicht zusammenpassen, und wir uns nicht entscheiden können, was denn nun »richtig« ist. Unser Verstand möchte so gerne immer alles verstehen und in Gut und Böse einteilen. In ihrer Komplexität und ihren Paradoxien sträubt sich die Welt indes gegen derart eindeutige Zuordnungen; damit wir daran nicht verzweifeln, wurde uns das Lachen geschenkt. Unser Geist kennt drei Zustände, in denen Widersprüche auftauchen und stehen bleiben können: der Traum, die Psychose und das Lachen. Unter ihnen ist das Lachen eindeutig der heilsamste Geisteszustand. Lassen Sie sich also anstecken von der gesündesten Infektionskrankheit der Welt: dem Lachen!

Schopenhauer meinte, jedes Lachen sei eine kleine Erleuchtung. In diesem Sinne wünsche ich Ihnen Vergnügen, Aufklärung und Erkenntnis bei der Reise meines Freundes Hellmuth Karasek durch die Welt der Witze. Und wenn Ihnen einer besonders gut gefällt, erzählen Sie ihn weiter. Glück kommt selten allein. Lachen auch. Gemeinsam zu lachen ist das, was uns Menschen erfolgreich macht. Statt uns die Köpfe einzuschlagen, lassen wir lieber den Geist Funken schlagen. Humor ist vor allen Dingen ein soziales Phänomen, das Aggressionen mindert, Menschen zu Gruppen zusammenfügt und Stress abbaut. Was will man mehr? Jede Frau sucht einen Mann mit Humor. Und umgekehrt. Konkret will die Frau einen, der witzig ist, der Mann eine, die ihn witzig findet. Und Hellmuth ist wirklich witzig! Doch urteilen Sie selbst.

Goethe hat schon erkannt, dass nichts den Menschen so treffend charakterisiert wie das, worüber er lacht. Jeder Witz, den ein Mensch erzählt, ist also auch eine Art Persönlichkeitstest für sein Gegenüber, ebenso wie für den Erzähler selbst. Von peinlich berührt, im Tiefsten bewegt bis lustvoll gekitzelt ist alles drin. In diesem Sinne, viel Freude, erkenne dich selbst

– und lache auf!

WARUM IM HIMMEL NICHT GELACHT WIRD – ABER AUF ERDEN SCHON

Es gibt eine auf den ersten Blick höchst befremdliche Einsicht des großen amerikanischen Erzählers, Humoristen und Satirikers Mark Twain. Sie lautet: »Im Himmel wird nicht gelacht.« Wie bitte? Ist das nicht eine extrem abtörnende Vorstellung, dass an dem Ort, den wir uns als den schönsten vorstellen, als den absoluten Gegenpol zur Erde, dem irdischen Jammertal und dem Anti-Ort zur Hölle, wo nach allen Vorstellungen permanente Folterqualen herrschen, Sünder die furchtbarsten, vor allem nie endenden Strafen erleiden, dass also in der hellsten, heilsten, friedvollsten, heitersten aller möglichen Welten, eben im Himmel, nicht gelacht wird. Ausgerechnet dort, wo wir die größte Heiterkeit erwarten!

Nun könnten Agnostiker die Achseln zucken und sagen: So what! Was soll's! Da es den Himmel ohnehin nicht gibt und wir infolgedessen auch nicht dorthin kommen können, ist es uns egal, ob dort gelacht wird oder nicht. Wir werden uns höchstens darüber streiten, wenn wir uns darüber keine Gedanken mehr machen können.

Denn wir leben ja auf der Erde, die das Gegenteil zum Himmel ist, und kommen aus dem Paradies, aus dem wir vertrieben wurden, dank Eva und dank dem verbotenen Apfel, und über diese Vertreibung gibt es eine Schilderung, abseits und jenseits der Bibel, aber auf dieser fußend. Mark Twain schildert in den *Tagebüchern von Adam und Eva* und in *Evas Tagebuch* aus zwei Perspektiven, wie wir aus dem Himmel (respektive dem Paradies) auf der Erde gelandet sind.

Adam, inzwischen Vater von zwei Jungen, hat die Einsicht: »Es lebt sich besser außerhalb des Gartens (gemeint ist der Garten Eden) mit ihr als drinnen ohne sie.« Über diesen Ehewitz lässt sich lachen. Und am Ende von Evas Tagebuch, vierzig Jahre später, sitzt Adam an Evas Grab und sagt: »Wo immer sie war, da war das Paradies.« Auch hier gibt es wieder Grund zum Lachen. Dabei hatte Adam, in der Friedfertigkeit des Paradieses, also im Himmel auf Erden, auf einer Reise erfahren, wann seine lebendige Rippe von der verbotenen Frucht der Erkenntnis gegessen hatte – als nämlich die wilden Tiere, die in totaler Harmonie nebeneinander grasten und ästen, übereinander herfielen, sich zerfleischten, ihm sein Pferd töteten, sodass er nur mit Mühe und Not mit dem Leben davonkam.

Jonathan Swift, wie Mark Twain als Kinderbuchklassiker ausgewiesen, ein Humorist von misanthropischen Gnaden, hat eine Kannibalengeschichte geschrieben, die während des ewigen Kolonialkriegs zwischen England und Irland im 17. Jahrhundert spielt. Darin macht er einen bescheidenen Vorschlag: »a modest proposal«. Die Briten, die reichen Gutsbesitzer, mögen doch als kulinarische Abwechslung die von Hungertod bedrohten irischen Babys der Tagelöhner verspeisen, sie würden sicher köstlich schmecken.

Mit diesem extremen Beispiel will ich deutlich machen, warum auf Erden (im Unterschied zum Himmel oder zu jedem vorstellbaren Paradies) gelacht wird, ja gelacht werden muss – weil nämlich das Elend dieser Welt ohne Lachen nicht auszuhalten wäre.

Im Himmel braucht man kein Lachen. Auf der Erde aber haben wir es bitter nötig. Wie das Sprichwort weiß: Humor ist, wenn man trotzdem lacht. Trotzdem. Auf das *Trotzdem* kommt es an. Wir brauchen das Lachen, um die Welt aushalten zu können. Das klingt zwar pathetisch, ist aber zweifellos wahr.

Man kann es auch mit einem Witz verdeutlichen, der davon handelt, wie man – wäre man im Paradies oder im Himmel, also wunschlos glücklich, ruhig, zufrieden in sich selbst ruhend, ohne Hunger und Durst – eigentlich nicht nur auf das Lachen verzichten könnte, sondern sogar auf das Sprechen.

Eltern machen sich um ihren kleinen Sohn Sorgen. Zwar isst er brav, schläft gut, wächst und gedeiht, aber er bleibt stumm. Will und kann nicht reden. Die Eltern suchen Ärzte auf, holen Gutachten ein. Keine Ursache für irgendeine Krankheit ist zu entdecken. Die Eltern sind ratlos.

Eines Mittags bringt die Mutter die Suppe auf den Tisch, um den die Eltern und ihr Sohn vor ihren Tellern sitzen. Die Mutter tut die Suppe auf. Alle fangen an zu essen.

Auf einmal sagt der Sohn: »Salz!«

Die Eltern schauen sich fassungslos an. Starren auf ihren Sohn.

»Du kannst ja sprechen!«, sagen sie zu dem Kleinen.

»Warum hast du denn bisher nichts gesagt?«

»Bisher hat ja auch kein Salz gefehlt«, antwortet der Junge.

Ein Witz ist immer auch eine Geschichte. Und das auf zweierlei Art: etwas, das etwas erzählt, was sich zu erzählen lohnt, weil es unerhört ist. Und etwas, das erzählt wird, ist wie im Märchen: »Es war einmal.«

Witze soll man grundsätzlich »erzählen«. So wie man, eigentlich, Märchen vorlesen soll und auch Geschichten, wie die berühmten aus *Tausendundeiner Nacht* grundsätzlich erzählt werden sollten. Bei der Scheherazade ist das »fiktive« Erzählen, das der Leser liest, sozusagen die konstitutionelle Voraussetzung.

Sehr deutlich wird das bei folgendem Witz:

> Zwei Freunde treffen sich im Tennisclub. Sagt der
> eine zum anderen: »Sag mal, du hast ja richtig
> zugenommen.«
> Sagt der andere: »Du, ich weiß auch nicht. Aber beim
> Einschlafen liege ich immer neben meiner Frau, strecke
> die Hand nach ihr aus und berühre sie. Und sie
> schreckt hoch und sagt: ›Is was!‹ Ja, und dann stehe ich
> auf im Dunkeln, tapse in die Küche zum Kühlschrank
> und esse was!«

Diesen Witz sollte man streng genommen immer erzählen, weil
er nur beim Erzählen funktioniert. »Is was!«, das muss das ver-
schliffene »Ist etwas?« sein, das der Hörer, der Mann im Halb-
schlaf, der Tastende, der die Hand vergeblich und verdrossen
und eher aus Verlegenheit nach seiner Frau im Dunkeln aus-
streckt, als »Iss was!« versteht, also als Aufforderung, sie in Ruhe
zu lassen und besser stattdessen etwas zu essen.

Dieser Witz, über den wir lachen, weil er eine überraschende
Verwechslung parat hält, erzählt von einem Paar, Herrn Jeder-
mann und Frau Jederfrau, wie es in voller Ausführlichkeit in
zahlreichen Romanen, Erzählungen, Novellen vorkommt, hier
verknappt auf eine Pointe, die im Missverständnis die Dunkelheit des Schlafzimmers im Licht der Wahrheit wie ein Blitzlicht
beleuchtet. Etwas geschwollen ausgedrückt? Zugegeben. Aber es
gibt Romane, Erzählungen, vornehmlich von Updike oder Wal-
ser oder Flaubert oder Tschechow, oder Dramen wie Gesell-
schaftskomödien, die von nichts anderem handeln. Ausführ-
licher. Aber, so paradox es klingt, die Ausführlichkeit dieses
Witzes ist gerade seine Verknappung. Nachdem man ihn gehört
hat, entfaltet die Geschichte ein Eigenleben, wie eine ins Wasser
geworfene japanische Muschel, die sich nach und nach zu einer

schönen Papierblume entfaltet. Nur dass diese Papierblume nicht die Schönheit der Poesie entfaltet, sondern dass sich die zynische Wahrheit der Realität in der winzigen Spitze einer Pointe, paradox gesagt, breitmacht.

Eine Vierzeilengeschichte als Verlaufsgeschichte einer Ehe. Der Ehe. Im Zeitalter des Frustfressens, des Kummerspecks, des Nachts-zum-Kühlschrank-Gehens, dort, wo bei Axel Hacke der Bosch brummt, wenn sich der Erzähler sein Bier holt und die Zwiesprache des nächtlich Alleingelassenen mit dem technischen Gerät sucht.

Wir wollen das alles nicht überstrapazieren. Aber Witze sind gesellschaftliche Momentaufnahmen, die Lebenslügen offenlegen, oder etwas bescheidener, eine Nummer kleiner: Ein Witz zeigt, was unsere Gewohnheiten über uns sagen.

Und noch etwas zeigt sich an diesem Witz. Er hat einen Rahmen, eine Rahmenerzählung: Zwei Freunde, die einander länger nicht gesehen haben, treffen sich im Club. Der eine stellt eine gewisse Verfettung an dem anderen fest. Dieser Rahmen federt den Witz ab. Denn der Witz transportiert auch eine Art Beichte: Wir, sagt der Witzerzähler, werden alle ein bisschen fett, weil uns das Leben faul, träge und zu Gewohnheitstieren macht.

Solche Beichten wären, in »Alltagsprosa« erzählt – du, weißt du, dass ich zu Hause immer öfter aufstehe, um in der Nacht noch etwas aus dem Kühlschrank zu holen? –, ziemlich ermüdend. Es ist die Pointe, die die Wahrheit erträglich macht. Ich, der ich viel auf Reisen zu Lesungen und Vorträgen bin, ertappe mich dabei, dass ich des Nachts Toblerone oder Bounty aus der Minibar verzehre. Niemand außer meiner Alleinsein-Routine muss dabei zu mir »Is was« oder »Trink was« sagen.

Das nächste Beispiel spielt an der Bar. Der Barkeeper ist ein Tröster der einsamen Geschäftsreisenden, der Gruppen, in der die Unermüdlichen und Schlaflosen, die scheinbar noch Aufgekratzten, die aus Angst vor dem Zubettgehen noch einen nehmen. Einen Absacker. Barkeeper sind oft die letzten Gesprächspartner, die Beichtväter der Moderne, man kommt sich mit ihnen über Gespräche über das Wetter, die Politik, die Lage näher, probiert einen neuen Drink, und schon geht das Beichten los. Hemingway hat sie geliebt, in Paris, in Madrid, in Venedig, auf Kuba. Es gibt berühmte Bars, und in Las Vegas oder Atlantic City haben sich ganze Generationen von Gangstern, Stars, Schriftstellern, Pianisten an der Bar das Hirn aus dem Kopf gesoffen. Die Bar war der Ort der »Lost Generation«, F. Scott Fitzgerald, Ernest Hemingway, Philip Roth. Es gibt einen unsterblichen Frank-Sinatra-Song von dieser Welt: »One for My Baby, One More for the Road«.

Hier der Witz:

In der Bar des Hamburger *Hotel Atlantic* oder der des Berliner *Adlon* oder der des Münchener *Vier Jahreszeiten* sitzt am Tresen ein einzelner Gast und bestellt zwei einfache Whiskys. On the rocks! Nach geraumer Zeit: Noch mal zwei Whiskys. Auf Eis. Und dann, nach etwa einer weiteren Stunde: »Noch zwei, bitte! Mit Eis!«
Der Barmann sagt zu dem einsamen Gast:
»Entschuldigung! Es geht mich ja nix an. Aber warum bestellen Sie nicht statt der zwei Einfachen einen Doppelten? Das wäre doch logischer.«
»Nein, nein«, sagt der einsame Trinker. »Das verstehen Sie falsch. Jetzt, wo ich hier meinen Whisky trinke, sitzt mein bester Freund in London im *Carlton*, bestellt sich auch zwei und wir prosten uns zu!«
»Ach, das ist aber eine schöne Geschichte«, sagt der Keeper. Und der Mann zahlt und geht.

Eine Woche später kommt er wieder. Setzt sich, und als der Kellner sich ihm zuwendet, sagt er: »Einen einfachen Whisky. Auf Eis.«

Der Barkeeper schaut ihn kurz verdutzt an und stellt ihm dann einen einfachen Whisky hin. Nach einer Weile bestellt der Mann wieder einen Einfachen. Mit Eis. Und als das zum dritten Mal passiert, sagt der Keeper wieder:

»Entschuldigung, es geht mich wieder nichts an! Aber ist Ihrem Freund in London im *Carlton* etwas passiert? Etwas Schlimmes?«

»Nein, nein«, beruhigt ihn der Mann. »Keineswegs. Es geht ihm gut. Nur ich habe mir das Trinken abgewöhnt.«

Auch dieser Witz hat einen überraschenden Dreh, eine Pointe, die alle Erwartungen auf den Kopf stellt. »Gott sei Dank«, denkt der Barkeeper und mit ihm der neugierige Zuhörer, »ist dem Freund in London, dem der Freund in Hamburg aus der Distanz kumpelhaft zuprostet, nichts passiert.«

Doch das ist nicht einmal die halbe Wahrheit der Pointe. Im Gegenteil. Der Witz erzählt, während er scheinbar eine rührende Freundschaftsgeschichte von zwei getrennt Vereinten vorträgt, davon, dass Freundschaft in Wahrheit nur ein Vorwand für das Saufen ist. Wie Weihnachten, Ostern, Himmelfahrt (Vatertag), Betriebsfeiern (wenn sie nicht, wie im Gellért-Bad in Budapest, für eine Versicherungssause die Gartenlaube zum Puff machen), Karneval, Geburtstage. Alles endet in der fröhlichen Gewissheit: Darauf müssen wir noch einen trinken. Prost, Gerd! Sehr zum Wohl, Paul! So jung kommen wir nicht mehr zusammen! Der Witz vom Gast in der *Atlantic*-Bar entlarvt die Männerfreundschaft als pure Ausrede für das Sich-allein-Besaufen.

Auch dies ist eine Geschichte, die, mit schöner Kunstfertigkeit erzählt, die gefühlige Scheinwelt eines Freundschaftsrituals zum absurden Ende bringt. Es ist die *Lumpazivagabundus*-Pointe Nestroys: »Wann ich mir meinen Verdruss nit versaufet, ich müsst mich grad aus Verzweiflung dem Trunk ergeben.«

Im garantiert alkoholfreien Himmel würde darüber niemand lachen.

So unsicher man darüber sein kann, ob es den Himmel überhaupt gibt, so sicher ist es, dass dort keine Witze über Religionen mehr erzählt werden – erzählt werden müssen. Zumindest nicht der folgende, in dem es um Religion und Atheismus geht und der einen kämpferischen Atheisten und einen altersmüden Bischof zu Protagonisten hat.

> Die beiden gehen, in einen »Gibt es Gott? Gibt es Gott nicht?«-Disput verwickelt, am Wiener Ring entlang.
> Und man hört Fetzen ihres erregten Dialogs.
> Der Atheist sagt: »Ich glaube nicht an Gott!«
> Und der Bischof: »Sehen Sie, das ist der Unterschied zwischen mir und Ihnen. Ich glaube nicht einmal das!«

Das ist eine witzige Variante des Bekenntnisses von Augustinus, der da schrieb: »Credo, quia absurdum est.« – Ich glaube, weil es unvernünftig ist. Umso unvernünftiger ist es, dass sich Menschen deswegen oder unter dem Vorwand des Glaubens bis heute die Köpfe einschlagen, dass es Männer gibt, die sich und andere für das Versprechen umbringen, im Paradies dafür von willigen Jungfrauen empfangen zu werden. Der Glaube kann eben nicht nur Berge versetzen. Sondern auch die Erde mit Himmelversprechen zur Hölle verwandeln. Aber auch das ist nicht neu und bestenfalls ein schlechter Witz.

In Zeiten der Schlachten des Feminismus und der Kämpfe gegen die Diskriminierung von Schwarzen gab es in den USA einen Witz von einem Mann, der aus dem Todeskoma wieder erwacht und, nachdem er zurück auf Erden ist, gefragt wird, ob er denn Gottes Antlitz gesehen habe.

»Yes«, antwortet er. »She is black.«

Damals gab es auf Erden weder Obama als Präsidenten noch Angela Merkel als Kanzlerin. Aber von Vater und Sohn im Himmel war nicht die Rede.

WIE WIRD MAN WITZEERZÄHLER?

Wie ergreift man diesen Beruf, der zur fixen Idee werden kann und sich manchmal vom Menschheitssegen zur Menschheitsplage auswächst, wenigstens was die Opfer des Witzeerzählers betrifft? Die Antwort muss lauten: aus Mangel oder, freudianisch gesprochen: aus Substitution. Der Witz ist eine Ersatzhandlung.

Vielleicht erinnern sich manche noch an den Sportunterricht, wenn in der Klasse zwei Fußball- oder Volleyball- oder Völkerballmannschaften per Zuruf ausgesucht wurden. Die zwei Sportcracks der Klasse wählen sich ihr Team. Wer zu den zuletzt Aufgerufenen gehört, hat nur eine Chance, in der Klasse zu überleben: Er muss Klassenclown werden. Er muss durch Witz kompensieren, was er an Muskelkraft und Mut vermissen lässt.

Ich erinnere mich an die öffentliche Turnprüfung an Geräten, vor dem Abitur, als meine mir gewogene Russischlehrerin, bevor ich zur Tat schritt und ans Reck oder den Barren musste, mir beruhigend die Hand auf den Arm legte, bevor ich aufstand und losschritt: »Keine Angst, Hellmuth, ich werde bei Ihrer Übung die Augen zumachen.« Anderes als Witzeerzählen bleibt einem da nicht mehr.

Das gilt auch später noch, wenn die betuchteren Klassenkameraden in schickeren Klamotten oder gar mit dem eigenen Moped, Motorrad oder Auto vorfahren. Auch dagegen hilft nur Witze erzählen, Spaß machen! Die Lacher auf seiner Seite haben! Wer erzählt, braucht nicht zu handeln. Der gibt vor, schon gehandelt zu haben, und wer gehandelt hat, der hat anschließend was zu erzählen. Witze zum Beispiel.

Witzeerzähler wird man auch aus Überfluss, also dem Gegenteil von Mangel. Ein gewitzter Kopf hat so viel Verstand, dass er wenigstens etwas davon als Witz abgeben kann. Er kann sich den Witz leisten, er braucht sein bisschen Verstand nicht nur für die Realität. Es ist wie mit dem Klavierspieler, von dem es in dem Lied heißt: »… wer Klavier spielt, hat Glück bei den Frau'n.« Ich habe Geige spielen gelernt, das ist ähnlich unattraktiv wie Blockflöte und klingt, vor allen Dingen bei Anfängern, gar nicht gut. Ich habe es nur auf zwei Jahre Geigenunterricht gebracht. Auch aus diesem Grund musste ich aufs Witzeerzählen ausweichen. Eine Zeit lang dachte ich, ich könnte meine »Mängel« auch mit Singen kompensieren, und heimlich glaube ich das immer noch, aber meine Familie hat mir längst den Schneid abgekauft. Was also bleibt mir? Das Witzeerzählen.

Dazu fällt mir auch gleich die Geschichte von dem Barpianisten ein, der den verliebten Paaren was ins Ohr spielt und säuselt.

> Er hat als Attraktion einen kleinen Affen bei sich.
> Dieser Affe ist ein possierliches Tier, und ein junges
> Paar bemerkt auf einmal, dass der Affe sein Genital in
> ein Cocktailglas der beiden senkt.
> Der Mann schämt sich und flüstert dem Pianisten leise
> ins Ohr: »Ihr Affe hat sein – äh – in meinem
> Whiskyglas.« Der Pianist spielt weiter und fragt nur:
> »Hä?«, weil er nichts versteht. Wieder flüstert der junge
> Mann. Und als sich das dreimal wiederholt, sagt der
> Pianist: »Okay, summen Sie es, dann werde ich es
> spielen.«

Der Witzeerzähler – Frauen erklären in absoluter Mehrheit kategorisch: Ich kann keine Witze erzählen –, der Witzeerzähler also geht häufig eine Kumpanei mit einer bevorzugten Zuhörerin ein, der er besonders imponieren will. Sigmund Freud hat beschrieben, dass Männer beim Stammtisch schlüpfrige Witze oder doppeldeutige Witze oder auch Zoten mit Vorliebe dann erzählen, wenn eine weibliche Bedienung noch in Hörnähe ist. Sie brauchen auch unter Witzebrüdern das Gefühl, dass sie einen erotischen Kurzschluss zu einem weiblichen Wesen herstellen können. Nach dem Motto: Summen Sie es, ich werde es spielen. Besonders Witze mit absteigender Tendenz sind hierfür ein gutes Beispiel. Ich erinnere mich, dass ich vor vielen Jahren, als ich noch jung und schuldig war, besonders gern den folgenden Witz erzählt habe. Es handelt sich um einen Graf-Bobby-Witz:

Graf Bobby unterhält sich mit seinem Freund Freddy darüber, wie viel Positionen es beim Lieben gibt.
(Da drängt sich mir der Arbeitslosenwitz in den Kopf, wo ein Arbeitsloser fröhlich nach Hause kommt und ruft: »Ich hab 'ne neue Stellung!«, und die Frau antwortet: »Du Schwein, hättest dich besser um Arbeit kümmern sollen.«)
Bobby also denkt kurz nach und sagt: »Es gibt neunundneunzig Stellungen.«
»Nein, hundert«, sagt Freddy.
Bobby rechnet wieder kurz im Kopf nach und sagt: »Nein, neunundneunzig.« Bis die beiden beschließen zu wetten, standesgemäß um eine Flasche Champagner.
»Gut«, sagt Bobby nach dem Handschlag zu Freddy, »fang an aufzuzählen!«

Immer wenn ich damals so weit mit dem Witz gekommen war, bemerkte ich eine gewisse Unruhe in den Augen der von mir angepeilten Zuhörerin. Was sie empfand, würde man heute wohl als Vorausschämen bezeichnen. O Gott, der nette Herr K. wird doch jetzt nicht mit einer schrecklichen Zote aufwarten und ekligen Details. Sie rutschte unruhig auf dem Stuhl hin und her und hüstelte. Ich fuhr unerbittlich fort:

> »Also«, sagt Bobby zu Freddy, »fang an aufzuzählen!«
> Darauf sagt Freddy: »Erstens, normal.«
> Bobby unterbricht ihn und sagt: »Du hast gewonnen,
> das hatte ich ganz vergessen.«

Große Erleichterung und Gelächter, auch bei meiner Zuhörerin. Gleichzeitig hatte ich sie sozusagen in eine Geheimverbindung mit meinen schmutzigsten Gedanken, die sie mir zutraute, gebracht. Wir waren gewissermaßen über etwas Unausgesprochenes verkuppelt. Wenn ich etwas übertrieb, so schämte sie sich sogar ein bisschen, weil sie mir so etwas Schmutziges zugetraut hatte. Ich war sicher, dass sie, in Gedanken wenigstens, tätige Reue übe. Viele Witze sind schlüpfrig, was nicht nur an die Flüssigkeit des Humors erinnert, sondern auch an das Ausrutschen auf dem doppelten Boden des Witzes, der ja, wenn er gut ist, das Zweideutige eindeutig macht und, indem er es verbessert, verschlimmert.

Es gibt das entwaffnende Frage-und-Antwort-Spiel mit Woody Allen: »Muss Sex eigentlich immer schmutzig sein?« – »Wenn er gut ist, schon.«

Die im Witz außer Kraft gesetzte Zensur, die für einen Moment den Blick auf die schmutzige beziehungsweise als schmutzig verschriene Wahrheit lenkt, erinnert an die Polizei, und zwar an die Sittenpolizei (die ja laut Freud auch im Hirn tätig ist). Im Witz findet das statt, was Karl Kraus für den Sittenskandal gesagt hat: »Der Skandal fängt an, wenn die Polizei ihm ein Ende bereitet.«

Labiche und Feydeau, die großen französischen Salonkomödienschreiber des 19. Jahrhunderts, stellten ihre Helden in zwei beliebten komischen Konstellationen dar, die für den Helden tragisch und für den Zuschauer komisch waren. Die erste Situation war die In-flagranti-Situation. Überraschend kommt der Ehemann nach Hause, der Liebhaber muss im Schrank oder im Kabinett verschwinden, es geht zu wie im zweiten Akt von Mozarts *Figaros Hochzeit*. Dieser Mechanismus schnurrt wie ein Maschinchen ab und erfüllt die Bergson-Definition von Komik: Komik ist Mechanik.

Witzeerzähler sind immer auch Geschichtenerzähler. Dazu hat mir Reich-Ranicki, mit dem mich eine lange kollegiale Freundschaft verbindet, ein schönes Beispiel erzählt. Er hat in Polen, nach der Flucht aus dem Getto mit seiner Frau, bei einem polnischen Paar überlebt, das ihn unter Lebensgefahr versteckte. Die Reichs mussten tagsüber im Keller bleiben, wo sie für die Hausbewohner Zigaretten drehten. Der Pole, der sie versteckte, hat den kühnen faustischen Pakt mit trotzigem Heldenmut beschrieben: »Hitler hat vor, euch zu vernichten. Ich setze dagegen und werde euch zu überleben helfen.« Um den Polen in der Dunkelheit wegen der Stromsperre die Zeit angenehm zu vertreiben, erzählte Reich jeden Abend Geschichten. Er benutzte dazu sein ganzes klassisches Repertoire. Machte aus *Hamlet* und *Othello*, aus *Don Carlos* und aus *Faust* spannende Geschichten, eine Art Scheherazade im Überlebenskampf, »Tausendundeine Nacht« in lebensrettenden Geschichten. Ein makabrer Witz ist, dass Reichs Lebensretter erst nach seinem Tod in Israel, in Yad Vashem, mit einem Baum in der »Allee der Gerechten unter den Völkern« geehrt werden wollte. Wegen des in Polen damals noch latenten Antisemitismus hatte er Reich gebeten, seine »Gastfreundschaft« doch bitte nicht zu seinen Lebzeiten bekannt zu machen.

Ich erinnere mich an einen Witz, den Reich erzählt hat. Er spielt im Tschechow-Russland, wo die Frau ihrem Hausfreund ein Telegramm folgenden Inhalts schickt:

> »Mein Mann fährt als Arzt für ein halbes Jahr
> nach Sachalin. Dann kannst du herkommen, und wir
> können ungestört ficken.«
> Darauf telegrafiert der Hausfreund zurück:
> »Anspielung verstanden, komme nächste
> Woche.«

Wobei Reich sich beim Erzählen des Witzes das Wort »Anspielung« gestattete, es heißt auf Russisch »Allusio«. Da war er wieder in seinem Element, beim Theater, bei den Illusionen, bei Illusionen und Allusionen.

Ein wunderbarer Witzeerzähler war auch der Theaterkritiker Georg Hensel, dessen *Spielplan* wohl die letzte zum Buch geronnene Theatergeschichte des Welttheaters ist, zwei gewichtige Bände. Eine Heidenarbeit. Hensel schrieb in der *Frankfurter Allgemeinen Zeitung* seine großartigen Kritiken und liebte es, sich vor dem Theater oder in der Pause oder auch nach dem Theater mit ein paar Witzen zu entspannen. Damals war gerade der Ayatollah nach dem Sturz des Schahs im Iran an die Macht gekommen, bald sollte es dort nichts mehr zu lachen geben. Also erzählte mir Hensel den folgenden Witz:

> Ayatollah Khomeini geht in Zürich durchs
> Rotlichtviertel. Da öffnen sich die Fenster und Türen,
> und mehrere Prostituierte rufen:
> »Komm eini!«

Darauf schüttelt der Ayatollah den Kopf, zeigt mit beiden Händen in Richtung seines Schoßes und sagt:
»Geht nicht. Is lam.«
Ihm folgt unerwartet der Papst, der mit einer siegessicheren Geste fröhlich ausruft:
»Vati kan!«

Das ist ein Witz der totalen Regression in eine kindische Laune, die einen Haufen Unsinn in einen zu großem Gelächter animierenden Sinn verbindet. Schon die Situation ist völlig idiotisch, dass ausgerechnet der Ayatollah, gefolgt vom Papst, durchs Zürcher Rotlichtmilieu schlendert, wobei die Stadt Zürich sich als Schauplatz nur aus dem Umstand herleitet, dass der Name des Ayatollah, Khomeini, nur in Zürich in etwa an ein »Komm herein« heranreicht. Wobei das bescheuerte Wortspiel »Vati kann« nur in diesem Nest von Blödsinn überhaupt gedeihen kann.

Der Witz war wohltuend in einer religiös fanatisierten Welt, weil er absolut kindisch mit den Widersprüchen der Religion spielte, kindisch (und also anarchistisch und doch blasphemisch). Witze sind dann gut, wenn sie sich in einer spontanen Situation auf einmal wieder als aktuell und passend erweisen.

Neulich saß ich mit ein paar Juristen zusammen, unter anderem mit Maja Stadler-Euler, die als Rechtsanwältin 1983 den Sieg vor dem Verfassungsgericht gegen die Volkszählung herbeigeführt hatte. Da fiel uns die jetzige Volkszählung ein, und wir sprachen darüber, dass Volkszählungen heute natürlich anders ablaufen. Man muss nicht mehr unendlich viele Haushalte befragen, sondern kann, ähnlich wie bei Wahlprognosen oder Kaufverhalten, hochrechnen. Bei der letzten Volkszählung ging es vor allen Dingen um die Angst vor dem Verlust privater Daten. Und mir fiel ein Witz von damals ein:

Da kommt ein Volkszähler zu einer Vier-Parteien-Villa, ein nackter Mann öffnet ihm die Tür. Der Volkszähler tut so, als bemerke er es nicht, und fragt: »Entschuldigung, ich muss die Menschen zählen, die hier in diesem Haus wohnen. Wer wohnt hier unten in der rechten Wohnung?«

Darauf sagt der Mann: »Da wohne ich mit meiner jetzigen Familie mit drei Söhnen und vier Töchtern.«

Der Volkszähler notiert das und sagt: »Aha. Und wer wohnt in der linken Wohnung?«

»Da wohnen meine Freundin und ihre sieben Kinder, vier Töchter und drei Söhne.«

Wieder notiert der Volkszähler und nickt: »Und oben in der rechten Wohnung?«

Der Mann: »Meine Frau aus erster Ehe mit ihren acht Kindern, vier Mädchen, vier Jungs.«

»Und oben links?«

»Meine Frau aus zweiter Ehe: fünf Kinder, zwei Mädchen, drei Jungs.«

Der Volkszähler sagt: »Vielen Dank. Übrigens noch eine private Frage: Sie sind wohl Nudist?«

Antwortet der Mann: »Keineswegs. Ich habe nur keine Zeit zum Anziehen.«

Ein großer Witzeerzähler war auch Ignatz Bubis, der seiner Frau immer vorsichtig einen Blick zuwarf, bevor er loslegte. Geradezu begnadet als Witzeerzähler waren der Kanzler Willy Brandt, der spätere Präsident Johannes Rau und sein Schwiegergroßvater Gustav Heinemann, die beim Skatspiel immer einen Witz auf Lager hatten. Ich erinnere mich an einen von Helmut Schmidt, als der Kanzler war und sozusagen die übersteigerten Ansprüche an den Sozialstaat per Witz geißeln wollte. Es ist ein Hamburger Witz.

Bitterkalt ist es, und der vierjährige Junge, der mit seiner Mutter an der Alster entlanggeht, läuft aufs Eis und bricht ein. Kühn kommt ein junger Mann, stürzt in das Wasser und rettet den Jungen. Als er ihn zur Mutter zurückbringt, guckt die das Kind an und sagt: »Und wo ist die Mütze?«

So kann man soziale Ansprüche auch umschreiben.

Theaterleute sind oft großartige Witzeerzähler, besonders gern erzählen Schauspieler nach der Vorstellung, wenn sie sich an hohen Texten abgearbeitet haben, blödsinnige Witze. Zur Entspannung sozusagen. Als Jürgen Flimm Intendant der Salzburger Festspiele wurde, hat er mir in der ersten Spielzeit den folgenden Witz erzählt (Flimm ist durch seine Kölner Herkunft schon von Geburt an zum Witzeerzählen prädestiniert):

Zwei Ösis gehen in ein Beisl, wo sich jeder ein Tellergulasch bestellt. Sie bekommen das Gulasch, kosten es und merken, dass es zu wenig gesalzen ist. Also greifen sie nach dem Salzfass und versuchen es zu salzen, aber die Löcher des Salzstreuers sind verstopft. Also essen sie missmutig das ungesalzene Gulasch vor sich hin. Als ein Piefke das Lokal betritt und sich auch ein Tellergulasch bestellt, werden sie aufmerksam. Schadenfroh beobachten sie, wie auch ihm Salz zu fehlen scheint, wie auch er den Salzstreuer nimmt, wie auch er bemerkt, dass nichts rauskommt. Dann aber sehen sie, wie er zu einem Zahnstocher greift, die Löcher des Streuers frei macht und sich sein Gulasch entsprechend nachwürzt. Daraufhin guckt einer der Ösis den anderen an und sagt: »Ich kann die Piefkes nicht leiden. Owa technisch san's uns überlegen.«

Billy Wilder wusste zu jeder Situation einen passenden Witz. Als sich in den Sechzigerjahren eine Zeitenwende, die der sexuellen Revolution, ankündigte, hatte er folgende Geschichte parat:

Vor dem Himmel steht eine lange Schlange. An der Eingangspforte werden die weißen und die schwarzen Schafe voneinander geschieden. Auf einmal bricht vorne Jubel aus, wildfremde Seelen umarmen einander, die Männer werfen ihre Hüte in die Luft, die Frauen beginnen zu tanzen, und schließlich spricht es sich durch die kilometerlange Schlange nach hinten durch: »Sex doesn't count.« –Sex zählt nicht.

Damals hatte Billy Wilder schon zwei seiner moralischen Komödien über Sex gedreht, *Das verflixte siebte Jahr* und *Manche mögen's heiß*. Die dritte, *Das Appartement* mit Shirley MacLaine, fällt in die Zeit, als Sex nicht mehr zählte. Es ist bezeichnenderweise die erste der drei Komödien, in der ein Selbstmordversuch vorkommt. So viel zur schönen neuen Zeit!

Ich habe Billy Wilder einmal gefragt, wie es denn um seine Gemütsverfassung als Komödienschreiber stehe, als Filmemacher von unendlich lustigen Geschichten und als Causeur, der seinen Zuhörern stets einen Witz, zum Gesprächsthema passend, beisteuern könne, dessen Pointe haarscharf das Problem trifft? Eigentlich wollte ich wissen, ob Witzeerzähler lustige Menschen sind, sein können.

Der über Achtzigjährige sah mich einen Moment lang nachdenklich an und sagte: »Ich will dir eine Geschichte erzählen.« (Der Zufall will es, dass sie auch in Zürich spielt.)

In Zürich kommt ein Herr zu einem Psychiater und sagt, es gehe ihm so schrecklich schlecht, er drohe in eine Depression zu fallen, und was der Doktor ihm raten könne. Der Arzt guckt aus dem Fenster seiner Praxis, sagt:

»Da liegt der Zürisee, es ist herrliches Wetter, man kann bis zu den Bergen sehen, der Himmel ist blau, die Luft lau. Gehen Sie da spazieren, Sie werden lauter fröhliche, gut gekleidete Menschen treffen, die den Frühling genießen.« Er macht eine Pause, dann fährt er fort: »Dann ist es Mittag, Sie gehen in eines der hervorragenden Restaurants, etwa in die Kronenhalle, essen Sie dort ein Zürcher Geschnetzeltes, trinken einen schönen Wein.« Wieder setzt er neu an: »Und am Nachmittag, da schlendern Sie die Bahnhofstraße entlang, gucken in die Schaufenster der wunderbaren Bekleidungsgeschäfte, in die Confiserien, wo es die beste Schokolade, das beste Konfekt und sehr guten Kaffee gibt.« Nach einem Moment sagt der Arzt auf einmal: »Ah, und am Abend, da müssen Sie unbedingt in den Zirkus gehen! Der wird Ihnen Ihre melancholische Laune sofort vertreiben. Dort tritt Grock auf, der große Clown Grock.«

Darauf blickt ihn der Mann traurig an und sagt: »Aber ich bin Grock.«

Mit ein bisschen Koketterie war das schon die Wahrheit. Wilder hat sich, als er mit der Monroe *Some Like It Hot* drehte, mit folgendem Galgenhumor über die immer schwierigere Dreharbeit mit dem Star gerettet: »Früher kam sie am Donnerstag, wenn am Dienstag gedreht werden sollte, jetzt kommt sie im Herbst, wenn die Dreharbeiten im Frühling sind.« Dann erzählte er viele unendlich lustige Schnurren über die Monroe und sagte: »Ich konnte während der ganzen Dreharbeiten nicht schlafen, weil ich vor lauter Stress Rückenschmerzen hatte.«

Beim Witzeerzählen kommt es allerdings auch auf die Zuhörer an. »Ein guter Witz braucht nicht nur einen guten Erzähler, sondern auch einen guten Zuhörer.«

IST LACHEN DIE BESTE MEDIZIN?

Der Volksmund sagt: »Lachen ist die beste Medizin.« Oder: »Lachen ist gesund!«

Stimmt denn das? Ist es denn so, dass gleich der Sonne, die den Trübsinn vertreibt, das Lachen schlechte Laune, Schwermut, Depression und damit Krankheiten im Keim erstickt? Als noch die Lehre von den vier Temperamenten galt, die Menschen in Choleriker, Melancholiker, Phlegmatiker und Sanguiniker einteilt und Lebenssäfte für seelische und körperliche Eigenarten verantwortlich gemacht wurden, war der aufbrausende Choleriker noch von der gelben Galle und der triste Melancholiker von der schwarzen Galle bestimmt, der träge Phlegmatiker von Schleim, und der Sanguiniker mit seiner Springlebendigkeit und dem frisch pulsenden Blut verkörperte Leben und Gesundheit, Fröhlichkeit, Energie und Lachen.

Lachen ist gesund, und Eckart von Hirschhausen hat, wenn er durch Witze zum Lachen inspiriert, durchaus auch therapeutische Ziele.

Bei den Diskussionen vor dem gemeinsamen Abend »Ist das ein Witz?« habe ich dazu eingewandt, dass sich das Lachen in der Sprache eher zerstörerisch, krankmachend, schwächend, ja todbringend manifestiert:

Man lacht sich tot, krank, kaputt, schief, scheckig, krumm, man lacht sich einen Ast (was das Gleiche wie bucklig ist), man »kann nicht mehr« vor Lachen, man platzt vor Lachen.

Und Hirschhausen gab eine »ärztliche« Antwort: Das sei auch richtig, denn beim Lachen würde die Kontrolle über die Muskeln sozusagen außer Kraft gesetzt, sie entgleisen. Deshalb, er gab ein drastisches Beispiel, sei es nicht gut, wenn man zwei Möbelpackern, während sie ein Klavier die Treppe hoch ins dritte Stockwerk schleppen (in meinem Hinterkopf blitzte kurz ein Nebengedanke an Loriots Sketch »Ein Klavier, ein Klavier!« auf), einen Witz erzählen würde, sodass beide lachen müssten. Das würde dazu führen, dass sie die Kontrolle über das schwere, sperrige Klaviermöbel verlören, ein Unfall wäre die Folge.

Wie gut, dass es inzwischen Kräne und Möbellifte gibt, auf die Möbelpacker sich beim Lachen verlassen können, dachte ich kurz. Aber zur Mechanik der Komik, also zu Henri Bergsons Theorie des Lachens, komme ich später.

Ich denke, dass bei aller anatomischen Wahrheit über das Schieflachen, das Kranklachen, das Kaputtlachen die Sprache mit ihrer Treffsicherheit auch etwas berührt, was auf das psychologische »Außer-Rand-und-Band-Geraten«, das gesellschaftliche »Ich platze vor Lachen« zielt. Auf das »Dampfablassen« im Lachen, auf die Ventilfunktion.

Wir lachen, um auch für den Moment des »befreienden Lachens« den gesellschaftlichen und moralischen Druck aufzuheben, der auf uns als Mitglieder von Familie, Sprache, Gemeinschaft lastet. Das ist gut –und ebenso gefährlich. Wie gefährlich, zeigen repressive Gesellschaften, Staaten, Kirchen, wenn sie den Druck des Witzes, seine Explosion im Gelächter fürchten. Es wäre so, als bestünde die Gefahr, dass der Karneval (die fünfte Jahreszeit, die des Spaßes, Gelächters, des Außer-Rand-und-Band-Seins) zur komischen Revolution würde – eine Spaßpartei, die eine Mehrheit erobert. Da sei Gott vor und der Ernst!

Lachen befreit, und Lachen macht handlungsunfähig, es fesselt uns – nirgends ist das so krass beschrieben wie in dem Barockroman *Simplicius Simplicissimus* von Grimmelshausen im Eingangskapitel: Da wird der naive kindliche Held Zeuge, wie die Schweden seinen Vater foltern: indem sie seine nackten Füße mit Salz bestreuen, ihn fesseln, eine Ziege das Salz ablecken lassen und ihn dabei in ein quälendes, nicht enden wollendes Lachen treiben. Lachen ist wie der Schwedentrunk eine Foltermethode, um die Wahrheit aus dem Opfer herauszukitzeln: nämlich die, wo er seine Schätze vergraben hat, an die die Soldateska herankommen will.

Auch wenn Kinder sich beim Kämpfen kitzeln, setzen sie auf die Entkräftung des Lachens, sie wollen den Gegner schwächen, außer Gefecht setzen, besiegen.

Ein Witz aus dem Burenkrieg ist wie ein Echo auf diesen Tatbestand:

> Ein Kriegsteilnehmer erzählt auf einer Teegesellschaft in London, wie er während des Buschkriegs drei Tage, von einem Zulu-Speer verwundet, auf dem Steppenboden bei brennender Sonne in der Hitze gelegen habe.
> »Das muss doch sehr schmerzhaft gewesen sein?«, fragt die Dame des Hauses teilnahmsvoll.
> »Nur, wenn ich lachen musste«, erwidert der Burenkriegsveteran.

Wer je mit gebrochenen Rippen darniedergelegen hat, weiß, dass neben dem Husten das Lachenmüssen die schmerzhafteste Erfahrung ist. Werden dem Kranken Witze erzählt, wirkt das wie Kitzeln, wie Reizhusten oder gar Niesen – eben schmerzhaft – durch das Lachen.

In der Gesellschaft ist das Lachen der Lohn des Komikers, des Witzbolds – wie der Beifall für den Pianisten, den Schauspieler, den Trapezkünstler. Der Beifall symbolisiert, sozusagen stellvertretend, eine Umarmung, ein kollektives In-den-Arm-Nehmen des Künstlers durch sein Publikum, sein Auditorium. Das Gleiche gilt für das Lachen, es schließt ein, umarmt, es ist, als ob sich alle bei den Händen nähmen, es ist (im schlimmsten Fall) dem Schunkeln auf dem Oktoberfest ähnlich, wo sich auch alle unter Alkoholgenuss »gemeinmachen«. Der Witzeerzähler tritt seinen Zuhörern zu nahe, und sie bedanken sich für die im Lachen sanktionierte Verletzung ihrer Intimsphäre durch gemeinsames Lachen.

Wer etwas vereint, etwas gemein(sam)macht, zur geschlossenen Gesellschaft, zur einigen Gemeinschaft, der schließt auch andere aus, andererseits.

Henri Bergson hat in seinem bahnbrechenden Essay *Das Lachen. Über die Bedeutung des Komischen* analysiert, dass Komik nur in geschlossenen Systemen funktioniert. Andere fühlen sich dann (ebenso logisch) ausgeschlossen. Wenn man zum Beispiel in einem Restaurant, in einer Bar, in einer Hotelhalle oder einem Zugabteil, einer geschlossenen Gruppe beim Lachen zuhört, klingt das auf einmal nicht einnehmend, solidarisch, sondern abstoßend, ausschließend. Wer allein dem Lachen von Skatrunden, von Fußballfans, von Klassenreisenden zuhört, auf den wirkt das Lachen grundlos albern, gemein enthemmt, ja abstoßend. Man kommt sich umso verlassener vor, je ausgelassener die anderen sind bei ihrem Jägerlatein, ihren Zoten, ihrer Schadenfreude.

Ein Beispiel für Witze, die absichtlich andere aussortieren und sich über sie lustig machen, sind natürlich die Schwellenangstwitze über Neureiche oder Kulturbanausen. Gut, dass wir nicht sind wie jene, will das höhnende Lachen dazu sagen.

Ein preußischer Offizier kommt in die Oper. Wagners *Lohengrin* steht auf dem Programm. Er hat nicht mitbekommen, dass es eine Programmänderung gegeben hat.

Er sitzt also und lauscht, rutscht unruhig auf seinem Stuhl hin und her, bis es ihn nicht mehr hält und er flüsternd seinen Nachbarn fragt: »Wann kommt denn endlich der Schwan?«

Der Nachbar sagt: »Überhaupt nicht. Das Programm wurde geändert. Das hier ist *Figaros Hochzeit*, nicht *Lohengrin*.«

»Ach«, sagt der Offizier. »Dann kann ick ja jehen, da kenn ick jede Note.«

Oder im Schauspielhaus: Ein Zuschauer sagt zu seinem Nachbarn: »Heute ist die Akustik nicht gut.« Der andere, nach einer Weile: »Jetzt höre ich's auch!«

Beim Tanzen: Die Komtesse versuchte es mit Konversation. Sie fragt den sie führenden Leutnant: »Kennen Sie Ibsen?«
»Nee, wie tanzt man det?«

Schon Henri Bergson hat Antwort auf die Frage gesucht: »Was haben die Grimasse des Clowns, ein Wortspiel, eine Verwechslung in einem Schwank und eine geistvolle Lustspielszene miteinander zu tun?« Das Buch *Über das Lachen* erschien Anfang des 20. Jahrhunderts, und der Autor war von dem Phänomen Mensch und Technik, Mensch und Maschine fasziniert. Er entdeckte den Dreierschritt der Komik, der sich in zahllosen Witzen finden und wiederfinden lässt. Es ist das System der Dialektik, das sich in einem Dreierschritt vollzieht: These, Antithese,

Synthese. Nur dass im Witz statt der Antithese eine Volte folgt, die alles witzig macht, wie folgender Witz belegt:

Karl zu einem Bekannten: »Kommst du heute
Abend auch zu meiner Sexparty?«
»Klar, wie viele kommen denn?«
»Wenn du deine Frau mitbringst, sind wir zu
dritt!«

Und er entdeckte die Mechanik der Komik, die sich wohl am besten und buchstäblich am augenfälligsten an den grandiosen Slapstickszenen von Chaplins *Modern Times* demonstrieren lässt.

So, wenn Chaplin in der Fließbandszene stundenlang monoton und immer schneller zweihändig mit einem Schraubenschlüssel Muttern an Schrauben festziehen muss – bis die Bewegung schluckartig in seine Körpermechanik übergeht, sodass er konvulsivisch weiterzuckt und der Körper wie von einem Schluckauf geschüttelt wird, als das Band stehen bleibt. Da naht eine Vollbusige, die schwarze Knöpfe wie Schrauben auf ihrem Kleid in Busenhöhe hat – sofort eilt er herbei und will den Schraubenschlüssel ansetzen.

Oder die Szene auf der Straße: Als ein Auto vom Straßendienst eine rote Fahne zur Kennzeichnung einer Unfallstelle verliert, Chaplin hilfsbereit hinterherrennt, die rote Fahne aufhebt und sie in Richtung Chauffeur schwenkt, um ihn auf seine verlorene Fahne aufmerksam zu machen – rasch sammelt sich hinter dem das rote Fähnchen schwenkenden Chaplin eine Menschenmenge: zu einer politischen Demonstration.

Wie hier ein mechanisches Missverständnis quasi eine Revolution auslöst – das zeigt die explosive Kraft des komischen Missverständnisses. Der Schluss, die Pointe ist so falsch, dass sie letztlich wahr und richtig ist. Ist es auch Wahnsinn, so hat es doch Methode, heißt es im *Hamlet*. Der Witz hat Wahnsinn als Methode.

SCHLECHTE WITZEERZÄHLER

Dies ist ein kurzer Witz, ein sehr kurzer Witz:

> Ein Elefant sieht einen nackten Mann und sagt:
> »Armer Kerl, wie willst du je satt werden?«

Nicht komisch? Vielleicht doch zu kurz erzählt? Ich mache noch einen Versuch:

> Ein Elefant begegnet zum ersten Mal einem nackten
> Mann am Strand und sagt: »Armer Kerl, wie willst du
> mit diesem Rüssel je satt werden?«

Jetzt ist er eindeutig zu lang erzählt. Der Rüssel muss unbedingt wieder aus dem Witz. Wenn Sie nicht lachen, versuche ich Ihnen jetzt den Witz zu erklären. Sie werden dann erst recht nicht lachen, aber sei's drum! Weil man nach erklärten Witzen nicht (mehr) lacht. Es ist der Witz einer falschen Analogie, eines Analogie-Kurzschlusses. Der Elefant, dessen Rüssel sein wichtigstes Greifwerkzeug zur Ernährung ist, mit dem sich der Riese das Gezweig abreißt und in den Mund schiebt, denkt: »Mein Gott, hat der Mann einen kleinen Rüssel.« Der Elefantenrüssel dient ihm zur Nahrungsaufnahme; was er für den menschlichen Rüssel hält, dient in Wahrheit der Vermehrung. Der Witz pointiert ein Missverständnis. Er empfindet Schadenfreude über ein zu kleines Organ, gehört also zu den phallokratischen Witzen, aber hier wird die Schadenfreude zum Witz, weil sie sich irrt. Zum

Sattwerden würde der Kleine in der Tat nicht taugen. Der Witz verwechselt zwei Triebe, den Kampf ums Dasein und den Kampf der Geschlechter. Zu viel Bürde für einen kleinen Witz? Das finde ich nicht. Die Vertreibung aus dem Paradies wirkt nach. Adam und Eva, »Plötzlich sahen sie, dass sie nackt waren«. Mir gefällt das Unausgesprochene dieses Witzes, der eine Fülle von Assoziationen freisetzt. Alle ranken sich um den Ferienschlager, den meine Kinder einmal aus den Skiferien mitbrachten: »Das sind nicht 20 Zentimeter, / Nie im Leben, kleiner Peter.« Mit dem Binnenreim: »Das kannst du echt vergessen, / da hast du dich vermessen.«

Den Witz von dem Elefanten habe ich vor etwa zwanzig Jahren gehört, und dann gleich wieder gehört, in der *Kempinski*-Bar. Es war Abend, und Geschäftsleute aus England und Deutschland ließen hier bei einem Absacker eine Tagung ausklingen. Ich saß zufällig in Hörweite an einem Nebentisch, wo sich ein deutscher Geschäftsmann mittleren Alters in Begleitung einer jüngeren Kollegin und eines Kollegen mit drei Engländern an einem Tisch unterhielt. Man war offenbar dabei, endgültig »zum gemütlichen Teil überzugehen«. Und das versuchte der Deutsche, wie man das so tut, mit einem Witz. Er fing folgendermaßen an:

»I know a very funny joke. There is an elephant, and a
man without trousers, you know?
– Du, Birgit«, fragt er seine jüngere Kollegin, »was
heißt nackt? Naked? Okay, gut.
Good, well. Also: A elephant …«
Birgit unterbricht ihn: »An elephant!«
»Gut. An elephant, sag ich doch. Also: An elephant sees
an naked man …«
»A naked man«, wirft Birgit ein.
»Klar, ja doch, a naked man. Also: An elephant sees a

naked man. And he looks at him and says: ›Poor fellow, with such a little …‹ Birgit, was heißt Rüssel?«

Birgit: »Weiß ich auch nicht.«

»Egal. Also: ›Poor fellow, with such a little nose …‹, you know, nose, like a snake, hahaha, ›how could you get …‹ Was heißt satt, Birgit?«

Birgit: »???«

»Weißt du also auch nicht. ›How could you get …‹, äh, you know, if you eat not enough, you are hungry! Understand?«

Einer der Engländer: »Yes.«

»And if you have eaten enough, you are not hungry, right? Okay. Also: ›If you're not hungry‹, says the elephant, ›how could you get not hungry?‹«

Als die Engländer wieder nicht lachen, sagt der Erzähler: »Not hungry, understand? You have eaten enough! Filled up! Satt! Sad!«

Die Engländer sehen sich verständnislos an, das Gespräch geht verlegen weiter. Als die Engländer sich bald darauf verabschieden, um ins Bett zu gehen, sagt der Deutsche zu seinen Kollegen und Geschäftsfreunden: »Haben den Witz einfach nicht verstanden. Die haben eben einen ganz anderen Humor.«

Ich musste laut lachen, bremste mich aber schnell und erschrocken, als sie herübersahen. Auch dies war, wie der Elefantenwitz, eine Totalverwechslung der Analogie. Nicht die Engländer haben einen anderen Humor, sondern sie sprechen einfach eine total andere Sprache. Armer Kerl, wie willst du mit deinem kleinen Wortschatz je einen Engländer zum Lachen bringen!

In der Zeit, als Tübingen noch Französische Besatzungszone war, also um 1950, war es auch Hauptstadt des kleinen Ländchens Württemberg-Hohenzollern. Es gab noch eine französische Garnison, eine französische Offiziersmesse und natürlich irgendwelche Diplomaten, französische Besatzungsoffiziere, die bei der Württemberg-Hohenzollern'schen Zwergregierung akkreditiert waren. Das Parlament tagte im nahe gelegenen Schloss Bebenhausen, dort übernachteten auch die Abgeordneten. Die Zimmer im ehemaligen Kloster waren nicht heizbar. In dieser Zeit also kursierte folgender Witz:

Ein schwäbischer Weinbauer, Goagen heißen die, sieht einen französischen Besatzungsoffizier, der in den Neckar gefallen ist und ruft: »Au secours! Au secours!« Darauf der schwäbische Goag im Weitergehen:»Hätsch au besser Schwimme glernt statt Franzesisch.«

Eine ohnmächtige unterdrückte Schadenfreude gegenüber den Siegern schwingt da mit. Eines Abends erlebte ich, wie ein Student diesen Witz einer Runde Fremder erzählte.

»Ein französischer Offizier fällt von der Neckarbrücke und ruft ›Hilfe‹. Darauf der Goag von der Brücke: »Hätsch au besser Schwimme glernt als Franzesisch.« Sagt der eine Zuhörer:»Versteh ich nicht. Den Witz versteh ich nicht.« Der Student:»Der hat doch ›Hilfe‹ gerufen, auf Französisch!« »Ah«, quält sich der Mann, »Französisch, oh, là, là! Das ist im Unterschied zum Schwimmen etwas Unanständiges, oder?« Der Student:»Nein! Er sagt ›Hilfe‹ auf Französisch, ›Au secours‹!«

»Ach so«, sagt der Zuhörer, »Sie haben aber nicht ›Au secours‹ erzählt, sondern ›Hilfe‹.«

Der Student: »Ja, damit Sie es verstehen, verstehen Sie?«

»Ich verstehe«, sagt der Mann bitter und lacht immer noch nicht. »Im Übrigen verstehe ich Französisch.«

»Na ja«, sagt der Student. »Witze darf man eben nicht erklären.«

Mit die schlechtesten Witzeerzähler sind Ehepaare. Weil der eine Ehepartner es immer besser weiß als der andere. Tucholsky hat diese Situation auf eine hinreißend quälende Geschichte gebracht – »Ein Ehepaar erzählt einen Witz«:

»Herr Panter, wir haben gestern einen so reizenden Witz gehört, den müssen wir Ihnen … also den muss ich Ihnen erzählen. Mein Mann kannte ihn schon … aber er ist zu reizend. Also passen Sie auf.
Ein Mann, Walter, streu nicht den Tabak auf den Teppich, da! Streust ja den ganzen Tabak auf den Teppich, also ein Mann, nein, ein Wanderer verirrt sich im Gebirge. Also der geht im Gebirge und verirrt sich, in den Alpen. Was? In den Dolomiten, also nicht in den Alpen, ist ja ganz egal. Also er geht da durch die Nacht, und da sieht er ein Licht, und er geht grade auf das Licht zu … lass mich doch erzählen! das gehört dazu! … geht drauf zu, und da ist eine Hütte, da wohnen zwei Bauersleute drin. Ein Bauer und eine Bauersfrau. Der Bauer ist alt, und sie ist jung und hübsch, ja, sie ist jung. Die liegen schon im Bett. Nein, die liegen noch nicht im Bett …«

»Meine Frau kann keine Witze erzählen. Lass mich mal. Du kannst nachher sagen, ob's richtig war. Also nun werde ich Ihnen das mal erzählen.

Also, ein Mann wandert durch die Dolomiten und verirrt sich. Da kommt er – du machst einen ganz verwirrt, so ist der Witz gar nicht! Der Witz ist ganz anders. In den Dolomiten, so ist das! In den Dolomiten wohnt ein alter Bauer mit seiner jungen Frau. Und die haben gar nichts mehr zu essen; bis zum nächsten Markttag haben sie bloß noch eine Konservenbüchse mit Rindfleisch. Und die sparen sie sich auf. Und da kommt … wieso? Das ist ganz richtig! Sei mal still …, da kommt in der Nacht ein Wandersmann, also da klopft es an die Tür, da steht ein Mann, der hat sich ver- irrt, und der bittet um Nachtquartier. Nun haben die aber gar kein Quartier, das heißt, sie haben nur ein Bett, da schlafen sie zu zweit drin. Wie? Trude, das ist doch Unsinn … Das kann sehr nett sein!«
»Na, ich könnte das nicht. Immer da einen, der – im Schlaf strampelt …, also ich könnte das nicht!«
»Sollst du ja auch gar nicht. Unterbrich mich nicht immer.«
»Du sagst doch, das wär nett. Ich finde das nicht nett.«
»Also …«
»Walter! Die Asche! Kannst du denn nicht den Aschenbecher nehmen?«
»Also … der Wanderer steht da nun in der Hütte, er trieft vor Regen, und er möchte doch da schlafen. Und da sagt ihm der Bauer, er kann ja in dem Bett schlafen, mit der Frau.«
»Nein, so war das nicht. Walter, du erzählst es ganz

falsch! Dazwischen, zwischen ihm und der Frau – also der Wanderer in der Mitte!«

»Meinetwegen in der Mitte. Das ist doch ganz egal!«

»Das ist gar nicht egal … der ganze Witz beruht ja darauf.«

»Der Witz beruht doch nicht darauf, wo der Mann schläft!«

»Natürlich beruht er darauf! Wie soll denn Herr Panter den Witz so verstehen … lass mich mal – ich werd ihn mal erzählen! – Also der Mann schläft, verstehen Sie, zwischen dem alten Bauer und seiner Frau. Und draußen gewittert es. Lass mich doch mal!«

»Sie erzählt ihn ganz falsch. Es gewittert erst gar nicht, sondern die schlafen friedlich ein. Plötzlich wacht der Bauer auf und sagt zu seiner Frau – Trude, geh mal ans Telefon, es klingelt. – Nein, also das sagt er natürlich nicht … Der Bauer sagt zu seiner Frau … Wer ist da? Wer ist am Telefon? Sag ihm, er soll später noch mal anrufen – jetzt haben wir keine Zeit! Ja. Nein. Ja. Häng ab! Häng doch ab!«

»Hat er Ihnen den Witz schon zu Ende erzählt? Nein, noch nicht? Na, erzähl doch!«

»Da sagt der Bauer: Ich muss mal raus, nach den Ziegen sehn – mir ist so, als hätten die sich losgemacht, und dann haben wir morgen keine Milch! Ich will mal sehn, ob die Stalltür auch gut zugeschlossen ist.«

»Walter, entschuldige, wenn ich unterbreche, aber Paul sagt, nachher kann er nicht anrufen, er ruft erst abends an.«

»Gut, abends. Also der Bauer – nehmen Sie doch noch ein bißchen Kaffee! – Also der Bauer geht raus, und kaum ist er raus, da stupst die junge Frau …«

»Ganz falsch. Total falsch. Doch nicht das erste Mal! Er

geht raus, aber sie stupst erst beim dritten Mal – der Bauer geht nämlich dreimal raus – das fand ich so furchtbar komisch! Lass mich mal! Also der Bauer geht raus, nach der Ziege sehn, und die Ziege ist da; und er kommt wieder rein.«

»Falsch. Er bleibt ganz lange draußen. Inzwischen sagt die junge Frau zu dem Wanderer …«

»Gar nichts sagt sie. Der Bauer kommt rein …«

»Erst kommt er nicht rein!«

»Also … der Bauer kommt rein, und wie er eine Weile schläft, da fährt er plötzlich aus dem Schlaf hoch und sagt: Ich muss doch noch mal nach der Ziege sehen – und geht wieder raus.«

»Du hast ja ganz vergessen, zu erzählen, dass der Wanderer furchtbaren Hunger hat!«

»Ja. Der Wanderer hat vorher beim Abendbrot gesagt, er hat so furchtbaren Hunger, und da haben die gesagt, ein bisschen Käse wäre noch da …«

»Und Milch!«

»Und Milch, und es wäre auch noch etwas Fleischkonserve da, aber die könnten sie ihm nicht geben, weil die eben bis zum nächsten Markttag reichen muss. Und dann sind sie zu Bett gegangen.«

»Und wie nun der Bauer draußen ist, da stupst sie den, also da stupst die Frau den Wanderer in die Seite und sagt: ›Na …‹«

»Keine Spur! Aber keine Spur! Walter, das ist doch falsch! Sie sagt doch nicht: ›Na …!‹«

»Natürlich sagt sie: ›Na …!‹ Was soll sie denn sagen?«
Sie sagt: ›Jetzt wäre so eine Gelegenheit …‹«

»Sie sagt im Gegenteil: ›Na …‹ und stupst den Wandersmann in die Seite …«

»Du verdirbst aber wirklich jeden Witz, Walter!«

»Das ist großartig! Ich verderbe jeden Witz? Du
verdirbst jeden Witz – ich verderbe doch nicht jeden
Witz! Da sagt die Frau …«

»Jetzt lass mich mal den Witz erzählen! Du verkorkst ja
die Pointe …!«

»Also jetzt mach mich nicht böse, Trude! Wenn ich
einen Witz anfange, will ich ihn auch zu Ende
erzählen …«

»Du hast ihn ja gar nicht angefangen … ich habe ihn
angefangen!« – »Das ist ganz egal – jedenfalls will ich
die Geschichte zu Ende erzählen; denn du kannst keine
Geschichten erzählen, wenigstens nicht richtig!« –
»Und ich erzähle eben meine Geschichten nach meiner
Art und nicht nach deiner, und wenn es dir nicht passt,
dann musst du eben nicht zuhören …!« – »Ich will
auch gar nicht zuhören … ich will sie zu Ende
erzählen – und zwar so, dass Herr Panter einen Genuss
von der Geschichte hat!« – »Wenn du vielleicht glaubst,
dass es ein Genuss ist, dir zuzuhören …« – »Trude!« –
»Nun sagen Sie, Herr Panter – ist das auszuhalten! Und
so nervös ist er schon die ganze Woche … ich
habe …« – »Du bist …« – »Deine Unbeherrscht-
heit …« – »Gleich wird sie sagen: Komplexe! Deine
Mutter nennt das einfach schlechte Erziehung …« –
»Meine Kinderstube …!« – »Wer hat denn die Sache
beim Anwalt rückgängig gemacht? Wer denn? Ich
vielleicht? Du! Du hast gebeten, dass die Scheidung
nicht …« – »Lüge!« – Bumm: Türgeknall rechts.
Bumm: Türgeknall links.

Jetzt sitze ich da mit dem halben Witz.

Was hat der Mann zu der jungen Bauersfrau gesagt?

Peter Panter (1931)

Schlecht erzählte Witze, wie sie Torberg gnadenlos bei Salcia Landmann aufgespürt hat, finden sich auch in anderen Witzsammlungen zuhauf. So in Ben Eliezer *Die besten jüdischen Witze der Welt.*

Ein katholischer und ein anglikanischer Geistlicher und ein Rabbi diskutieren, wie jeder das von der Gemeinde gesammelte Geld verteilt, was sie für sich behalten und was sie – als sogenannten Gottesanteil – den Armen geben.
Der Katholik erklärt: »Ich zeichne ein Quadrat auf den Boden und werfe das Geld in die Luft: Und was im Quadrat landet, ist für mich, was außerhalb liegt, ist Gottes Anteil.«
Der Reverend erzählt, er male einen Kreis und werfe den Ertrag gegen die Wand. Was neben den Kreis falle, bleibe ihm, was im Kreise sei, gehöre den Armen als Gottes Anteil.
»Ich male weder Kreise noch Quadrate«, sagt der Rabbiner, »ich schleudere die Kollekte in die Luft. Was Gott als seinen Anteil will, behält er. Alles, was auf den Boden fällt, gehört mir.«

An dem Witz ist in dieser Version so gut wie alles kaputt. Eigentlich müsste der Witz etwa so erzählt werden:

Ein protestantischer, ein katholischer und ein mosaischer Geistlicher unterhalten sich darüber, wie sie es mit der Kollekte halten. Sagt der evangelische: »Also, ich zeichne ein Quadrat von einem Meter in zehn Metern Entfernung auf den Boden und werfe das Geld dorthin. Was im Quadrat landet, ist für Gott, was außerhalb fällt, ist für mich.«

Der katholische Geistliche sagt: »Ich mache das ganz ähnlich. Nur male ich einen Kreis von fünfzig Zentimeter Durchmesser in zwanzig Metern Entfernung. Was in den Kreis fällt, gehört Gott, das andere ist für mich.«

»Ihr habt überhaupt kein Gottvertrauen«, sagt darauf der Rabbi. »Ich werfe das ganze Geld in die Luft und sage: ›Behalte, was du brauchst, Gott.‹«

Friedrich Torberg weiß auch, dass es beim Witzeerzählen auf den Witz des Erzählers und gleichermaßen auf den Witz des Zuhörers ankommt. Er verbessert:

»In Salcia Landmanns Buch steht auch die klassische Geschichte von den vier verschiedenen Reaktionen, die einem jüdischen Witz seitens verschiedener Hörertypen begegnen:

seitens des Bauern, der dreimal lacht (wenn man ihm den Witz erzählt, wenn man ihm den Witz erklärt und wenn er den Witz versteht);
seitens des Gutsherrn, der zweimal lacht (wenn man ihm den Witz erzählt und wenn man ihm den Witz erklärt – denn verstehen wird er ihn nie);
seitens des Offiziers, der einmal lacht (wenn man ihm den Witz erzählt – denn erklären lässt er sich ihn nicht und verstehen wird er ihn nicht); und schließlich seitens des Juden.

In *Rosinkess mit Mandlen*, der unvergleichlichen, jiddisch tran-skribierten Anekdotensammlung, die Salcia Landmann als eine ihrer drei Quellen angibt, steht diese klassische Geschichte an führender Stelle, unter dem Titel ›Wi wer lacht‹. In der höchst verdienstvollen, von Dr. May Präger und Dr. Siegfried Schmitz besorgten Auswahl aus dieser Sammlung erscheint sie geradezu als Motto, unter dem Titel ›Wie sie lachen‹. Bei Salcia Landmann, die diese Auswahl nicht als Quelle angibt – und man muss sich fragen, was da wohl unverzeihlicher wäre: dass sie die deutsche Bearbeitung ihres wichtigsten Quellenmaterials nicht kennt oder dass sie ihre Kenntnis verschweigt –, bei Salcia Landmann also kommt jene klassische, von beiden Sammlungen mit gutem Grund als tonangebend vorangestellte Geschichte erst ganz zum Schluss, auf Seite 510. Sei's drum. Wer kein Gehör hat, braucht keine Stimmgabel anzuschlagen. Ferner verwandelt sich der vielsagende Originaltitel bei Salcia Landmann in die wässerige, nichtssagende Präambel: ›Die Ostjuden pflegen zu behaupten.‹ Das erträgt man schon etwas schwerer. Denn weder handelt es sich um eine ›Behauptung‹, noch liegt der mindeste Anlass vor, gerade hier auf die ostjüdische Provenienz hinzuweisen, die ja bei gut drei Vierteln aller in diesem Buch enthaltenen Anekdoten gegeben ist. Und vollends unerträglich wird's bei der Pointe. Sie lautet im Original (d. h. sowohl bei Obvanger wie bei Präger-Schmitz):

Erzählst du aber einem Juden einen Witz, so
unterbricht er dich: ›Ach was, ein alter Witz!‹ –
und er kann ihn dir besser erzählen.

Bei Salcia Landmann lautet sie:

Erzählt man aber einem Juden einen Witz, so sagt er:
»Den kenn' ich schon!«, und erzählt dir einen noch
besseren.

Nein! Nein!! Erstens ›sagt‹ er nichts, denn das würde bedeuten, dass er den Witz bis zum Ende anhört – er ›unterbricht‹ ihn. Zweitens erzählt er keinen ›noch‹ besseren Witz, denn das würde bedeuten, dass er diesen hier für gut hält – er hält ihn aber für schlecht. Und drittens erzählt er überhaupt keinen ›besseren‹, denn das würde bedeuten, dass er einen andern erzählt – er erzählt aber den gleichen Witz anders, weil er überzeugt ist, ihn besser erzählen zu können. In dieser rechthaberischen Überzeugung, in dieser Ungeduld, mit der er dem Partner dazwischenfährt, liegt ja das eigentlich Jüdische der Geschichte, liegt die ganze Atmosphäre, die ganze Pointe. Sie hat unter Salcia Landmanns mörderischem Zugriff gleich dreimal ihre Seele ausgehaucht.«

Ich kenne sogar einen Witz, er gehört eigentlich in die Kategorie Elefantenrüssel-Witze, da basiert die Pointe darauf, dass der Witz, weil er auf einmal in eine Art Notsituation gerät, die gute Pointe vermeidet und eine schlechte riskiert, die dann die gute übertrifft. Klingt geschwollen? Ja. Also hier der Witz, der gut ist, weil er schlecht erzählt ist.

Oder: Versuchen wir es anders! Witzeerzähler sollten sich das Sprichwort vor Augen halten, das da lautet: »Im Hause des Gehenkten spricht man nicht vom Strick.« Da man selten in Häuser der Hinterbliebenen von Gehenkten eingeladen wird, auch weil die Todesstrafe abgeschafft ist, lautet die Regel etwa so: Bevor du einen Stottererwitz erzählst, überleg, ob der Hausherr der Runde oder ein Gast ebenfalls ein Stotterer ist.

Man kann den Stier auch bei den Hörnern fassen und etwa so mit einem Witz beginnen: »Obwohl Ihr Sohn die größten Segelohren hat, die ich je gesehen habe, erzähle ich jetzt einen Witz von einem Mann mit Segelohren.« Man kann! Aber es gehört Todesmut dazu!

Merkwürdigerweise erzählen Leute mit Mundgeruch (zu Zeiten, als es den noch gab, sei hier beschwichtigend ergänzt) mit Vorliebe Witze von Leuten mit Mundgeruch. Sie beherzigen ein anderes Sprichwort nicht (auch eine Regel für den Witzeerzäh-

ler), nämlich das vom Glashaus: »Wer im Glashaus sitzt, soll nicht mit Steinen schmeißen.« Schmeißen oder werfen? Schmeißen!
Nun aber der schlecht erzählte Witz in einer Situation, die peinlich zu werden droht.

Auf einer privaten Gesellschaft werden, üblicherweise zum Kaffee und Cognac nach einem guten Essen, Witze im Wettbewerb zum Besten gegeben. Beflügelt von einem anderen Elefantenwitz, legt ein Gast, ohne zu überlegen, nach: »Kennt ihr den vom Elefanten am Nil? Nein! Also der geht so:

Ein Elefant stapft am Nil entlang, es ist heiß und trocken.«
»Moment«, unterbricht ihn ein Gast, »am Nil gibt's doch gar keine Elefanten, die leben doch im Urwald.«
Dessen Frau Käthe unterbricht ihren Mann, missmutig.
»Nun sei doch kein so grässlicher Pedant wie immer, lass doch den Herrn Karasek seinen Witz erzählen.«
»Na gut, ich sag ja nur so«, grummelt gekränkt der zurechtgewiesene Ehemann.
Der Witzeerzähler blickt sie dankbar an und fährt fort.
»Also, trottet ein Elefant am Nil entlang, es ist heiß und trocken« – er unterbricht sich und blickt den Mann an, der ihn unterbrochen hat –, »es ist übrigens ein afrikanischer und kein indischer Elefant, und am oberen Nil können durchaus Elefanten entlanglaufen, das nur zu deiner Korrektur!
Also stapft ein Elefant am Nil entlang, es ist heiß und trocken, und er hat Durst, also geht er näher ans Ufer, streckt seinen Rüssel ins feuchte Nass und will sich Wasser zum Trinken schöpfen« – er wendet sich wieder

zu dem Mann, der ihn unterbrochen hat. »Elefanten trinken nämlich nicht durch den Rüssel, eher mithilfe des Rüssels …

Also schöpft Wasser, will Wasser mit dem Rüssel schöpfen. Da taucht ein Krokodil auf, beißt dem Elefanten den Rüssel ab und fängt furchtbar zu lachen an:

Ha ha ha uahaha!

Darauf der Elefant, ohne Rüssel, gleichsam durch die Nase:

Daff find ich aber gar nifft komiff.«

Aber noch bevor der Mann diese Worte mit dem S-Fehler herausgebracht hat, fällt ihm, zu seinem Glück, wie er denkt, im letzten Moment ein, dass der Hausherr den gleichen Sprachfehler hat, also keine S-Laute aussprechen kann, sondern nur »auffpreffen«, wie der lädierte Elefant im Witz, und er versucht verzweifelt, die Kurve zu kriegen.

Also erzählt er: »Das Krokodil beißt dem Elefanten den Rüssel ab und lacht grauenerregend komisch:

Uaahahähaha!

Und der Elefant läuft weg und läuft und läuft.«

Darauf sagt der Hausherr: »Daff find iff aber gar nifft komiff!«

»Das find ich aber gar nicht komisch!« ist übrigens dieselbe zurechtweisende, korrigierende Bemerkung wie die: »Soll das ein Witz sein?« Das sagen Mütter, wenn Kinder eine Schlammschlacht in ihrem Zimmer angerichtet haben, oder Frauen, die ihren Mann bei einer Umarmung der besten Freundin in ihrer Küche ertappen.

DER JÜDISCHE WITZ

In den Sechzigerjahren, als es den Deutschen im Zuge des Auschwitz-Prozesses und anderer Prozesse und Veröffentlichungen über die Verbrechen des Holocaust allmählich dämmerte, dass sie Urheber oder mindestens Teilhaber eines der schrecklichsten Verbrechen der Menschheitsgeschichte waren, erhielt die bis dahin verdrängte Vergangenheit einen Namen: Auschwitz. Damals leistete sich Henryk M. Broder einen sarkastischen Witz:

> »Die Deutschen werden uns Juden Auschwitz
> nie verzeihen.«

Broder leugnet bescheiden, der Urheber dieses Satzes zu sein, und da ja Witze meist »Volksgut« oder frei wie ein »Volkslied« sind, also Allgemeinbesitz, mag man ihm diese Bescheidenheit gerne zugestehen. Apropos Volkslied. Die Nazis haben Heines »Loreley«-Gedicht zum Volkslied umorganisiert, damit nicht mehr ein Jude als sein Autor galt. Um es zu verbieten, war es viel zu populär. Ich begnüge mich mit der Feststellung, dieser Satz ist die Essenz eines jüdischen Witzes. Er ist der jüdische Witz schlechthin. Er zeigt, was es heißt, das »auserwählte Volk« zu sein. Der Witz ist voller sardonischer Selbstaggression, die seit der Aggressivität der Umwelt, der Zerstörung des Tempels und der Zerstreuung der Juden in alle Welt zur Geschichte der Juden gehört, zu ihrer Religion, ihrem Schicksal, ihren Verfolgungen.

In der antisemitischen christlichen Tradition, nach der die Juden ja den christlichen Gottessohn umgebracht haben, spielt eine verhängnisvolle Rolle, dass der Verräter (der andererseits für den Ablauf der Heilsgeschichte unentbehrlich ist, weil die Christen ohne Jesu Tod ja gar nicht hätten erlöst werden können) ausgerechnet Judas heißt. Auch darüber gibt es einen Witz über das letzte Abendmahl.

> Jesus sagt beim letzten Abendmahl zu seinen Jüngern: »Dies ist mein Fleisch, das ihr esset, und dies ist mein Blut, das ihr trinket.« Und: »Einer von euch wird mich verraten.«
> Bei diesen Sätzen rutscht Judas bei Tisch nervös und unruhig auf seinem Stuhl hin und her und sagt: »Lieber Herr, können wir es nicht machen wie beim amerikanischen Dinner? Jeder bestellt und zahlt für sich selbst?«

Hierher passt wohl am besten folgender Papstwitz:

> Bei seinem Jerusalembesuch nähert sich dem Papst ein Mann und sagt zu ihm, dem Stellvertreter Gottes auf Erden: »Ich bin Koch, mein Großvater war Koch.«
> Sanft, doch leicht genervt, unterbricht ihn der Heilige Vater: »Und was kann ich für dich tun, mein Sohn?«
> »Da alle meine Vorfahren Köche waren, möchte ich wissen: Wann wird endlich die Rechnung für das letzte Abendmahl bezahlt?«

Über die Tatsache, dass die Christen die Juden nicht mögen, andererseits aber ihr Heiland zweifelsohne ein Jude war, hat der Musiker und Schriftsteller Kinky Friedman einen bitteren und, wie ich finde, genialen Witz gemacht:

»They don't make Jews like Jesus anymore.«

Übersetzt etwa: Juden, die die Qualität von Christus haben, werden heute nicht mehr produziert. Das ist ein Witz, der die Mechanik, die Bergson dem Witz als »movens« attestiert, sehr schön verdeutlicht. Im Prinzip geht es in diesem Satz um den altbekannten Seufzer, dass früher alles besser war. Die Qualität des Essens, die Stoffe der Kleider, das Schuhwerk und die Moral. »Heute«, pflegte mein Großvater schon in den Dreißigerjahren zu sagen, »heute bekommt man kein Kammgarn mehr wie vor dem (Ersten) Weltkrieg.« Das hat Friedman eben ironisch gedreht. Ja, seufzen die Christen heute, wenn die Juden noch so wären wie Jesus damals, dann wäre ja alles okay. Aber diese Qualität bekommt man nicht mehr. Früher, ja früher war alles besser. Die folgenden Sätze sind von Peter Handke und Jürgen Becker. Der eine geht:

»Früher musste man noch nicht von früher sprechen.«
Und: »Früher hörte man noch zu, wenn man von
früher erzählte.«
Wie der schwäbische Seufzer lautet: »'s isch nimmer
des!«

Der Verfolgte ist immer der Schwächere. Er muss sich gegen die Verfolgung wappnen, er muss ihr ausweichen; da er immer der Unterlegene ist, muss er ihr zumindest geistig Paroli bieten können. David und Goliath ist, so gesehen, der erste jüdische Witz in der biblischen Geschichte. David hat keine Chance, jedenfalls keine körperliche Chance, gegen Goliath, also muss er »gewitzt« sein. Er muss sich eine Schleuder ausdenken, um den dummen Riesen erledigen zu können. In ihrer Geschichte waren die Juden fast immer der David. Gewinnen konnten sie oft nur geistig, nur im Diskurs. Sie hatten das letzte Wort, die Pointe, auch wenn sie dafür umgebracht wurden. Josef Joffe, der Herausgeber der *Zeit*, hat die jüdischen Witze als »verbale Waffe des Schwächeren« bezeichnet, »der sehr wohl weiß, dass er nicht die physische Macht hat. Zwei Richtungen hat die Aggression des jüdischen Witzes«, so Joffe, »die Selbstironie, die in einer Volte die eigene Überlegenheit zelebriert, und die Dummheit und geistige Unterlegenheit des anderen.« Die Selbstironie, die das Selbstbewusstsein und die Eitelkeit tarnt, auch dafür gibt Joffe ein historisches Beispiel:

Henry Kissinger wurde, nachdem er zum
Außenminister ernannt worden war, gefragt, wie er
denn genannt werden wolle. Mr. Secretary?
Dr. Kissinger? Oder, wie früher, Henry? Kissingers
Antwort: »Mir sind protokollarische Fragen egal. Euer
Exzellenz reicht völlig.«

Dazu passt die Karl-Kraus-Definition:

»Machen Sie sich nicht so klein. So groß sind Sie gar
nicht.«

Mir fällt dazu ein Witz von Hans Mayer ein, dem großen Leipziger Philosophen und Germanisten, der noch zu DDR-Zeiten nach Tübingen emigrieren musste. Mayer erzählte gerne eine Geschichte in folgender Art:

»Neulich war ich Festredner im Theater am Schiffbauer-
damm. Und das Haus war bis auf den letzten Platz
gefüllt. Die Leute sagten, nicht einmal Brecht habe so
viele Zuschauer in seinem Theater gehabt.«
Übergangslos fuhr Mayer, zu seinem Gesprächspartner
gewandt (der in diesem Fall ich war), fort, dass seine

Vortragsreihe in England eine fast noch größere Beachtung gefunden habe als in Deutschland, wo er sie gehalten hätte. Und dass der Bundespräsident ihm gesagt habe, wenn er nicht schon Professor gewesen wäre, hätte er ihn schon allein wegen dieser Vortragsreihe zum Professor berufen.

»Aber«, fuhr Mayer fort und wandte sich an mich wie an jeden ihm bewundernd Zuhörenden, »ich rede ja ununterbrochen nur von mir. Nun zu Ihnen, lieber Herr Karasek, wie hat Ihnen mein neues Buch gefallen?«

Auch dies ist eine Wanderanekdote. Marcel Reich-Ranicki hat sie mir zuerst von Stanisław Lem erzählt. Da bricht sich der ungeheure Stolz und das Selbstbewusstsein in einer selbstironischen Pointe, die Aggression richtet sich also auch gegen sich selbst.

Oft ist dumme, brutale Übermacht stärker als der stärkste Witz. Ihre geistige Überlegenheit haben die Verfolgten witzig und geschickt getarnt, zum Beispiel in den Witzen der Emigration, als sie von Hitler vertrieben wurden und die meisten nicht einmal ahnten, dass sie ausgelöscht werden sollten. Nun der Witz aus New York:

Ein Emigrant besucht den anderen in seiner neuen Behausung und stellt fest, dass der ein Hitler-Bild in seinem Zimmer hängen hat.
Sagt er: »Bist du meschugge, hängst dir den Führer hin?«
Sagt der andere: »Das ist gut gegen Heimweh.«

Nachdem Hitler besiegt war, wurde Billy Wilder zwischen 1945 und 1946 als Offizier in der US-Militärregierung nach Deutschland geschickt und war dort auch für das »kulturelle Leben«

zuständig. So wurde er mit einem Gesuch konfrontiert, mit dem um die Genehmigung gebeten wurde, die Oberammergauer Festspiele wieder stattfinden zu lassen. Als er ein bisschen recherchierte, wurde ihm klar, dass der letzte Jesus-Darsteller wie fast alle anderen Schauspieler Nazi gewesen war. Bei der NSDAP oder SA, sogar bei der SS. Die Festspieldirektion fragte also bei den Amerikanern an, ob er denn trotzdem den Jesus in dem Passionsspiel geben dürfe. Billy Wilder antwortete: »Sie dürfen spielen, aber nur unter einer Bedingung: dass Sie richtige Nägel benutzen.«

Wie gesagt, die Juden belassen es beim Witz. Er ist ihre stärkste Waffe. Sie zerstören ihn nicht durch Ausübung. Über seine ehemals geliebte Heimat Österreich drehte Billy Wilder die kitschig-sarkastische Operette *Kaiserwalzer*, über seine Landsleute sagte er den Satz: »Die Österreicher haben das Kunststück fertiggebracht, aus Beethoven einen Österreicher und aus Hitler einen Deutschen zu machen.« Obwohl er es eigentlich deswegen verdient hätte, wurde er im Jahr 2000 trotzdem Ehrenbürger von Wien. Obwohl er die Alzheimer-Krankheit als Waldheimer-Krankheit bezeichnet hat. Waldheim war der Präsident Österreichs, der ganz vergessen hatte, dass er auf dem Balkan und in Griechenland in die Partisanenbekämpfung und Judenvernichtung verwickelt war. Nachgewiesen ist ihm die Mitgliedschaft in der Reiter-SA; ein witziger österreichischer Politiker, ich glaube, es war Sinowatz, hat damals gewitzelt, es könne niemand dafür belangt werden, dass sein Pferd in der SA war.

Broders Satz, dass die Deutschen den Juden nie Auschwitz verzeihen würden, hat eine Wurzel in der psychologischen Erkenntnis Nietzsches: »›Das habe ich getan‹, sagt mein Gedächtnis. ›Das kann ich nicht getan haben‹, sagt mein Stolz und bleibt unerbittlich.« Freud nannte das Verdrängung, Deutschland später Vergangenheitsbewältigung. Damals kursierte folgender Witz in Deutschland:

Sagt ein jüdischer Freund zu seinem deutschen Freund:
»Du, ich muss auch auswandern.«
»Warum musst du denn auswandern?«, fragt der.
»Weil es wieder losgeht.«
»Was geht wieder los?«
»Na, alles. Gegen die Juden und die Friseure.«
Darauf sein deutscher Freund: »Wieso gegen die
Friseure?«
»Siehst du, genau wegen dieser Frage muss ich
auswandern!«

Dies ist übrigens ein Wanderwitz, der in allen Verfolgungen und
Pogromen im zaristischen und im kommunistischen Russland
auftauchte. Davon handelt auch die folgende Geschichte aus der
Planwirtschaft des real existierenden Sozialismus. Ich verdanke
sie Ben Lewis und seinem Buch *Das komische Manifest*.

Es ist Winter. Man munkelt, dass es eine
Fleischlieferung geben wird. Simpsonowitsch stellt sich
früh am Morgen vor dem Metzger in einer langen
Schlange an. Drei Stunden später öffnet sich die
Ladentür endlich, und der Geschäftsführer ruft den
Anstehenden zu: »Genossen, wir haben Fleisch, aber es
reicht nicht für alle. Die Juden sollen bitte gehen.« Herr
Simpsonowitsch räumt mit etwa der Hälfte der
Anstehenden das Feld. Zwei Stunden später öffnet sich
die Tür erneut. »Genossen, wir haben Fleisch, aber es
reicht nicht für alle. Wer nicht am Großen
Vaterländischen Krieg teilgenommen hat, soll bitte
gehen.«
Ein weiterer großer Teil der Anstehenden zieht
murrend ab. Drei Stunden später öffnet sich wieder die
Tür. »Genossen, wir haben Fleisch, aber es reicht nicht

für alle. Wer nicht am Sturz des Zarismus beteiligt war, soll bitte gehen.«

Es bleiben nur noch drei halb erfrorene alte Männer übrig. Zwei Stunden später geht erneut die Tür auf.

»Genossen, leider gibt es heute überhaupt kein Fleisch mehr.« Die drei Alten gehen grummelnd nach Haus, und einer sagt: »Seht ihr, die Juden kommen immer am besten weg.« Eben das auserwählte Volk, im Guten wie im Bösen.

Bel Kaufman, die Enkelin des großen jiddischen Erzählers Scholem Alejchem, gibt mit ihren immerhin 101 Jahren noch Kurse über jüdischen Humor an US-Colleges. Sie sagt: »Wir haben zu ergründen versucht, warum so viele amerikanische Humoristen und Komiker jüdischer Herkunft sind. Juden wurden so viele Jahre verfolgt, dass sie irgendwann begonnen haben, über sich selbst Witze zu machen, eine Art sozialer Verteidigungsmechanismus. Bevor du mich geizig nennst, werde ich dir erzählen, wie geizig ich bin.

Man lacht über sich selbst, so entwaffnet man seine Gegner. Ein Beispiel:

Ein Franzose, ein Deutscher und ein Jude gehen in eine Bar.
Der Franzose sagt: ›Ich bin müde und durstig, ich muss einen Wein haben.‹
Der Deutsche sagt: ›Ich bin müde und durstig, ich muss ein Bier haben.‹
Der Jude: ›Ich bin müde und durstig, ich muss Diabetes haben.‹«

Auch aus der KZ-Zeit sind Witze überliefert.

Der Kommandant sagt zu einem Häftling, er würde eine Ration Brot bekommen, wenn er erraten könne, welches seiner beiden Augen ein Glasauge ist. Der Häftling schaut ihn an und sagt rasch: »Das rechte.«
Der Kommandant: »Wie hast du das herausgefunden?«
Der Häftling: »Es guckt so menschlich.«

Von Werner Finck, der es gegen die Nazis mit der Wirkung seines eher leisen Humors versuchte, sind die folgenden Geschichten überliefert:

Werner Finck im Kabarett: »Ich stehe hinter jeder Regierung, bei der ich nicht sitzen muss, wenn ich nicht hinter ihr stehe.«
Darauf ruft ein Zuschauer, offenbar ein Nazi: »Sie sind wohl Jude?«
Finck antwortet: »Nein, ich sehe nur so intelligent aus.«
Und als er einmal sah, dass ein Nazispitzel in der Vorstellung mitschrieb, fragte er: »Soll ich langsamer sprechen, damit Sie mitkommen? Oder soll ich gleich mitkommen?«

Jüdische Witze handeln davon, dass sie die Religion, die sie zum auserwählten Volk macht, bezweifeln. In Lessings Ringparabel aus dem *Nathan* hat Gott den drei Religionsstiftern, Moses, Jesus und Mohammed, je einen Ring gegeben, wovon nur einer echt ist. Der ist aber nicht zu erkennen. Und so lässt Lessing an die drei die Aufforderung ergehen, sie möchten durch die tätige Ausübung ihrer Religion beweisen, wer den echten Ring besitze. Sie finden heraus, dass der Vater sie betrogen hat. Nur einer von ihnen hat einen echten Ring. Sie rufen »Betrug!« und gehen zu einem Richter. Der soll entscheiden. »Es strebe von euch jeder um die Wette, die Kraft des Steins in seinem Ring an den Tag zu legen! Komme dieser Kraft mit Sanftmut, mit herzlicher Verträglichkeit, mit Wohltun, mit innigster Ergebenheit in Gott zu Hilfe! Und wenn sich dann der Steine Kräfte bei euren Kindeskindern äußern: so lade ich über tausend Jahre sie wiederum vor diesen Stuhl. Da wird ein weiserer Mann auf diesem Stuhle sitzen als ich; und sprechen. Geht! – So sagte der bescheidene Richter.«

Jüdische Witze von den drei Religionen holten diese erhabene Parabel Lessings zurück auf den Boden:

> Ein Priester, ein Imam und ein Rabbi diskutieren, was ihre Gemeinden wohl tun würden, wenn eine neue Sintflut die Erde überschwemmte.
> »Wir würden zu Gott beten, dass er uns retten möge«, sagt der Priester.
> »Wir würden unser Schicksal als Kismet annehmen und zu Allah aufsteigen«, meint der Imam.
> Und der Rabbi sagt: »Wir würden lernen, unter Wasser zu leben.«

Die Witze von den Religionen und ihrem Wettstreit sind im jüdischen Witz legendär. Immer wieder wird die Ringparabel Lessings auf ihren praktischen Gebrauch hin ausgespielt und untersucht. Ich verdanke Jurek Becker, dem Verfasser von *Jakob der Lügner* und *Liebling Kreuzberg*, die folgende Bekehrungsgeschichte:

> Einen Tag vor seinem achtzehnten Geburtstag erklärt der Sohn seinem orthodoxen Vater, er habe sich entschlossen, zum Christentum überzutreten. Der Vater redet auf ihn ein, er könne doch den Glauben der Väter nicht verraten, an dem sie zweitausend Jahre in allen Schrecken und Verhängnissen festgehalten hätten

und in denen sich Gott und ihr Verhältnis zu Gott bewährt hätte. Darauf der Sohn: »Du wirst mich nicht davon abbringen. Ab morgen bin ich mündig, und ich bin fest entschlossen, zum Christentum überzutreten.« Spricht's und lässt den Vater allein. Der hadert mit Gott, und Gott erscheint ihm auch als Stimme und fragt: »Was ist, Abraham?« Darauf erzählt ihm der Vater die Geschichte, dass sein Sohn unbedingt Christ werden wolle. Gott beschwichtigt ihn und sagt: »Sei ruhig, Abraham, das ist mir auch passiert.« – »Was?«, sagt der Vater. »Das ist dir auch passiert? Und was hast du denn dann gemacht?« Darauf Gott: »Was werd ich gemacht haben? Ein neues Testament!«

Manche dieser Witze beschäftigen sich nur mit der Verschiedenheit der Bräuche, so zum Beispiel die Geschichte von dem Juden, der in ein katholisches Hochamt gerät:

Im Wiener Stephansdom wird eine große Messe zelebriert. Die Orgel tönt, Gesang der Gemeinde brandet auf, der Priester schreitet im vollen Ornat durch die kniende Menge, begleitet von den Ministranten, die ihre Weihrauchfässer schwenken. Sagt der Jude zu einem vorbeigehenden Ministranten: »Fräulein, Ihr Handtascherl brennt!«

Die Taufe, als Zwangstaufe etwa während der Spanischen Inquisition, der sich viele Juden durch die Emigration zu entziehen suchten, spielt in der jüdischen Geschichte eine ebenso große Rolle wie die Geschichten von Juden, die sich taufen ließen; Gustav Mahler zum Beispiel, weil er anders im christlichen Wien nicht hätte Operndirektor werden können, und Heinrich Heine, der sich mit seinem Übertritt zum Christentum selbstanklägerisch und ironisch auseinandersetzte. Er hat die Taufe als Entrée-Billett zur europäischen Kultur bezeichnet. Es war die Fahrkarte zur völligen Assimilation – doch deren Zug wurde durch den im liberalen Staat aufkeimenden Antisemitismus sogleich wieder gebremst. Ebenfalls von einer Konversion zum Katholizismus handelt der folgende Witz, der in New York um 1900 unter armen jüdischen Einwanderern spielt.

Es ist kalt am Broadway. Zwei arme Juden frieren und bibbern. Auf einmal kommen sie an einer katholischen Kirche vorbei, an der angeschlagen steht: »Wer sich taufen lässt, bekommt zehn Dollar.« In ihrer Not und Verzweiflung beschließen sie, dass einer sich für beide opfern solle. Nach seiner Taufe würden sie dann die zehn Dollar teilen, fifty-fifty. Sie losen mit Streichhölzern, der Verlierer geht in die Kirche. Eine lange Zeit vergeht, während der andere schlotternd draußen wartet. Endlich kommt der Kirchgänger und Täufling wieder heraus.
»Wie war's?«, fragt der andere.
»Du, es war herrlich. Orgelklang und Weihrauchduft. Und der Priester hat mit singender Stimme lateinisch gebetet, die Gemeinde ist in den Chor eingefallen, man ist niedergekniet, aufgestanden, wieder niedergekniet. Ich bin aus einem Taufbecken mit geweihtem Wasser besprüht worden und feierlich mit vielen anderen getauft worden. Einfach großartig ist es gewesen.«
Der andere hört ihm zu und wird schon etwas ungeduldig und sagt: »Und was ist mit den zehn Dollar, die wir teilen wollen?«
Darauf der frisch getaufte Christ: »So seid ihr, ihr Juden. Ihr denkt immer nur ans Geld.«

Bräuchte es einen Beweis für die doppelte Aggression, die nach zwei Seiten geht, dieser Witz würde ihn liefern.

Die klassischen jüdischen Witze bilden eine Art Heimatmuseum der alten Zeit im jüdischen Schtetl und sind inzwischen wie Märchen aus einer verflossenen Zeit. Sie werden voller Nostalgie erzählt, wobei die Sitten und Gebräuche im Schtetl eine große Rolle spielen, wenn sie in ironischer Beleuchtung wieder in Geschichten und Pointen auftauchen. Der jüdische Witz hat das Witzeerzählen selbst zum Gegenstand. Nach 1945, als die jüdische Kultur Galiziens von den Nazis völlig vernichtet worden war, Gettos wie Synagogen zerstört, die jüdische Bevölkerung ausgerottet worden war, sammelte Salcia Landmann die jüdischen Witze, um ein Kulturerbe wenigstens in seinen Geschichten und Zeugnissen zu bewahren. Friedrich Torberg, der große österreichische Journalist, Publizist, Schriftsteller, Theaterkritiker, Romancier und Witzeerzähler, ist über diese Witzesammlung gnadenlos hergefallen. Besonders gekränkt hat ihn, dass ausgerechnet eine jüdische Witzeerzählerin seiner Meinung nach sämtliche Pointen hingemeuchelt und damit die Witze umgebracht habe.

Wie gesagt, viele Witze handeln von der galizischen Nostalgie, der die grandiosen Romane von Joseph Roth, vor allem sein *Radetzkymarsch*, ein literarisches Denkmal setzen. Diese galizische Welt bei Roth besteht aus österreichischen Garnisonen in den galizischen Städten wie Przemyśl und Lemberg. Hier einer der Garnisonswitze:

>»Habt ihr schon gehört?«, sagt ein Offizier zum
>anderen. »Hauptmann Feschak ist aus dem
>Offizierscasino ostraziert (ausgeschlossen) worden.«
>»Was? Ostraziert? Warum denn, um Himmels
>willen?«

»Er hat den Namen der Tochter des Rabbiners in den Schnee gepinkelt:

›Rebecca, ich liebe dich!‹«

»Das ist ja schrecklich«, sagt der andere, »aber ist das nicht zu streng, ihn deshalb gleich aus dem Casino zu verbannen?«

»Nein«, sagt der andere, »er hat den Satz mit ihrer Handschrift in den Schnee geschrieben.«

Sie war also »federführend«.

Das paradoxe Wesen des jüdischen Witzes erklärt sich am besten durch einen jüdischen Witz.

Da fragt ein Jude den anderen: »Warum beantwortet jeder jüdische Witz eine Frage mit einer Gegenfrage?« Worauf der andere antwortet: »Warum nicht?«

Darin ist auch das ständige Hin und Her des jüdischen Disputs, in dem es immer auch um die Gesetze geht, um die Zwiesprache mit Gott, um die Erklärungen der Tora. Disput ist das Wesen der jüdischen Geistigkeit, das Hin und Her. Auch da gibt es eine Geschichte, die wir unbekümmert dem jüdischen Witz zurechnen können, obwohl sie eigentlich nichts mit ihm zu tun hat.

Vor Gericht. Der Staatsanwalt plädiert, der Richter sagt am Ende: »Da haben Sie recht.«

Dann plädiert der Verteidiger. Wieder resümiert der Richter: »Da haben Sie recht.«

Da sagt ihm ein Schöffe: »Herr Richter, die können doch nicht beide recht haben.«

Worauf der Richter sagt: »Da haben Sie auch wieder recht.«

Wer die Urteile in manchen Prozessen unserer Zeit vor Augen hat, kann den Witz bestens verstehen. Das Abwägen, Klären, ein dialektisches Hin und Her, macht das Wesen des jüdischen Disputs aus. Der Witz beschreibt den Widerspruch zwischen Wirklichkeit und Wahrheit, zwischen Idee und Praxis, zwischen Schein und Sein. Das tun viele, ja sogar die meisten Witze, also kann man den jüdischen Witz als »Mutter der Witze« bezeichnen. Als Einstein den Nobelpreis für die Relativitätstheorie bekam, war das ein gefundenes Fressen für den jüdischen Witz. Ist denn nicht ohnehin alles relativ? Also zum Beispiel:

Treffen sich zwei Juden und unterhalten sich darüber, dass Einstein den Nobelpreis für die Relativitätstheorie erhalten hat.
Sagt der eine: »Was ist denn das, die Relativitätstheorie?«
Sagt der andere: »Wenn du ein hübsches Mädchen küsst, ist eine Minute relativ kurz, wenn du mit dem nackten Hintern auf einer glühenden Herdplatte sitzt, ist eine Minute relativ lang.«
Darauf die ernüchternde Quintessenz: »Und für so einen Tinnef bekommt man den Nobelpreis?«

Die Pointe lässt sich beliebig variieren. Relativ wenig sind drei Haare auf dem Kopf, relativ viel drei Haare in der Suppe. Und die absurdeste Relativität ist die folgende:

»Wenn du mir deine Nase in den Hintern steckst, haben wir beide eine Nase im Po. Aber ich bin relativ besser dran.«

Ein Meister der Relativität der Zeit (Witze machen meist einen Kurzschluss zwischen objektiver und gefühlter Zeit) war der Theaterkritiker Alfred Polgar. In einer Theaterkritik schrieb er:

> »Die Vorstellung begann um acht Uhr. Als ich nach
> zwei Stunden auf die Uhr blickte, war es halb neun.«

Besser lässt sich das Streckbrett »Langeweile« nicht formulieren als durch diese Aussparung. Polgar konnte das auch durch einen Blick auf das Bühnenbild ausdrücken:

> »Rechts gähnte der Abgrund. Recht hatte er.«

Und in einer Glosse über eine öffentliche Uhr in einer belebten Wiener Straße, die seit Jahren stehen geblieben war, philosophierte er witzig über das Verhältnis von der Zeit zum Zeitgenossen, die dieser nur beim Schopfe packen müsse – im rechten Augenblick.

> »Mindestens zweimal am Tag geht die Uhr auch
> richtig. Man muss nur den richtigen Augenblick
> erwischen.«

Das Paradoxon der Zeit, dass sie, wenn man sie feststellt, schon nicht mehr stimmt, fixiert der dumm-weise Graf-Bobby-Witz:

> Graf Bobby trifft seinen Freund Freddy. Und da er
> keine Uhr dabei hat, fragt er: »Du, Freddy, wie spät is?«
> Antwortet Freddy: »In zehn Minuten zwölf.«
> Darauf Bobby: »Ja, in zehn Minuten! Aber jetzt?«

Der Meister des absoluten Hintersinns im Schwachsinn, Karl Valentin, antwortet auf eine ähnliche Frage.

»Herr Valentin, können Sie mir vielleicht sagen, wieviel Uhr es ist?«

Valentin: »Hörn's doch auf mit der ewigen Fragerei. Sie haben mich das doch vorige Woch' schon amal g'fragt.«

Woody Allen ist ein Meister von Fragen, die das Banalste mit dem Erhabensten verbinden. Zum Beispiel:

»Gibt es eigentlich einen Gott? Und ein gutes Hotelzimmer in Kansas City?«

Beides für einen Witz gleich wichtige Fragen. Ebenso wie die Woody-Allen-Frage:

»Gibt es ein ewiges Leben? Und wer sorgt da eigentlich für saubere Wäsche?«

Solche Fragen haben auch die todernsten Scholastiker gestellt, die für Nachfahren zum Schreien komisch sind. Zum Beispiel die scholastische Frage nach Gottes Allmacht. Kann Gott einen so schweren Stein schaffen, dass er ihn nicht heben kann? Kann er ihn nicht schaffen, ist er aus diesem Grund nicht allmächtig. Kann er ihn schaffen, ist er nicht allmächtig, weil er ihn nicht heben kann. Ein wahrhaft jüdisches Witzprinzip in einer sehr katholischen Frage. Daher noch ein paar Beispiele von Woody Allen. Ich liebe seinen Helden Nadelmann.

Nadelmann plagt sich ständig damit herum, wie er beigesetzt werden wolle. Und einmal sagt er: »Ich ziehe die Feuerbestattung der Erdbestattung entschieden vor – und beides einem Wochenende mit Frau Nadelmann.«

Oder Woody Allens Wunsch:

»Ich will die Unsterblichkeit nicht durch mein Werk erringen. Ich will sie dadurch erringen, dass ich nicht sterbe.«

Nadelmann ist übrigens ein komischer Verwandter von David in seinem Kampf gegen Goliaths Realität. Als großer Opernfreund lebt er ein paar Jahre in Mailand und hat dort ein Abonnement im ersten Rang der Scala. Einmal, bei einer *Tosca*-Aufführung, ist er beim Schlussapplaus so begeistert, dass er sich über die Brüstung beugt und beim frenetischen Klatschen kopfüber in den Orchestergraben fällt. Das ist sehr schmerzhaft. Von da an macht das Nadelmann aber bei jedem Premierenabend, um nicht als Tollpatsch dazustehen. Besser jeden Abend freiwillig vom ersten Rang in den Orchestergraben zu stürzen. Ein wahrer jüdischer Held.

Der tragische Kern der jüdischen Komik ist das Schicksal der Juden, gleichzeitig »auserwählt« und überall verfolgt und gejagt zu sein. Es ist die absurde Grundvoraussetzung des jüdischen Selbstbewusstseins. Dazu der Stoßseufzer eines frommen Juden:

»Herr, du hast uns auserwählt unter den Völkern – aber warum ausgerechnet uns?«

Der tiefe Pessimismus gegen das Auserwähltsein spiegelt sich in dem Parkerlebnis eines Juden.

Ein Jude ergeht sich in einem schönen Park. Plötzlich scheißt ihm ein Vogel auf den Kopf. Darauf hebt der Jude den Blick zum Himmel und sagt: »Und für die Gojim (Nichtjuden) singen sie!«

Franz Kafka, so wird überliefert, hat sich beim öffentlichen Vorlesen seiner Prosawerke, die doch todernst, ausweglos, tragisch und von finsterer Absurdität sind, nach Augenzeugenberichten bei den Lesungen ausgeschüttet vor Lachen. So als hätte er die jüdische Krux in sich zu einem biografischen Witz verarbeitet, der tödlich endet. Im Roman *Der Prozeß* steht die Parabel vor dem Gesetz.

> Vor dem Gesetz steht ein Türhüter. Zu diesem Türhüter kommt ein Mann vom Lande und bittet um Eintritt in das Gesetz. Aber der Türhüter sagt, dass er ihm jetzt den Eintritt nicht gewähren könne.
> (So wartet der Mann ein Leben lang und fragt schließlich den Türhüter:)
> »Alle streben doch nach dem Gesetz (…), wieso kommt es, dass in den vielen Jahren niemand außer mir Einlass verlangt hat?« Der Türhüter erkennt, dass der Mann schon an seinem Ende ist, und, um sein vergehendes Gehör noch zu erreichen, brüllt er ihn an: »Hier konnte niemand sonst Einlass erhalten, denn dieser Eingang war nur für dich bestimmt. Ich gehe jetzt und schließe ihn.«

Der jüdische Witz ist ursprünglich ein auf Deutsch erzählter Witz, ein deutscher Dialektwitz, obwohl man ihn längst auch auf Englisch, Amerikanisch hört. Er ist ein deutschsprachiger Witz, weil das Jiddische ein Teil der deutschen Sprache ist, und er ist ein deutschsprachiger Witz, weil Sigmund Freud ihn in seiner Psychoanalyse des Witzes in Deutsch auf seine Couch gelegt hat. Deutsch war die Sprache, in der die Juden sich im Vielvölkerstaat Österreich-Ungarn als Verkehrssprache eingerichtet haben. Deutsch war die Sprache Freuds, der aus Mähren stammte, also aus dem tschechischen Teil der Donaumonarchie, bevor er nach Wien kam und dort ebenso deutsch gesprochen und gedacht hatte, wie auch Kafka seine großen Werke auf Deutsch schrieb, und zwar im Prag der Donaumonarchie, die am Verenden war und, auch das ein Witz, im Sterben eine ungeheure Kulturblüte trieb. Deutsch war die Lingua franca der Juden, in Berlin, in Breslau, in Wien wie in Prag, und Wien war das Zentrum der jüdischen Kultur.

»Als die Juden nach ihrem missglückten Aufstand gegen die Römer aus Palästina vertrieben und über die ganze Welt verstreut wurden, blieb ihnen über Jahrhunderte nur ein Band, das sie einte: ihre gemeinsame Religion.« *(Von armen Schnorrern und weisen Rabbis.* Herausgegeben und mit einem Nachwort versehen von Jutta Janke. Berlin 1975) Das wurde ihnen später in den Wogen der christlichen Intoleranz, die über Europa hinwegrollten, zum Verhängnis. In der Kreuzzugszeit wanderten große Teile der deutschen Juden nach Osteuropa aus, wo die polnischen Könige ihnen Zuflucht gewährten. Sie brachten aus Deutschland ihre Sprache mit, das Jiddische. Das Jiddische ist in seinem Kern eine deutsche Mundart, die hebräische und slawische Lehnwörter in sich aufgenommen hat. Das Jiddische ist inzwischen durch Hitler auch weitgehend ausgerottet worden. Man muss aufpassen, dass man es nicht mit dem Jüdeln verwechselt und vermanscht, das den »jüdischen Witz« vom »Witz über Juden« unterscheidet, der oft antisemitisch war, also rassistisch wie alle Witze über andere Volksstämme und Gebiete (wie Schottenwitze, Polenwitze, Blondinenwitze und Ostfriesenwitze, um nur einige Beispiele zu nennen). Natürlich hat der antisemitische Witz mit dem Völkermord seine angeblich harmlose Unschuld verloren, und die jiddische Sprache ist mit den Opfern des antisemitischen Witzes gestorben. Für den jiddischen Witz möchte ich hier wenigstens zwei Beispiele zitieren: Das eine stammt aus dem zaristischen Russland.

Ein Wolgadeutscher steht vor Gericht, weil er Pferde gestohlen haben soll. Doch er kann kein Russisch. Und da kein Dolmetscher zur Hand ist, holt man einen Juden, der fließend Deutsch zu sprechen behauptet. Der Richter fragt den Angeklagten, weshalb er die Pferde gestohlen habe, und der Jude übersetzt:
»Reb Dajtsch, der Oden frejgt ajch, farwos ir hot gelakchent die ssussim.«
Der Deutsche: »Ich verstehe nicht.«
»Wos hajßt, ir farschtejt nischt? Men frejgt ajch, farwos ir hot gelakchent di ssussim!«
»Ich verstehe kein Wort!«
Darauf der Jude zum Richter: »Wasche Blagorodije, Deutsch versteht er auch nicht.«

Am schönsten wird der Unterschied zwischen dem Jiddischen und Deutschen durch den folgenden Witz belegt:

Zwei Juden aus der Ukraine kommen nach Berlin. Mit Verwunderung hören sie, wie die Leute auf der Straße reden, und einer sagt zum anderen:
»Her, wi sej hobn ruinirt unser Schprach!« (Hör mal, wie sie unsere Sprache ruiniert haben!)

Die Geschichte der Juden in Österreich ist eine lange, komplizierte und schrecklich widersprüchliche Geschichte. Das Schicksal der Juden änderte sich, wie die Habsburger Monarchen ihre Meinung änderten. Der Sohn Maria Theresias, Joseph II., erließ 1781 das »Toleranzpatent«, welches das erste Toleranzpapier für die gesetzliche Gleichberechtigung der Juden in Europa war. Er beförderte die Aufnahme von Juden in die Armee, die Ausbildung jüdischer Kinder in deutschen Schulen und auf deutschen Universitäten, und er hob den Zwang auf, dass Juden gelbe Kleidung zu tragen und eine Art Strafsteuer abzuführen hatten. Das führte zu einem ungeheuren Einwanderersturm auf die Metropole des Vielvölkerstaats und zu einer ungeheuren kulturellen Blüte. Den meisten Menschen ist nicht mehr gegenwärtig, dass Österreichs größter Komponist, Mozart, der im katholischen Salzburg von seinem katholischen Vater in jüngsten Jahren zum Musikgenie getriezt und getrimmt wurde, seinen kongenialen, fast hätte ich gesagt: Drehbuchautor in da Ponte fand, einem jüdischen Poeten und Librettisten aus Venedig. Die großartige Trias der italienischen Opern *Figaros Hochzeit*, *Così fan tutte* und *Don Giovanni* ist also, wenn man so will, das erste große deutsch-jüdische Gemeinschaftswerk, noch dazu in italienischer Sprache, in der sich alles am schönsten singen lässt.

Die Juden wurden also in der josephinischen und nachjosephinischen Toleranz-Ära befreit. Die Familie Freud zog 1859 von Mähren über Leipzig nach Wien, wo sie dann in der Pfeffergasse sesshaft wurde. Die Freuds wohnten also im jüdischen Viertel der Leopoldstadt in Wien, das kurz darauf seine einschränkenden Grenzen verlor und für alle offen wurde.

In seiner Kindheit wurde Freud von einer Wahrsagerin vorausgesagt, er würde Minister werden. Was das für eine große Rolle für ihn spielte (er erzählte diese Prophezeiung gern und immer wieder), wurde mir erst klar, als ich Billy Wilder in Hollywood besuchte. In seinem Zimmer stand eine Statuette von Benjamin Disraeli. Ab und zu fuhr Billy Wilder fast zärtlich über den Kopf des ersten jüdischen Premierministers in einer europäischen Demokratie.

Als Freud Medizin studierte, hatte sich die jüdische Bevölkerung Wiens um 700 Prozent vergrößert, während die allgemeine Population nur um 21 Prozent gewachsen war. 30 Prozent der Mitstudenten an der Medizinischen Fakultät in Wien waren Juden. Freud erinnerte sich später, als er an die Universität gekommen sei, habe er eine spürbare Enttäuschung erlitten. Er, der geglaubt hatte, dass in einer liberalen Gesellschaft alle Bürger unabhängig von ihrer Herkunft gleich sein würden, erfuhr nun, dass ihm seine Mitstudenten ein Minderwertigkeitsgefühl vermittelten, weil er Jude war. Er hatte bis dahin nie geglaubt, dass er sich wegen seiner »Herkunft« zu schämen habe. Jetzt aber erfuhr er, dass er wegen seiner »Rasse« diskriminiert wurde. Der Gegenschlag gegen die verordnete Toleranz Wiens war ein wütender, hasserfüllter Antisemitismus, der seinerseits aus einem Minderwertigkeitsgefühl kam. »Saujud« wurden die Juden auf einmal beschimpft, schildert Freud, und er beschreibt mit Wonne ein Duell, in dem sein Freund Dr. Karl Koller einen Chirurgen, der ihn als »Saujud« beschimpft hatte, beim Duell schwer im Gesicht verletzte.

In der Zeit also, als Wien blühte und prangte, als die Oper, das Rathaus, die Börse, der Reichsrat, der Justizpalast, das Hoftheater, die Universität und das Museum für Kunst und Industrie gebaut wurden und die Hofburg des Kaisers in der Stadt sich zur Ringstraße öffnete, in dieser Blütezeit wuchs auch der Antisemitismus des Abgeordneten Georg von Schönerer, der im Reichsrat hemmungslosen Antisemitismus predigte, und des Wiener Bürgermeisters Lueger, der zum Bürgermeister gewählt wurde, weil er sich aggressiv des Antisemitismus bediente. Der Kaiser hatte seine Ernennung verweigert, konnte sich dem Druck der Massen und der Straße aber nicht auf Dauer widersetzen. In diesem vergifteten Biotop ist Hitler als arbeitsloser Stadtstreicher groß geworden. Wiens Toleranz wurde zur Wiege des schrecklichsten Pogroms der Neuzeit, und das mitten in Europa. Die Anzeichen ergriffen auch die Kultur, Juden wurden aus studentischen Verbindungen und Vereinen ausgeschlossen, Theodor Herzl träumte als Gegenreaktion seinen Traum vom jüdischen Staat, der später in Israel verwirklicht wurde.

Übrigens, selbst zu diesem lang erträumten und erhebenden Ereignis gibt es einen skeptischen jüdischen Witz.

> Als die Immigranten 1947 mit dem Schiff »Exodus« in Palästina ankamen, fragte ein Reporter die begeisterten Neulinge nach ihren Gefühlen. Alle hatten Tränen der Freude in den Augen, endlich ins Gelobte Land heimgefunden zu haben. Nur Moische steht abseits und zeigt kaum eine Bewegung. Der Reporter stürzt auf ihn zu und fragt: »Sie jubeln ja nicht wie die anderen, freuen Sie sich nicht?«
> Darauf Moische: »Doch, doch. Aber wenn uns die Engländer schon ein Land schenken, das ihnen nicht gehört, warum nicht die Schweiz?«

Wie gesagt, die deutsche Sprache war die Sprache des jüdischen Witzes, und Sigmund Freud kann sich gar nicht genug über ein Wortspiel Heines amüsieren, weil er damit entdeckt, dass die Sprache durch ihre eigenen Kurzschlüsse und damit Neuerfindungen selber Witze produziert. »Trauring, aber wahr« hatten wir schon erwähnt. Freud zitiert, dass Heine in Paris bei Baron Rothschild eingeladen war und sich dort, wie er schrieb, »ganz famillionär« fühlte. Also eine einzige große jüdische Familie. Nestroy hat daraus später eine andere Ableitung gezogen. Und es gibt eigentlich keine bessere Kurzschlussdefinition des Spleens der reichen Leute als die Vokabel »millionärrisch«. Von Heine stammt auch das wunderbare, zum Fleisch rückverwandelte Bild, das ihm auf einem großen Empfang bei Rothschild einfiel. Heine beobachtet, wie alle Gäste um den reichen Baron herumscharwenzeln. Ein anderer Besucher kommentiert: »Der Tanz ums Goldene Kalb.« Worauf Heine bemerkt: »Ich glaube, der Mann ist älter.«
Natürlich schleicht sich in die deutsche Sprache die formale Ra-

bulistik der jüdischen Gesetzeserläuterungen und -windungen ein. Auch dazu möchte ich an dieser Stelle eigentlich nur zwei Beispiele geben. Bekanntlich hat Moses die Zehn Gebote in zwei steinernen Tafeln vom Berg Sinai, wo Gott sie ihm überreicht hat, heruntergebracht. Darüber gibt es auch einen modernen Witz.

Moses sagt zu den in höchster Erwartung versammelten Juden: »Ich habe eine gute und eine schlechte Nachricht. Die gute ist: Ich habe ihn auf zehn Gebote runtergehandelt. Die schlechte: Das sechste (Ehebruch) gilt leider immer noch.«

Über diesen Moment gibt es unendlich viele Witze, auch in Filmen bei Monty Python oder bei Mel Brooks.

Einmal verliert Moses beim beschwerlichen Runtersteigen vom Berg ein oder zwei Tafeln und seufzt: »Nun müssen wir uns also mit zehn zufriedengeben.«

Und was die mythologische Herkunft von Moses anlangt:

Der kleine Itzig wird in der Schule gefragt: »Wer war Moses?« Und er antwortet: »Moses war der Sohn einer ägyptischen Prinzessin.« »Das ist nicht richtig«, sagt der Lehrer, »Moses war der Sohn einer jüdischen Mutter. Die ägyptische Prinzessin hat ihn als Baby in einem Weidenkorb gefunden.« Antwortet Itzig: »Behauptet *er*.«

Nicht vorstellbar, wenn man zu Beginn des 21. Jahrhunderts eine ähnliche Geschichte über Mohammed erzählen würde. Man müsste um sein Leben fürchten.

Der jüdische Witz hat sich längst auch zu einer nostalgischen Erinnerung verwandelt an die Zeit, als es in Osteuropa, also in Galizien wie in Weißrussland und in der Ukraine, große jüdische Gemeinden gab, die aus kleinen Handwerkern, Krämern, Hausierern und Tagelöhnern bestanden und die immer schon gewaltige Auswanderungsanstrengungen unternahmen in die europäischen Metropolen und nach Übersee. Diese Gemeinden waren immer wieder durch Pogrome bedroht, und immer wieder gab es neben Fortschritten in Richtung Gleichberechtigung Rückschläge durch Ausbrüche von judenfeindlichen Ausschreitungen – auch dies, möchte man bitter sagen, eine Grundvoraussetzung für eine sarkastische und zynische Welthaltung, die im Witz zwischen Gottergebenheit und Gottverlassenheit schwankte. Hiob ist die große tragische Figur dieser Auseinandersetzung. Der jüdische Witz, könnte man etwas hochtrabend sagen, ist das komische Echo darauf. Der russische Roman und der jüdische Witz, so kann man es zusammenfassen, würden ohne die Eisenbahn, die gewaltige Strecken überbrückte, Menschen in die weite Welt des Westens führte oder zu den großen Märkten, nicht existieren. Dass in der Eisenbahn auch Witze erzählt wurden, um die Zeit zu vertreiben, ist klar. So zum Beispiel die Geschichte von den drei jüdischen Handelsreisenden. Also:

Drei jüdische Handelsreisende fahren oft zusammen die gleiche Strecke. Sie haben sich schon alle Witze erzählt, die sie kennen. Es braucht nur einer den Mund aufzumachen, da winken die anderen ab: »Kennen wir schon, kennen wir schon.«
Schließlich verfallen sie auf die Idee, alle Witze aufzuschreiben und zu nummerieren. Nun brauchen

sie sich nur ab und zu eine Nummer zuzurufen, um sich mit brüllendem Gelächter köstlich zu amüsieren. Einmal steigt unterwegs ein neuer Reisender zu. Verwundert hört er sich dieses für ihn unverständliche Zahlenspiel an. Für ihn klingt es, um im Genre der Eisenbahn zu sprechen, nur nach Bahnhof, und er lässt sich das Spiel erklären.

»Also«, sagt einer, »wir haben unsere Witze nummeriert. Hier ist die Liste.«

Die drei anderen rufen sich Nummern zu: »64!« Brüllendes Gelächter. »15!« Wieder wird lauthals gelacht. »7!« Die Zuhörer können sich kaum halten vor Lachen. Also fasst er sich Mut, guckt in die Liste und sagt: »32.« Niemand lacht. »Was ist denn los?«, fragt er. »Ist der Witz nicht gut?« Einer der Juden sieht ihn an und sagt: »Der ist schon gut. Man muss ihn nur erzählen können!« Gekränkt schweigt der Fremde. Nach einer Weile ruft einer der drei Witzeerzähler: »89!« Brüllendes Gelächter. Da mischt sich der Reisende ein und sagt: »Versteh ich nicht. Der steht doch gar nicht auf der Liste.« Darauf die anderen drei: »Ebendrum ist er so komisch. Den kannten wir noch nicht.«

Gute alte Zeit, möchte man sagen. Die hatten noch Sorgen! Aber sie hatten eben so viele Sorgen, dass sie viele weglachen mussten.

Russische Romane, zum Beispiel die *Kreutzersonate* von Tolstoi, beginnen gern mit einer Bekanntschaft im Zug am Anfang einer tagelangen Bahnfahrt durch die Weiten des Ostens. Man stellt sich einander vor, dann beginnt die lange Reise, und der eine sagt: »Ich heiße Gregor Gregorowitsch und bin ein elender Mensch. Ich möchte Ihnen erzählen, wie ich meine Frau verloren habe.« 700 Seiten später weiß man Bescheid. Max Frisch, der aus der engen Schweiz kommt, hat sich darüber lustig gemacht, indem er in seinem Tagebuch schreibt, dass jemand in Genf in einen Zug einsteigt und seinem Gegenüber zu erzählen beginnt: »Ich heiße Gregor Gregorowitsch. Ich bin ein elender Mensch. Ich möchte Ihnen erzählen, wie ich meine Frau verloren habe.« Aber ehe der Mann nur erzählen konnte, wie er seine Frau kennengelernt hat, ist der Zug schon an der Grenze. Keine Zeit mehr für einen großen Roman.

Die Bahnreise beginnt schon mit der Komplikation, dass man den Zug verpassen kann.

> Ein Reisender sieht einen anderen auf den Bahnsteig stürzen, atemlos schaut der den Schlusslichtern des abfahrenden Zuges hinterher. Fragt ein anderer Mann auf dem Bahnsteig:
> »Haben Sie den Zug verpasst?«
> Antwortet der: »Verscheucht werd ich ihn haben!«

Hier ist völlig klar: Wer so antwortet, kann nur einem jüdischen Witz entsprungen sein.

Jeder Zugreisende kennt das seltsam schwerelose Gefühl, wenn sich ein Zug auf dem Nebengleis in Bewegung setzt und man einen Augenblick denkt, selber schon zu fahren. Dies ist ein wunderbarer leichter Schwebezustand, dem der folgende Witz entsprungen zu sein scheint:

> Ein Zug setzt sich langsam in Bewegung. Sagt ein Passagier zu dem ihm gegenübersitzenden Juden:
> »Scheint's fahren wir schon.«
> »Die Häuser werden sie für uns vorbeitragen«, sagt der andere.

Dieser Witz funktioniert auch ohne Bahn im galizischen Winter.

> Eisig geht im Januar am Seeufer spazieren. Da sieht er plötzlich seinen Freund Löwenthal in einem Eisloch zappeln.
> »Löwenthal, bist du eingebrochen?«
> Antwortet Löwenthal: »Nu, der Winter wird mich beim Baden überrascht haben.«

Es sind dies sozusagen Nebbich-Witze, wo der Befragte dem anderen klarmacht, wie blöd und überflüssig seine Frage ist. Einer der schönsten Eisenbahnwitze ist der über die Konsequenz, eine Sache zu Ende zu denken, sich all ihre Folgen auszumalen, was die jüdische Haltung des »Klärens«, also des Überlegens, anlangt. Eine Sache zu Ende zu denken, führt immer in der skeptischen Weltsicht der Juden zu einer Katastrophe. Hier die Geschichte:

> Zwei Juden, ein junger Mann und ein älterer Herr, sitzen sich in einem Eisenbahnabteil gegenüber.
> Fragt der Jüngere den Älteren: »Verzeihung, können Sie mir sagen, wie spät es ist?«
> Keine Antwort. Der junge Mann drückt sich gekränkt in seine Abteilecke. Doch kurz vor Lublin hält er es nicht mehr aus und sagt im Brustton der Entrüstung:
> »Mein Herr, vor einer halben Stunde habe ich Sie höflich nach der Uhrzeit gefragt, und ich möchte wirklich gern wissen, warum Sie sich nicht zu einer Antwort herabgelassen haben.«
> »Das will ich Ihnen gern erklären, junger Mann. Sie haben mich nach der Uhrzeit gefragt, nicht wahr?

Natürlich hätte ich meine goldene Uhr aus der Tasche ziehen und Ihnen sagen können, wie spät es ist. Was wäre gewesen? Wir wären ins Gespräch gekommen. ›Was für eine schöne Uhr Sie haben!‹ ›Ja, sie geht auf die Minute‹, hätte ich geantwortet. ›Wohl ein Erbstück?‹, hätten Sie gefragt. ›Nein‹, hätte ich geantwortet. ›Gewiss gehen die Geschäfte gut‹, hätten Sie gesagt. ›Ja, ich kann nicht klagen‹, hätte ich geantwortet. ›Womit handeln Sie?‹ ›Mit Getreide.‹ ›Wohnen Sie in Lublin?‹ ›Allerdings.‹ ›Sie haben dort sicher eine schöne Villa?‹ ›Oh ja!‹ ›Haben Sie Familie?‹ ›Ja, ich habe zwei hübsche Töchter.‹ Nu, und was wäre am Ende herausgekommen? Sie hätten mich in meiner Villa besucht, ein paar Tage später hätten Sie um die Hand meiner ältesten Tochter angehalten. Und nun sagen Sie selbst, junger Mann: Wie kann ich meine Tochter Esther mit einem Mann verheiraten, der nicht einmal eine Uhr hat?«

Man muss bei allem mit sich handeln lassen.

Kommt der Kontrolleur zu einem Fahrgast, sieht dessen Fahrkarte und sagt:
»Mein Herr, Sie sitzen im Eilzug. Sie haben aber nur eine Karte für den Personenzug. Sie müssen nachzahlen.«
Darauf Itzig: »Wozu? Fahren Sie doch einfach langsamer. Ich habe Zeit.«

Manchmal können Eisenbahnwitze auch recht kurz sein. Und diese Kürze behandelt das ganze Elend der Welt.

Zwei Juden sitzen in einem Eisenbahnabteil.
»Oj«, seufzt der eine.
»Ojojojoi«, seufzt der andere.
Sagt der erste: »Mein Herr, hören wir besser auf, über Politik zu reden.«

Schließlich noch der von zwei Schwarzfahrern, die der Schaffner unter der Bank hervorholt.

»Haben Sie doch bitte ein Einsehen«, bettelt der eine.
»Meine Tochter feiert Hochzeit in Lemberg. Sie ist mein einziges Kind, und ich hab kein Geld für eine Fahrkarte.«
Der Schaffner kratzt sich am Kopf und wendet sich dem anderen zu.
»Und Sie?«, fragt er.
»Ich bin sein Schwager. Er hat mich zur Hochzeit eingeladen.«

Ein weiterer Witz unter dem Motto »Schicksale unterwegs«:

In der Eisenbahn, auf der Strecke nach Przemyśl, sitzt ein nobler Herr in einem Abteil und liest Zeitung. Da steigt ein Vater mit seinen vier kleinen Söhnen ein, und sofort ist es mit der Ruhe zu Ende. Die Kinder balgen sich, lärmen, schubsen und toben durch das Abteil.
Der Zeitung lesende Herr wendet sich an den Vater und sagt:
»Könnten Sie bitte Ihre Kinder zur Ruhe bringen?«

Nichts passiert. Die Kinder lärmen weiter und benehmen sich schlimmer als zuvor. Darauf blickt der feine Herr zornig über seine Zeitung und sagt: »Mein Herr, die nächste Station ist Przemyśl. Der Bahnhofsvorstand dort ist mein Freund. Da werden Sie Ihr blaues Wunder erleben.«

Der Vater der Jungs erwidert: »Mein Herr, mein Jüngster hat kurz nach dem Einsteigen die Fahrkarte verschluckt. Ich habe kein Geld, um eine neue zu kaufen. Meine Frau ist mir mit meinem Prokuristen durchgebrannt und hat mir die vier Jungs überlassen. Ich habe Syphilis und nur noch kurze Zeit zu leben – und keine Arbeit. Und als Sie eben den Bahnhof Przemyśl erwähnten, habe ich bemerkt, dass ich in einen Zug in die falsche Richtung eingestiegen bin. Nun sagen Sie mir: Was soll mir schon noch in Przemyśl passieren?!«

Einmal passiert Löwenthal im Zug die deutsch-französische Grenze.
Der Zöllner: »Haben Sie was zu verzollen?«
Löwenthal: »Nein.«
Zöllner: »Und was ist in der Flasche hier?«
Löwenthal: »Wasser aus Lourdes.«
Der Zöllner öffnet die Flasche und riecht daran. »Das ist französischer Cognac«, sagt er streng.
»Nanu«, staunt Löwenthal. »Schon wieder ein Wunder!«

Der folgende Graf-Bobby-Grenzwitz scheint mir auch aus einem jüdischen Witz nach Österreich ausgewandert zu sein.

Fährt Graf Bobby (also Löwenthal) von Wien nach Budapest. Die Zöllner kontrollieren sein Gepäck. Im ersten Koffer: lauter Butterbrote drin. Im zweiten Koffer: lauter Butterbrote drin. In der Reisetasche: wieder lauter Butterbrote.

Sagt der Zöllner: »Es ist zwar nichts zu verzollen, aber warum haben Sie so viele Butterbrote bei sich?«

Sagt Graf Bobby (Löwenthal): »Was mein Freund Esterházy (Levy) in Budapest ist, der sagt: ›In Budapest kannst a Frau für aan Butterbrot haben.‹«

Eine Krönung der Eisenbahnwitze ist für mich der folgende, der wieder vom »Klären«, vom Zu-Ende-Denken handelt, was im Jüdischen auch »Ausrechnen« heißt.

Der Krämer Amschel aus dem galizischen Sambor ist geschäftlich in Wien. Als er sich auf dem Bahnhof die Rückfahrkarte kaufen will, vernimmt er, wie ein elegant gekleideter Herr vor ihm ebenfalls ein Billett nach Sambor verlangt. Er glaubt, er habe sich verhört – was sollte ein so vornehmer Herr in Sambor verloren haben? Doch tatsächlich steigt der Herr in denselben Zug ein. Die Sache lässt Amschel keine Ruhe, er beginnt zu kombinieren:

Was hat der Herr in unserm gottverlassenen Nest zu suchen? Vielleicht ist er auf Brautschau? Kaum. Der einzige vermögende Mann bei uns ist Simon Stern, und der hat seine Jüngste vor zwei Jahren verheiratet. Geschäfte? Was kann man bei uns schon für Geschäfte machen! Plötzlich geht dem Krämer ein Licht auf: Natürlich, das ist es! Pinkas Berger, der alte Fuchs, hat zum dritten Mal Bankrott erklärt. Zweimal ist er mit heiler Haut davongekommen, diesmal sieht's brenzlig aus. Also braucht er einen guten Rechtsanwalt. Aber kann er sich das leisten – einen Anwalt aus Wien? Amschel klärt weiter:

Stimmt … Pinkas Berger hatte doch einen Neffen, bei dem er Vormund war. Das Geld möchte ich haben, das der alte Halunke dabei für sich herausgeschlagen hat! … Der Junge hat später die Matura gemacht und Jura studiert, dann soll er in Wien eine Anwaltskanzlei aufgemacht haben … Natürlich hat er seinen Namen geändert. Wie hat er doch gleich geheißen? Richtig: Levi hieß er. Und wie könnte er jetzt heißen: Loewy? Nein, das klingt noch zu jüdisch … Löwe vielleicht? Immer noch zu ähnlich … Halt, ich hab's!

Amschel eilt ins Erster-Klasse-Abteil und begrüßt den fremden Herrn: »Guten Tag, Herr Doktor Liebermann!«

Der Herr mit dem goldgeränderten Kneifer misst ihn von Kopf bis Fuß und sagt verwundert: »Ich erinnere mich nicht, Ihre Bekanntschaft gemacht zu haben. Woher wissen Sie, wie ich heiße?«

»Das hab ich mir ausgerechnet!«

Das ist eine perfekte Geschichte einer jüdischen Entwicklung und Emanzipation aus der Armut und Enge des Schtetls in den Reichtum der großen weiten Welt der Bankiers und Anwälte. Es gibt darüber einen Witz aus New York, der die Entwicklung vom Kopf wieder auf die Füße zurückstellt:

Ginsberg trifft Goldberg, den er lange nicht gesehen hat, und fragt nach dessen Familie.

»Wie geht es deinem Sohn? Er hat doch Jura studiert, oder?«

»Ein toller Kerl! Jedem Anwalt sollte es so gehen wie

ihm. Glänzende Karriere. Er kann sich vor Fällen kaum retten.«

»Und Sarah, deine Tochter? Hat sie nicht Musik studiert?«

»Sie kommt eben von einer Tournee durch Europa zurück. Solistin ist sie auf der Violine. Was willst du? Lauter ausverkaufte Konzertsäle.«

»Was ist eigentlich mit Jeremy? Den hast du, wenn ich mich richtig erinnere, nie erwähnt.«

»Ach der«, antwortet Goldberg. »Der verkauft immer noch Kleider unten an der Lower Eastside.«

Pause.

»Ich sag dir, ohne ihn würden wir alle verhungern.«

Verlassen wir die Eisenbahn. Kommen wir zu anderen Gattungen des jüdischen Witzes. Da geht es, wie könnte es anders sein, um die Kunst des Rechnens. Und, wie wir Joffe schon zitiert haben, richtet sich der jüdische Witz mit seiner Aggression nach zwei Seiten: auf die nichtjüdische Welt und auf den jüdischen Erzähler. Die Juden (vielleicht schon allein deshalb, weil Christus die Händler und Geldwechsler aus dem Tempel verjagt hatte) waren dazu ausersehen und verurteilt, die Geldgeschäfte zu ihrem Beruf zu machen. Wenige wurden dabei reich. Der sagenhafte Rothschild ist als Held des Witzes dafür ein schönes Beispiel. Alle, auch die, die arm blieben, wurden dafür verfolgt bis aufs Blut. Die grausigste, wahrhaftigste und schönste Tragödie dieses Schicksals hat, wer sonst?, Shakespeare geschrieben, den *Kaufmann von Venedig* mit dem wohl berühmtesten jüdischen Monolog:

Wenn ihr uns stecht, bluten wir nicht?
Wenn ihr uns kitzelt, lachen wir nicht?
Wenn ihr uns vergiftet, sterben wir nicht?
Wenn ihr uns beleidigt, sollen wir uns nicht rächen?

Ernst Lubitsch hat um dieses Zitat eine gruselig-witzige Komödie über die Naziherrschaft in Polen geschrieben, die *Sein oder nicht sein* heißt. Sie ist, neben Chaplins *Großem Diktator*, der gewaltigste Filmwitz gegen die Judenpogrome in Hitlers Drittem Reich.

Hier Beispiele über die Rechenkunst und kaufmännische Geschicklichkeit im jüdischen Witz.

> Schlomo und Chaim wandern durch einen tiefen Wald. Da werden sie von Räubern überfallen. »Geld oder Leben!«
> Daraufhin wendet sich Schlomo Chaim zu und sagt: »Mir fällt gerade ein, Chaim, dass ich dir noch 50 Rubel schulde. Hier hast du dein Geld, nun sind wir quitt.«

Ich glaube, in einem Groucho-Marx-Film habe ich die Stelle aufgeschnappt: »Geld oder Leben«, sagt da ein Räuber zu einem Mann, den er überfällt. Und der antwortet: »Das muss ich mir noch gut überlegen.«

Mein Lieblingswitz ist der, den mir Billy Wilder erzählt hat.

> »Vater, was bedeutet eigentlich Ethik?«
> »Ethik?«, sagt der Vater. »Ethik. Ich will dir ein Beispiel geben. Zu mir ins Geschäft kommt ein Kunde, kauft einen Mantel für 60 Mark und zahlt mit einem Hunderter. Wie ich hinschaue, ist er aus dem Laden und hat das Wechselgeld vergessen. Siehst du mein Sohn, und jetzt kommt Ethik. Soll ich das meinem Kompagnon sagen oder nicht?«

Immer wieder enthalten jüdische Witze die umwerfende Logik des Zu-Ende-Rechnens.

Simon bestellt sich in einer Wiener Konditorei einen Apfelkuchen, ruft den Ober und sagt: »Ich hab mir's überlegt, ich möchte stattdessen einen Likör.«
Nachdem er den Likör ausgetrunken hat, verlässt er die Konditorei. Der Ober kommt ihm nachgelaufen.
»Mein Herr, Sie haben den Likör noch nicht bezahlt.«
»Ich habe Ihnen doch dafür den Apfelkuchen zurückgegeben.«
»Den hatten Sie auch noch nicht bezahlt.«
»Nu, hab ich ihn denn gegessen?«

Um ihre Identität in der Fremde zu bewahren, hielten die Juden in Osteuropa, wo sie immer noch keine Rechte hatten, an ihrem alten Glauben und dessen Traditionen fest. So drehen sich die meisten Witze um die Religion, um den Rabbi, um die Ehe-schließung. Dazu gehören vor allen Dingen die Witze vom »Schadchen«, dem Heiratsvermittler, der das Eheschließen zum Geschäft machte, was es heute durch Annoncen, durch das Internet, durch Heiratsagenturen etc. immer noch vorwiegend ist. Natürlich haben die vermittelten Bräute im Witz meist einen Haken. Wenn sie reich sind, sind sie nicht schön.

Der kürzeste Heiratsvermittlerwitz ist der, dass der Schadchen dem Bräutigam zum ersten Mal seine Braut vorstellt und der ganz erschrocken flüstert:
»Um Gottes willen, sie schielt, hat einen Buckel und hinkt.«
Worauf der Schadchen sagt: »Sie können ruhig laut sprechen. Schwerhörig ist sie auch.«

Im folgenden Witz weist der Heiratsvermittler seinen Sohn in das schwierige Geschäft des Verkuppelns ein.

Er sagt dem Sohn: »Es wird Zeit, dass du etwas lernst. Begleite mich auf meinen Geschäftsbesuchen, damit du weißt, wie man es macht. Du musst wissen, ein Heiratsvermittler darf, ja muss übertreiben. Wenn ich eine Partie anpreise, dann wirst du mich unterstützen und sie noch mehr als ich loben.«

Der Sohn sagt, das hat er begriffen. Als Erstes besuchen sie einen jungen Mann, und der Vater beginnt: »Das Mädchen ist aus gutem Hause.«

Darauf der Sohn: »Aus gutem Hause? Von Adel ist sie, von höchstem Adel.«

»Und sehr gebildet ist sie«, fährt der Alte fort.

»Gebildet ist gar kein Ausdruck«, sagt der Sohn, »an drei Universitäten hat sie studiert.«

»Hat sie Geld?«, fragt der Freier.

»Sie kommt aus einer sehr reichen Familie«, sagt der Vermittler.

»Reich?«, ergänzt der Sohn. »Ihr Vater ist Millionär!«

»Oh Gott«, meint der Freier, »bei so vielen Vorteilen wird sie mich am Ende gar nicht nehmen wollen.«

»Nu«, sagt der Alte, »es gibt da auch einen kleinen Schönheitsfehler. Sie ist nicht ganz gerade gewachsen, sie hat gewissermaßen einen Buckel.«

»Einen Buckel?«, echot der Sohn, »einen Buckel! Einen Berg von einem Buckel hat sie!«

Kohn sieht seinen Freund Chaim nach Jahren und erschrickt, als er dessen Frau sieht. Als sie weggeht, sagt er:

»Chaim, wie konntest du dir nur so eine hässliche Frau nehmen?«

»Ach, weißt du«, sagt Chaim, »sie ist innerlich schön.«

»Warum lässt du sie dann nicht wenden?«

Natürlich hat der Witz einen engen zeitlichen Bezug, als man Anzüge ein Leben lang trug und sie, wenn sie außen glänzten, wenden ließ.

Manchmal soll auch der Rabbi bei der Ehevermittlung helfen.

Zum Rabbi von Stryj kommt ein junger Mann und fragt ihn um Rat:

»Ich kann mich nicht entschließen, ob ich heiraten soll oder nicht.«

»Also«, fährt er fort, »der Vater ist ein angesehener und gebildeter Mann.«

Der Rabbi: »Also heirate.«

»Aber die Tochter ist hässlich wie die Nacht.«

»Dann heirate nicht.«

»Sie bekommt aber 20 000 Gulden mit.«

»Dann heirate sie.«

»Aber sie hinkt.«

»Dann heirate sie nicht.«

»Der Vater will mich als Kompagnon in sein Geschäft nehmen.«

»Dann heirate.«

»Aber die Tochter soll zänkisch sein.«

»Also heirate sie nicht.«

»Heirate – heirate nicht – was ratet Ihr mir denn nun?«

Der Rabbi denkt eine Weile nach und sagt dann: »Du solltest dich taufen lassen.«

»Aber Rabbi, wozu das?«

»Dann würdest du dem katholischen Pfarrer auf die Nerven fallen und nicht mir.«

Die Ehen, die aus solchen Geschäften resultieren, kann man sich vorstellen. So wird ein Fabrikant gefragt:

»Ich höre, Ihr Herr Sohn hat sich verehelicht. Hat er aus Liebe geheiratet oder des Geldes wegen?«
Fabrikant: »Aus Liebe zum Geld.«

Ein Heiratsvermittler führt seinen Klienten in die Familie der künftigen Braut ein. Sie sehen, was für ein vornehmes Haus das ist.
»Schauen Sie nur, wie hier gedeckt ist. Alles feinstes Porzellan, feinstes Kristall und echtes Silber.«
Der Künftige: »Woher weiß ich, ob das den Leuten wirklich gehört? Vielleicht haben sie sich das alles nur zusammengeborgt, um mir zu imponieren.«
Der Vermittler: »Was reden Sie da! Denen borgt doch keiner was!«

Einem anderen jungen Mann preist der Heiratsvermittler die Braut an:
»Ich hätte hier eine Braut für Sie, die wird Ihnen gefallen. Ein Mädchen aus gutem Hause.«
»Ist sie hübsch?«
»Bildschön.«
»Ist sie reich?«
»Ihr Vater hat ein Bankhaus, und sie ist die einzige Erbin.«
»Ja, hat sie denn gar keinen Fehler?«
»Nur einen ganz winzigen: Sie ist ein klein bisschen schwanger.«

Manchmal lässt sich auch mit dem Vater handeln.

Zu Millionär Brotzki kommt eines Tages ein junger Mann und schlägt ihm ein glänzendes Geschäft vor.

»Dabei können Sie 300 000 Rubel verdienen«, sagt der junge Mann zu Brotzki.

»300 000?« Brotzki nickt. »Das ist eine hübsche Summe. Worum handelt es sich bei dem Geschäft?«

Darauf der junge Mann: »Mir ist zu Ohren gekommen, dass Sie Ihrer ältesten Tochter 600 000 Rubel Mitgift versprochen haben. Ich bin bereit, ich nehm sie für die Hälfte.«

Durch die Heirat gelingt der Aufstieg in die Gesellschaft, in den gesellschaftlichen Reichtum.

Schon Freud erzählt den Witz von der Frau Baronin, die nach der Heirat schwanger ist und endlich in den Wehen liegt. Der Arzt ist in das Palais gekommen und erklärt dem Baron, es sei noch nicht so weit. Er schlägt ihm unterdes eine Kartenpartie im Nebenzimmer vor.

Sie spielen eine Weile. Auf einmal hören sie die Schwangere stöhnen.

»Ah, mon Dieu, que je souffre!«

Der Baron springt auf, aber der Arzt winkt ab.

»Es ist noch nichts, spielen wir weiter.« Etwas später hört man die Kreißende wieder: »Mein Gott, mein Gott, diese Schmerzen!«

»Wollen wir nicht hineingehen, Herr Professor?«, fragt der Baron. Endlich hört man aus dem Nebenzimmer die Frau schreien: »Aj waj geschrien!«

Da wirft der Arzt die Karten hin und sagt: »Jetzt ist es so weit!«

Ein Witz sozusagen zurück zur Natur, back to the roots.

Schon in der Ehe gibt es manche Schwierigkeiten.
Der Neunzigjährige kommt zum Rabbi und jammert
und klagt:
»Meine zwanzigjährige junge Frau ist schwanger.«
Darauf der Rabbi zu ihm:
»Sei ruhig, Moische. Ist es von dir, ist es ein Wunder!
Ist es nicht von dir, ist es ein Wunder?«

Eine Frau kommt zum Rabbi und will sich scheiden
lassen.
»Warum denn das? Was habt ihr für Gründe?«, will der
Rabbi wissen.
»Ich hab den Verdacht«, sagt die Frau, »der letzte Sohn
ist nicht von ihm.«

Itzig ist glücklicher Vater von vier Kindern. Aber eines
Tages kommt ihm ein fürchterlicher Verdacht, und er
sagt zu seiner Frau:
»Leah, ich glaube, der Motel ist nicht von mir.«
»Wie kannst du nur so was behaupten?«, entrüstet sich
seine Frau. »Gerade der Motel ist von dir!«

Besonders in den jüdischen Ehewitzen stößt der gesunde Menschenverstand mit den hohen Idealen zusammen.

Sarah sitzt weinend am Bett ihres schwerkranken
Mannes.
»Sarah«, flüstert er mit letzter Kraft, »wenn ich sterbe,
sollst du keinem anderen Mann mehr gehören, schwör
es mir!«
»Gut, Moische«, verspricht Sarah schluchzend. »Aber
was ist, wenn du wieder gesund wirst?«

Im folgenden Witz geht es um eine Revanche und um die Gerechtigkeit.

Leo ist dahintergekommen, dass ihn seine Frau mit Finkelstein betrügt. Er besucht Frau Finkelstein, erzählt ihr die Geschichte und überredet sie zur Revanche. Danach möchte sich Frau Finkelstein aber ein zweites Mal revanchieren. Aber Leo meint: »Wissen Sie, Frau Finkelstein, jetzt habe ich eigentlich gar keinen Groll mehr.«

Weinstein läuft jammernd im Büro auf und ab.
»Oh, diese Kopfschmerzen! Es ist nicht auszuhalten! Ich verliere noch den Verstand!«
»Herr Weinstein«, sagt sein Chef, »wenn Sie schon krank sind, gehen Sie nach Hause. Aber hören Sie auf, hier herumzurennen und zu prahlen.«

Dies ist ein Angestelltenwitz. Es gibt einen Angestelltenwitz, der zudem noch Freuds Theorie der Verdrängung und der Fehlleistung spiegelt. Die Geschichte könnte sich überall und zu jeder Zeit abgespielt haben. Am besten aber passt sie in die Wirtschaftswunderjahre des Aufstiegs, der Karrierewünsche und Träume.

»Du, stell dir vor«, sagt freudestrahlend der etwa dreißigjährige Angestellte, als er aus dem Büro nach Hause kommt, »mein Chef wird am Freitagabend zu uns zum Essen kommen. Er hat gejammert, dass seine Frau verreist sei und er nicht gerne ins Gasthaus ginge, und da habe ich mir ein Herz gefasst und ihn zum Essen eingeladen. Ich habe ihm stolz erzählt, was für eine hervorragende Köchin du bist. Und er hat mich prüfend angeguckt und dann spontan gesagt: ›Also gut, ich komme!‹ Stell dir mal vor, was das für mich, was das für uns für eine Chance ist!«

»Diesen Freitag?«, fragt die Frau.

»Ja, diesen Freitag. Um halb sieben.«

»Um halb sieben? Das geht nicht«, sagt die Frau erschrocken.

»Ja, warum denn nicht?«

»Na, du weißt doch«, sagt die Frau, »dass um diese Uhrzeit unsere Susi noch wach ist. Und was für ein vorlautes und naseweises Ding unsere Tochter ist! Und dann stell dir vor, was dein Chef für eine Nase hat! Einen unwahrscheinlichen Zinken. Ich bin sicher, dass unsere Tochter sich darüber plappernd ihren Mund zerreißen wird. ›Onkel‹«, sie äfft die vorlaute Fünfjährige nach, »›Onkel, warum hast du eine so lange, große, rote Nase!‹ Nein, nein, nein, unmöglich!«

»Aber Unsinn«, sagt der Mann, »du weißt doch, welche Chance in diesem Abendessen steckt. Die Kollegen werden grün und gelb vor Neid werden, wenn es glückt. Und der Chef wird künftig mich bevorzugen und in sein Vertrauen ziehen. Einen Stein im Brett werde ich bei ihm haben. Aufsteigen, eine Gehaltserhöhung ist mir, ist uns sicher.«

»Und unsere Tochter?«, fragt die Mutter. »Du kennst sie doch.«

»Susi ist schließlich schon fünf, und wenn du ihr vernünftig zuredest und ihr klarmachst, was für mich, äh, was für uns auf dem Spiel steht, ich glaube sicher, dass sie sich uns zuliebe zusammennehmen wird. Das schaffst du schon! Wie das gute Essen!« Und er nimmt seine Frau stark und ermunternd in den Arm.

Jetzt war Freitagabend. Die Frau werkelt in der Küche, das Essen brutzelt im Ofen, der Tisch ist gedeckt. Die Getränke sind vorbereitet, die Frau ist schön angezogen. Sie braucht nur noch die Schürze abzunehmen. Sie hatte ihrer Tochter eindringlich zugeredet, und als es klingelt, bittet die kleine Susi, ob sie die Tür öffnen dürfe, um den Gast zu empfangen. Bitte! Bitte! Mami!

»Also gut«, seufzt die Mutter. »Aber du weißt, was ich dir gesagt habe. Kein Wort über die Nase!«

Die Tochter öffnet die Tür, führt wie geheißen den Chef, der mit ihrem Vater eingetroffen ist, in die Diele und ins Wohnzimmer, eilt dann fröhlich hüpfend zu ihrer Mutter in die Küche und kichert wispernd: »Der hat wirklich eine komische Nase. Wie ein Clown im Zirkus.« Sie kichert. Die Mutter erschrickt und sagt: »Susi! Du weißt doch!« – »Ja, ja, ich weiß schon, Mama! Aber die ist schon komisch, die Nase.« Und dann legt sie mit einem neckischen »Pssst« den rechten Zeigefinger senkrecht vor ihre Lippen.

Beim Abendessen besteht der Chef darauf, neben der Tochter zu sitzen. »Reizend, die Kleine«, sagt er, und während der Mahlzeit, es gibt eine Hühnersuppe mit Grießnocken, dann gebratene Kalbsleber, Berliner Art, mit Spinat und Kartoffelbrei, schwitzt die Mutter Blut und Wasser und schickt immer wieder verstohlen ängstliche Blicke zu ihrer Tochter, die munter mit dem Chef plappert, der sich davon nicht genervt, sondern offensichtlich erfreut zeigt.

Endlich ist die Mahlzeit vorbei. Die Mutter sagt zu ihrer Tochter: »So, du musst jetzt ins Bett. Gib Mami und Papi einen Gutenachtkuss! Und sag dem Herrn Direktor Gute Nacht. Papa wird dich ins Bett bringen, während ich uns« – sie lächelte dem Chef zu – »einen Kaffee zubereite.«

Dann ist alles überstanden. Die Tochter im Bett, der Mann mit dem Chef gemütlich auf der Sofaecke. Und die Frau serviert den Kaffee. Sie gießt dem Chef Kaffee ein. Und fragt dann: »Und nehmen Sie Milch und Zucker für Ihre Nase?«

Das ist ein Chefwitz oder ein Witz über den gefürchteten Kindermund, es ist ein Witz, der als Chefwitz eine gewisse Ausführlichkeit, ja eine epische Breite beansprucht, damit die Pointe knapp und überraschend explodieren kann. Es ist aber auch ein Witz, der den Freud-Mechanismus des Witzes erklärt. Die Mutter glaubt den psychischen Druck überstanden zu haben, der den ganzen Abend auf ihr gelastet hat. Und nun, da die Gefahr vorüber scheint, platzt es aus ihr heraus. Der Überdruck hat mit seinem Kochtopfmechanismus eine Verschnaufpause genommen.

Natürlich gibt es viel kürzere Chefwitze, der kürzeste, den ich kenne, stammt von Roda Roda (also aus der k. u. k.-Monarchie) und besteht nur aus zwei Dialogsätzen:

Fragt der Finanzamtsvorsteher seinen Untergebenen, seinen Sekretär: »Leiden Sie auch so unter Blähungen?« Und der antwortet: »Nur unter Ihren, Herr Vorsteher!«

Hier explodiert die Wahrheit schnell, der Leidensdruck der Hierarchie macht sich rasch Luft. Er geht keine Umwege. Er braucht nur den kleinsten Raum zur Entfaltung. Er entlarvt eine erzwungene Intimität in einem auf Distanz angelegten Verhalten von oben und unten, schlagartig. Chef-Angestellten-Witze beruhen auf einer unnatürlichen Nähe in einem auf Distanz angelegten Verhältnis. Um Adorno zu parodieren: Sie entlarven das richtige Leben im falschen. Sie zeigen eine unnatürliche Vertrautheit, die sich zutraulich und natürlich darzustellen versucht. Sie zerreißen die Theatralik einer falsch gespielten Szene. Herr und Knecht, die so tun, als könnten sie »Gleich und Gleich gesellt sich gern« miteinander spielen. Kumpel sein wollen.

Es gibt einen Witz aus der »guten alten Zeit«, also sagen wir: aus dem Fin de Siècle, der Zeit der Doppelmoral um 1900.

> Da fährt ein Geschäftsmann mit seinem Prokuristen von Komotau nach Wien – oder von Posen nach Berlin. Sie schließen dort erfolgreich ein Geschäft ab, und zur Feier des geglückten Coups lädt der Chef seinen Prokuristen zur Krönung ihrer Reise am Abend zu einem Bordellbesuch ein. Danach treffen sich die beiden wieder unten im Empfangsraum, und beim Verlassen des Etablissements sagt der Chef zu seinem Prokuristen, auch in einer Art ernüchterter Verlegenheit: »Also ich weiß nicht, aber meine Frau ist viel besser!«
>
> Und der Prokurist antwortet eilfertig: »Viel besser! Viel besser!«

Auch hier geht es um eine falsche Kameraderie, die der Angestellte verpatzt, indem er sie offenbart. Gleich zweifach zerstört der Witz die unterwürfige Harmonie, das Einverständnis, das beiden um die Ohren schlägt. Der Prokurist, der seinem Herrn liebedienernd servil beipflichten will, versetzt ihm eine Ohrfeige: Genauso wie du deine Frau mit dem Fremdgehen im Bordell betrügst, genauso betrügt sie dich. Mit mir! Deinem Angestellten.

Aber eigentlich ist die zweite Pointe noch schlagender. Noch enthüllender. Der Prokurist will seinem Chef nach dem Mund reden. Und beleidigt ihn in Wahrheit. Durch die vorauseilende

Gedankenlosigkeit. Hat er nicht schon oft vom Chef gehört oder hört er das hier heraus, wenn der Chef gesagt hat: »Also ich weiß nicht, meine Frau ist viel besser angezogen als die Frau des Bürgermeisters.« – »Viel besser! Viel besser!«, muss der Angestellte hier antworten. Oder: »Meine Frau spricht viel besser Französisch als ihre Cousine, die doch in Paris gelebt hat!« – »Viel besser«, dienert der Prokurist. »Sie tanzt viel besser als die Tochter unseres Konkurrenten!« – »Viel besser! Viel besser!«

Nur in einem Fall darf der Angestellte das »Viel besser!« nicht sagen, weil er seinen Chef dort verletzt, wo dieser dem Angestellten keinen Vergleich erlauben kann und der sich keinen erlauben darf. Die Pointe schimmert böse, zweideutig. Hat der Prokurist das »Viel besser! Viel besser!« nur mechanisch und ohne nachzudenken von erlaubten Bereichen auf einen tabuisierten übertragen? Und blamiert er sich, obwohl da gar nichts dran ist, indem er beflissen etwas plappert, das er gar nicht wissen kann? Oder will der Prokurist seinem Chef eine Lektion erteilen, indem er, scheinbar höflich, beipflichtet? Ihn verletzen und kränken, ohne dass der sich rächen kann.

Auch in der Geschichte von der Nase liegt ein ungeheurer Druck auf einem Oben-unten-Gefälle. Es geht um die Karriere eines Familienvaters, um Gehaltserhöhung. Es geht nicht um Nach-dem-Mund-Reden wie in dem Bordellwitz, sondern darum, den Mund zu halten. Man mag die Geschichte von der Chef-Nase für weniger oder nur mäßig witzig halten, eines zeigt sie in schönster Deutlichkeit: die psychischen Bedingungen eines Witzes, der in einer Situation stattfindet, die wie ein Überdruck-kessel funktioniert.

> Cohn trifft Mandelstamm in Venedig.
> »Was machst du in Venedig?«, fragt er.
> Antwortet der: »Ich? Ich hole meine Hochzeitsreise nach. Jetzt kann ich sie mir endlich leisten.«

»Und wo ist deine Frau?«

»No, nebbich, zu Hause. Einer muss ja aufs Geschäft aufpassen.«

»Versprich mir, dass du dich mit meiner Mutter aussöhnen wirst«, bittet die sterbende Rebecca ihren Mann. »Bitte lass sie doch zu meiner Beisetzung kommen.«

»Na gut, wenn es unbedingt sein muss«, sagt resigniert der Mann. »Aber damit verdirbst du mir den ganzen Spaß.«

Ein alter Trödler liegt im Sterben. Mit erlöschendem Blick sucht er seine Familie, die sich um sein Bett versammelt hat.

»Sarah, mein liebes Weib, bist du bei mir?«, fragt er flüsternd.

»Ja, Moische.«

»Chaim, mein einziger Sohn, bist du bei mir?«

»Ja, Tate.«

»Leah, meine Tochter, bist du bei mir?«, flüstert er wieder.

»Ja, Tate, ich bin bei dir.«

Da richtet sich der Sterbende mit letzter Kraft auf und schreit: »Und wer ist im Geschäft?«

Da die Juden in Osteuropa immer in der Nähe zu anderen Religionen lebten, waren sie sehr auf die Abgrenzung in Kleidung, Sitten und Gebräuchen bedacht, weil dies die einzige Garantie war, dass sie sich gegen eine feindliche, zumindest unfreundliche Umwelt in ihrem Eigenleben und in ihrem Selbstverständnis behaupten und bewahren konnten. Als Mitglieder ihrer jüdischen Gemeinden trugen die Ostjuden immer noch den

Kaftan und ließen sich Bart und Schläfenlocken, die sogenannten »Pajes«, wachsen. Die orthodoxen Juden in Israel und in Amerika leben immer noch nach diesen Traditionen. So gilt es auch, den Sabbat unbedingt zu achten, an dem Tag keinerlei Arbeiten zu verrichten. Das ist in der modernen Welt nicht leicht, und Josef Joffe erzählt gern folgende religiöse Frage, weil Juden gern mit Spitzfindigkeiten dieses schwer zu erfüllende Gebot zu umgehen suchen, ohne es zu verletzen.

Dürfen Juden am Sabbat fliegen?
Ja, wenn sie angeschnallt sind, weil sie dann das
Flugzeug tragen.

Es ist oft schwer, in der Neuen Welt die Gebote einzuhalten.

An der Synagoge hat der Rabbi angeschlagen, dass es strenge Vorschrift sei, in der Synagoge die Kippa zu tragen. Eine Verletzung dieses Gebots sei so schlimm wie Ehebruch. Am Schwarzen Brett der Gemeinde hatte daraufhin ein Mitglied geschrieben: »Beides versucht. Kein Vergleich.«

Das strenge Studium des Talmuds führt dazu, dass immer wieder die Grenzen der Gebote und Verbote ausprobiert werden. Ein wortwörtlich einschneidender Unterschied ist das Ritual der Beschneidung. Auch darüber gibt es viele Witze. Die Beschneidung, hebräisch »B'rit Milah«, lateinisch »circumcisio«, ist der an Abraham ergangene göttliche Befehl, der als mosaisches Gesetz im 3. Buch Mose 12,3 angeführt wird. Über die Beschneidung gibt es unendlich viele Witze. Die Beschneidung war während der Judenverfolgung der Nazis ein Indiz, dass jemand Jude war; sie stellte für ihn also eine Gefahr für Leib und Leben dar. Artur Brauner hat dieses Thema in seinem Film *Hit-*

lerjunge Salomon thematisiert. Hier zwei harmlose Beschneidungswitze.

Ein Mann in Athen bemerkt, dass seine Uhr stehen geblieben ist. Als er sie aufzuziehen versucht, merkt er: Sie ist kaputt. Er sucht also in der Stadt nach einem Uhrengeschäft, um sie reparieren zu lassen. Leider beherrscht er das griechische Alphabet nicht, sodass er an den Ladenschildern nicht ablesen kann, welches Handwerk sich dahinter verbirgt. Endlich sieht er in einem Schaufenster eine Uhr liegen. Er geht hinein, der Ladenbesitzer fragt ihn nach seinem Begehr.
»Ich möchte meine Uhr reparieren lassen.«
»Mein Herr, da sind Sie hier leider falsch. Bei uns werden Beschneidungen vorgenommen.«
»Aber warum haben Sie dann eine Uhr im Schaufenster?«
»Was würden Sie sonst vorschlagen?«

Drei Missionare dreier Religionen veranstalten einen Wettbewerb, wer wohl am besten und schnellsten einen Proselyten machen, das heißt zu seiner Religion bekehren könne. Sie suchen sich ein besonders schwieriges Opfer aus, einen Braunbären. Der erste Missionar ist ein Baptist. Nach der Bekehrung kommt er schwer bandagiert zu den beiden anderen.
»Es war nicht ganz einfach«, sagt er. »Als ich ihn ins Wasser tauchte, hat er mir mit seiner Pranke einen Schlag versetzt.«
Der zweite, ein Katholik, kommt ebenfalls schwer lädiert aus dem Wald zurück.
»Der Bär hat keinen Spaß verstanden, als ich ihn mit Weihwasser bespritzte.«

Den Juden müssen die beiden im Krankenhaus
besuchen. Dort liegt er total eingegipst und
einbandagiert auf der Intensivstation.
»Es ging alles ganz gut«, erklärt er, »jedenfalls bis ich
die Beschneidung vornehmen wollte.«

In Wien, Berlin wie in London und Paris waren die Juden im
19. Jahrhundert längst in das Kulturleben integriert. Nicht nur
integriert, sondern sie bestimmten und formten die Gesellschaft. Juden waren führende Ärzte, wie in Wien Semmelweis
oder Freud. Sie waren die führenden Journalisten ihrer Epoche,
wie Karl Kraus. Sie waren die wichtigsten Künstler, wie Arthur
Schnitzler oder Gustav Mahler oder Kafka, Werfel und Brod.
Kurzum, sie waren ein prägender Teil der Gesellschaft – gerade
die späte Blüte der Kultur des Fin de Siècle wäre ohne ihre Be-
teiligung ärmer, ja eigentlich undenkbar. Trotzdem oder gerade
deshalb hatten sie mit dem Antisemitismus zu kämpfen, in dem
sich natürlich auch der Neid der Zukurzgekommenen gegenüber den Erfolgreichen spiegelte. Hitlers Selbstlegende, dass er
von der Akademie als Nichtjude abgewiesen wurde, und der
daraus resultierende Hass des Straßenhausierers Hitler ohne
jegliche berufliche Laufbahn sind dafür das grausigste Para-
digma.

Gleichzeitig waren viele Ostjuden auf der Flucht vor der Verfolgung in ihrer Heimat und vor den engen Verhältnissen, welche
die dortige meist vorindustrielle Lebensweise ihnen bot. Das
war die Zeit einer gewaltigen Emigration in die westlichen Länder, bis nach Übersee. Man kann sagen, mit den Juden reisten
ihr Witz, ihre skeptische Klugheit, ihre Selbstironie und ihre
Geschicklichkeit. In Wien, Berlin oder Budapest trafen die Ostjuden auf die assimilierten jüdischen Großbürger, die Akade-
miker, Beamte, Gelehrte und Künstler waren. Wie immer bei

Immigrationsbewegungen verlief der Zusammenstoß dieser beiden jüdischen Kulturen nicht ohne Antipathie und Feindseligkeit. Kafkas Vater, der es in Prag aus einfachsten Verhältnissen aus einem jüdischen Dorf zu einer angesehenen Galanteriehandlung im Herzen Prags gebracht hatte, ist dafür ein beredtes Zeugnis. Er verfolgte die Neigung seines (damals noch nicht großen und berühmten) Sohnes Franz, der sich den ostjüdischen Wurzeln näherte, die Auswanderung nach Jerusalem mit Herzls Ideen vom jüdischen Staat befürwortete und vor allen Dingen den Eltern ostjüdische Bräute ins Haus zu bringen drohte, mit Ablehnung, ja Abscheu und Hass. Erst Kafkas früher Tod beendete diesen Familienkonflikt. Ich habe letzte, sozusagen komische Spuren dieses Gegensatzes noch bei Professor Hans Mayer erlebt, dem großen Literaturwissenschaftler und Philosophen, der aus dem rheinischen Judentum stammte und aus der DDR in den Westen übersiedelte. Wenn er etwa seinen großen Konkurrenten und Antipoden im literarischen Leben Marcel Reich-Ranicki stets als »den großen Polen« apostrophierte.

Freuds Witzbuch ist voll von jüdischen Witzen, die sich auf Kosten der Ostjuden lustig über deren zivilisatorische Rückständigkeit machen.
Die großen Metropolen Europas erlebten damals einen ungeheuren Schub an Hygiene, medizinischem und sanitärem Fortschritt. In diese zivilisatorische Hochkultur kamen die Ostjuden wie in ein fremdes Land. Die Witze über die mangelnde Hygiene dieser Neuankömmlinge hatten damals – trotz des sich anbahnenden und verschärfenden Antisemitismus – etwa den gleichen Rassismus, wie ihn Witze über Bayern, Österreicher und Ostfriesen aufweisen. Man lacht darüber, ohne diese Übertreibungen zivilisatorischer Zurückgebliebenheit wirklich ernst zu nehmen. Man muss sich heute vor Augen halten, dass diese

Witze also Geschichten vom Zusammenprall zweier jüdischer Kulturen sind. Ich möchte das an einem Beispiel klarmachen. Damals begann man, Hotels mit fließendem Wasser auszustatten. Die armen Ostankömmlinge, die als Händler von Tür zu Tür zogen, konnten sich die hohen Preise dieser Hotels nicht leisten. Der erste Witz geht so:

> Kommt ein jüdischer Händler an ein Hotel und sagt:
> »Ich möchte a Zimmer.«
> Fragt der Portier: »Mit fließendem Wasser?«
> Sagt der Kunde: »Bin ich a Forelle?«

Dieser Witz ist nur noch ein geschichtliches Dokument, wie das Märchen von »Hänsel und Gretel« nur ein Beleg dafür ist, dass Eltern in Hungersnotzeiten ihre Kinder aussetzen mussten. Märchen wie Witze halten historische Sachverhalte fest. Also erklären wir den Witz von der Forelle. Die Forelle war damals kein Zuchttier, sondern ein besonders teurer und erlesener Süßwasserfisch, der als Regenbogenforelle an Flüssen und Bächen gefangen wurde, wo das kristallklare Wasser besonders schnell floss. Sie waren, und das lässt sich an Speisekarten damaliger Hotels, also etwa des Berliner *Adlon*, erkennen, mit das Erlesenste, das auf den Tisch kam. Der arme Handelsjude drückte also mit der Frage »Bin ich a Forelle?« aus, dass er nicht über den Status verfügte, den die Forelle sozusagen auf der Speisekarte beanspruchen durfte. »Fließendes Wasser?«, wollte er sagen. »Das ist zu gut für mich.« Und zu gut heißt zu teuer.

Salcia Landmann, die mit ihrer Sammlung *Der jüdische Witz* eine große sentimentale Anteilnahme fand, weil diese Sammlung sozusagen die museale Aufbewahrung eines ausgerotteten Geistes bedeutete, wurde von Friedrich Torberg, dem glänzenden Übersetzer von Ephraim Kishon und streitbaren Kultur- und Theaterkritiker, in Grund und Boden rezensiert. Er fand, dass sie durch die ermordeten Pointen und vorhandenen Gefühllosigkeiten gegenüber dem jüdischen Witz diesen sozusagen hingemeuchelt hätte. Dies nur am Rande. Bei Salcia Landmann geht der Witz so:

»Wollen Sie ein Zimmer mit Bad?«, fragt der Portier.
»Bin ich a Forelle?«

Eine Forelle braucht kein Bad, sondern fließendes Wasser. Das Bad stammt aus einem anderen Hygienewitz, wo ein Jude am nächsten Morgen im Hotel beim Frühstück den anderen fragt:

»Haste genommen ein Bad?«
Und der antwortet: »Wieso, fehlt eins?«

Die Pointe dieses Witzes liegt im Gebrauch des Wortes »genommen«. Ein Bad genommen, das ist hochgestochen, Herrschaftssprache. Ein Bad genommen heißt für den herumziehenden Handelsvertreter »geklaut«. Hier beruht der Witz auf der Mischung von zwei Sprachebenen.

Freud verzeichnet die hygienischen Witze des Ostjudentums auch in Verbindung mit ihrer Barttracht. So erzählt er zum Beispiel:

Ein galizischer Jude spricht den anderen an und sagt:
»Ich weiß, was du gestern gegessen hast: Hering.«
»Falsch«, sagt der andere, »das war vorgestern.«

Unter heutigen hygienischen Verhältnissen kann man dem eine gewisse Unappetitlichkeit nicht absprechen, wobei man bei Witzen, ähnlich wie im Kino, froh ist, wenn es zumindest von der Leinwand herab nicht riecht.

Seit Süskinds Welterfolgsroman *Das Parfum* wissen wir, welche Veränderungen die Kanalisation, der Wasserleitungsbau und die Erfindung des WCs, der Dusche, des häuslichen Bads der Menschheit gebracht haben. Ich erinnere mich, dass ich in Tübingen in einem Haus mit Plumpsklos gewohnt habe und dort völlig ungeniert zu Abend essen konnte, wobei mir heute in der Erinnerung an diesen Geruch noch schlecht wird. Man muss sich diese anderen Zeiten ausmalen, um sich vorstellen zu können, dass sie eben immer auch aus dem Zusammenprall von Menschen aus zwei Kulturkreisen, die in der gleichen Zeit lebten, resultieren. Es gibt den jüdischen Witz vom Badehaus:

Treffen sich zwei Juden nach einem Jahr im Badehaus.
Sagt der eine zum anderen:
»So schnell sieht man sich wieder.«

Natürlich kann jeder Tropenreisende und Slumbesucher in heutiger Zeit denselben olfaktorischen Schock erleben, der früher offensichtlich noch gang und gäbe war. Als ich studierte, hatten die Studentenbuden meist noch kein fließendes Wasser, und Wirtsleute nahmen nicht gerne Studentinnen, weil die, wie sie sagten, ihre Nylonwäsche ins Badezimmer hängen würden. Daher kann ich die Reihe der Hygienewitze aus der guten alten Zeit der Fünfzigerjahre, wo das zerbombte Deutschland dem amerikanischen Hygienestandard noch arg hinterherhinkte, erzählen. Es gibt die Geschichte, in der der Student mit seiner Sauberkeit prahlt:

»Einmal im Monat wasche ich mir meine Füße. Ob sie es nötig haben oder nicht.«

Und wenn wir schon bei Füßen sind:

In ebendieser Zeit kommt ein Mann zum Arzt, weil er einen geschwollenen Knöchel hat. Er zeigt seinen kranken Fuß dem Arzt. Der schaut sich ihn an und sagt: »Entschuldigung, darf ich zum Vergleich den anderen Fuß sehen?« Darauf der Patient erschrocken: »Darauf bin ich leider gar nicht vorbereitet, Herr Doktor.«

Die Mutter ruft von oben:
»Erna, komm rauf, Füße waschen. Die Oma braucht die Schüssel für den Kartoffelsalat.«

Inzwischen haben solche Witze in unseren zivilisatorischen Breiten etwas exotisch Abstraktes. Deshalb gefällt mir der folgende Witz aus der jüngsten Zeit sehr gut. Er spielt, wo denn sonst, in einem Eisenbahnabteil, die es ja neben Großraumwagen immer noch gibt, schon damit derartige Witze noch passieren können.

Im Zug, ein Mann und eine Frau. Sie sitzen sich gegenüber. Nach geraumer Zeit zieht der Mann einen Schuh aus und legt den Fuß auf die gegenüberliegende Bank, wo die Frau auf dem Nebenplatz sitzt.
»Entschuldigung«, sagt er, »aber mein Fuß ist mir eingeschlafen.«
Darauf die Dame pikiert:
»Dem Geruch nach zu urteilen, muss er vor geraumer Zeit gestorben sein.«

Die Hygienewitze, die sozusagen vom neuen Zeitalter des Waschzwangs und des Deodorants abgelöst wurden, spiegeln gern auch den Gegensatz zwischen Stadt und Land, zwischen Misthaufen und Plumpsklo auf der einen, Dusche und WC auf der anderen Seite.

Ähnliches gibt es als Klein-Erna-Witz, wo sozusagen zwei Fliegen mit einer Klappe geschlagen werden: Hygiene und sexuelle Fummelei.

Hein geht mit Klein Erna spazieren. Sie sitzen lange knutschend auf einer Bank, bis es dunkel wird. Auf dem Heimweg sagt Klein Erna:
»Du, Hein, du kannst doch so schön auf zwei Fingern pfeifen, hol uns doch mal ein Taxi.«
Hein führt Zeige- und Mittelfinger zum Mund, wobei er aus Versehen einatmet, und sagt:
»Ach, gehen wir lieber zu Fuß.«

Die verkürzte Steigerung dieses Witzes ist:

Ein Blinder gerät aus Versehen in einen Fischladen und ruft:
»Hallo Mädels!«

Jetzt, wo wir endlich ganz unterhalb der Gürtellinie sind, können wir in einem Schwabenwitz (Thaddäus Troll hat ihn in *Deutschland, deine Schwaben* überliefert) zurück aufs Land und in die gute Landluft.

Warum ist die Landluft so gut?
Weil die Bauern die Fenster nicht aufmachen.

Die Schnorrer, das heißt die Bettler, die auf Kosten reicher Gönner lebten, waren fester Bestandteil des durch die jüdische Religion geprägten Selbstverständnisses. Reiche mussten sich um arme Verwandte und arme Fremde kümmern, damit sie sich einen Platz im Himmelreich sichern konnten. Die Unterstützung der Armen war Teil eines großen sozialen Systems, das noch keine Arbeitslosenversicherung oder Hartz IV kannte. Es ist vergleichbar mit den Bettlern, die vor den katholischen Kirchen an die christliche Barmherzigkeit appellieren. Die Armen zu speisen war sowohl ein jüdisches wie auch ein christliches Gebot.

Schnorrerwitze haben meist den Baron Rothschild zum Helden. Der Familienreichtum der Rothschilds war in Paris wie in London wie in Wien sprichwörtlich. Also:

Zu Baron Rothschild kommt ein Schnorrer, der nicht auf seiner Liste steht, und erzählt vom Unglück, das die Familie durch Krankheit und Not heimgesucht hat. Darauf sagt Rothschild zu seinem Diener:
»Moische, schmeiß ihn raus. Er zerreißt mir sonst das Herz.«

Ebenfalls bei Rothschild spielt die folgende Geschichte:

Ein Schnorrer kommt und wird von seinem reichen Gönner großzügig bedacht. Am Abend speist Rothschild in einem feinen Restaurant mit seiner Frau zu Abend. Und was sieht er? Am Nebentisch sitzt der Schnorrer, trinkt Champagner und isst Lachs und Kaviar. Der Baron tritt zu ihm und sagt:
»Schämst du dich nicht, so zu prassen, nachdem ich dir geholfen habe? Kaviar und Champagner?«
Darauf der Schnorrer entrüstet:
»Wenn ich kein Geld habe, kann ich keinen Champagner trinken und Kaviar essen. Wenn ich Geld habe, darf ich keinen Champagner trinken und Kaviar essen. Wann, bitte schön, soll ich Champagner trinken und Kaviar essen?!«

Die Wohltaten waren, wie gesagt, so etwas wie verbriefte Rechte oder zumindest Gewohnheitsrechte. Die Spitzfindigkeit zeigt sich schon in der Champagner-Kaviar-Geschichte. So auch in dem folgenden Witz:

Zwei Brüder haben von Rothschild je eine monatliche Schnorrer-Apanage von 20 Gulden bekommen. Eines Tages stirbt der eine Bruder, der andere Bruder kommt zu Rothschild und sagt:
»Jetzt bekomme ich 40 Gulden.«
Darauf Rothschild:
»Wieso? Kommt nicht infrage. Dein Bruder ist doch tot!«
Darauf der Schnorrer: »Sind Sie sein Erbe, Herr Baron, oder ich?«

Ein Schnorrer kommt zu einem Kommerzienrat und jammert:
»Ich bin so unglücklich. Mein Leben lang bin ich vom Pech verfolgt.«
Der Kommerzienrat fragt misstrauisch: »Was sind Sie denn von Beruf?«
Der Schnorrer: »Musiker. Ich war in einem Symphonieorchester. Aber unseligerweise hat sich das Orchester aufgelöst, und seitdem bin ich brotlos.«
Der Kommerzienrat, noch misstrauischer:
»Was für ein Instrument spielen Sie denn?«
Der Schnorrer zögert eine Weile und sagt dann:
»Posaune.«
Darauf steht der Kommerzienrat auf, geht zu seinem Wandschrank und öffnet ihn.
»Ich habe hier zufällig eine Posaune. Spielen Sie mir doch etwas vor!«

Schnorrer: »Nu, was sagen Sie zu meinem sprichwörtlichen Pech? Ausgerechnet eine Posaune müssen Sie zu Hause haben!«

Ein anderer Schnorrer kommt diesmal zu Baron Pringsheim.
»Ich bin sehr krank. Der Doktor hat mir Seeluft verordnet. Können Sie mir dabei nicht helfen und etwas geben?«
Der Baron Pringsheim: »Da haben Sie hundert Mark. Und fahren Sie in Gottes Namen ans Meer!«
Schnorrer: »Das ist zu wenig. Damit kann ich keine Kur in Ostende machen.«
Baron Pringsheim: »Was? Ein Schnorrer, und will ausgerechnet in das teuerste Kurbad, das es gibt?«
Darauf der Schnorrer: »Herr Baron, für meine Gesundheit ist mir nichts zu teuer.«

Elliott Oring hat in seinem Buch *The Jokes of Sigmund Freud. A Study in Humour and Jewish Identity* die Witze, die Freud gesammelt hat, klassifiziert, und zwar nach ihren Themen. Es gäbe da erstens die vom Leihen und Borgen von Geld, also Schnorrer-, Banker- und Geschäftsleutewitze, von denen ja schon die Rede war. Zweitens die Witze über Sex und Ehe. Auf sie werden wir in diesem Kapitel immer wieder zurückkommen müssen. Die von sauber und schmutzig, wobei wir Hygiene schon abgehandelt haben und ich mich in diesem Zusammenhang an Faust, Mephisto und Gretchen erinnere.
Mephisto führt Faust heimlich zum Spionieren in Gretchens Stube, weil der verehrte Herr Professor und Doktor in ihrem »Dunstkreis weiden« will. Auch da gibt es eine hygienische Feststellung, denn Faust sagt: »Nicht jedes Mädchen hält so rein.«
Die vierte Kategorie, die Oring bei Freud aufzeigt, ist die vom

Reisen. Die, bei der man in eine fremde Welt kommt. Wir haben von der Eisenbahn schon Beispiele geliefert. Es gibt aber auch das Erleben einer fremden, unerwarteten Welt.

> Da sitzt, nehmen wir mal an um die Jahrhundertwende vom 19. ins 20. Jahrhundert – man muss es nicht datieren –, ein Jude in einem guten englischen Restaurant, und es wird ihm das übliche englische Essen serviert, giftgrüne Bohnen, die man noch dazu mit Messer und Gabel essen muss, Lammbraten mit Yorkshire Pudding und zum Lamm Minzsoße. Er guckt das Essen an, riecht und kostet, rollt die Augen, breitet die Arme aus und stößt gen Himmel (bzw. die Decke des Restaurants) den Stoßseufzer aus: »Aber die Meere beherrschen!«

Muss man dazu wissen, dass Großbritannien damals stolzeste Seemacht der Erde war? Die entsprechende Hymnenzeile dazu hieß: »Rule Britannia! Britannia rule the waves.« Man muss es nicht wissen. Trotzdem ist der Hinweis nützlich, dass die jüdische Ironie sich dabei einen Seufzer leistet: »Die Welt beherrschen – und so einen Fraß essen. Komische Leute, die Engländer!«

Bei diesem Witz fällt mir ein, wie schwer es ist, ohne die Haltung und den Gestus bei einem Witz auszukommen. Es gibt einen typischen Gestus, eine bestimmte Haltung beim jüdischen Witz, man muss sie beim Erzählen nachmachen können. Man könnte sie skeptische Frömmigkeit oder spöttische Gottergebenheit nennen – jedenfalls ein Knecht-Herr-Verhältnis, das aus orientalischen Gottesdiensten zu kommen scheint. Bei dem der Knecht bei all seiner vorgeschützten Ergebenheit sozusagen in Sancho-Pansa-Haltung die Erhabenheit zwischen Himmel und Erde sucht und zerstört. Es ist eine Parodie, wie sie Goethe im *Faust* zwischen Mephisto als Knecht und Gott als Herrn kopiert. Auch die katholische Welt kennt diese Haltung. Sancho Pansa (Knecht), der Don Quijote (Gott) inmitten seiner komischen Erhabenheit respektiert und zugleich der Lächerlichkeit preisgibt.

Die Arme werden in einer ergebenen Haltung ausgebreitet, mit nach oben weisenden Handflächen. Der Kopf reckt die Stirn schräg nach oben. Er ist nach oben gerichtet in erwartungsvoll ängstlicher Haltung, nicht ohne ein spöttisches Lächeln in den Mundwinkeln. Die Augen sind rollend nach oben verdreht, die ergebene Mimik ist übertrieben und stellt dadurch die Ergebenheit infrage. Aber die Meere beherrschen.

Das Gleiche gilt für Marcel Reich-Ranicki im Sommer in Salzburg. Es ist gewittrig-schwül im ORF-Studio, wo, wie damals in jedem August, das Literarische Quartett seine Sommersendung ausstrahlte. Das Studio hatte keine Klimaanlage, sie könnte während der Livesendung wegen des Lärms auch nicht angestellt bleiben. So ist die Kuppel leicht geöffnet, um die Schwüle durch einen leichten Luftzug von oben zu mildern.

> MRR fällt, auch das wie üblich, über ein Buch von Martin Walser her: lange, wortreich, vorwurfsvoll, laut. Es wirkt wie eine Hinrichtung.
>
> Da, plötzlich muss ein Gewitter ausgebrochen sein, hört man aus der Kuppel ein Grummeln, ein Grollen, dann einen lauten Donnerschlag. Und MRR hebt den Kopf, reckt die Arme mit geöffneten Handflächen gen Himmel (als wäre die Kuppel die einer barocken Kirche) und kräht in komisch entrüsteter (natürlich gespielter) Verzweiflung des Haderns mit einem ihm zürnenden Literaturgott:
>
> »Man wird doch noch was gegen Walser sagen dürfen!«

Die Zuschauer lachen, applaudieren. Es ist eine großartige gestische Nummer, gespielt wie in echter Empörung und Auflehnung. Es ist ein parodierter jüdischer Witz zwischen Hiob und Gott.

Dieser Witz kann sich überall wiederholen, und der folgende handelt auch davon:

> Ein Fremder geht in New York durch die Fifth Avenue und fragt einen mit Paketen beladenen bärtigen Juden, wo das Geschäft von Bagelninski ist. Der bärtige Jude nickt und überreicht dem Fragenden die Pakete zum Halten. Dann breitet er die Arme zum Himmel aus und ruft mit erhobener Stimme: »Woher soll ich wissen, wo das Geschäft vom Bagelninski ist?!«

Selbst dieser Witz inszeniert sich so, wie man ihn erzählen muss.

In dieser Haltung des Stoßseufzers mit vorwurfsvollem Blick zum Himmel lassen sich auch zwei Aphorismen Nestroys vorstellen und darstellen:

> »Die Phönizier haben das Geld erfunden. –
> Aber warum so wenig?!«

> Und der männliche Neidseufzer:
> »Die Frauen haben es gut! Sie rauchen nicht! Sie trinken nicht. Und Frauen sind sie selber.«

Witze sind immer auch gestische Vorstellungen. Man muss dabei sehr aufpassen, dass man nicht in eine Witzgesellschaft gerät, die Gesten mit Karikaturen und Erzählen jüdischer Witze mit Mauscheln verwechselt. Die Grenze zur Peinlichkeit ist schnell erreicht und schnell überschritten. Ich möchte dazu eine

Geschichte erzählen, die nichts mit Witzen zu tun hat, sondern mit einem großen Regisseur und einem großen Schauspieler, die auf der Bühne gemeinsam Richard III. probierten. Der Schauspieler war Helmut Qualtinger. Er sollte Richard III. spielen. Es war die erste Probe (Qualtinger hat mir die Geschichte selbst erzählt und vorgespielt), Richard III. war bekanntlich verwachsen und hinkte. Der österreichische Regisseur und Hamburger Intendant Oscar Fritz Schuh war stark gehbehindert. Er hinkte so stark, dass es wie eine Übertreibung wirkte. Er probt also mit Qualtinger Richard. Die Eingangsszene, den Monolog vom Winter unseres Missvergnügens. Qualtinger spricht den Text, Oscar Fritz Schuh unterbricht ihn. Er spricht ihm den Text vor und bewegt sich dabei. Er hinkt, weil er immer hinkt. Qualtinger überlegt verzweifelt: Soll ich jetzt hinken, weil Richard III. hinkt, oder wird das Oscar Fritz Schuh falsch verstehen und denken, dass ich ihn nachmache. Also spricht er den Text und geht dabei ganz normal auf und ab, wie es Oscar Fritz Schuh hinkend vorgemacht hat. »Nein!«, schreit Oscar Fritz Schuh. »So müssen Sie gehen!«, und hinkt noch einmal. Qualtinger fängt vorsichtig zu hinken an, aber nur schwach, bis ihn Oscar Fritz Schuh zum dritten Mal anschreit. Die Geschichte mag wahr sein oder erfunden, jedenfalls zeigt sie die Schwierigkeiten mit Gesten und Sprachimitationen beim Witzerzählen.

Die jüdischen Namen stellen eine Schwierigkeit dar. Ursprünglich hatten die Juden eigentlich nur Vornamen und die Namen ihrer Väter oder Ahnen. Jakob ben Josef zum Beispiel. Mit der Gleichberechtigung im Gesetz wurden ihnen von der österreichischen und der preußischen Verwaltung Namen zur Verfügung gestellt. Sie wählten sich oft schöne, poetische Namen wie Rosenblatt, Rosenzweig, Goldmann, Silbermann. Sie bekamen auch Namen zugewiesen, die auf ihre Herkunft hindeuteten: Krakauer, Breslauer, Dessauer, Wiener zum Beispiel. Auch die Gassen ihrer Herkunft spielten bei den Namen eine große Rolle.

Das berühmteste Beispiel ist wohl der Name Rothschild. So hieß die Gasse, aus der die Familie ursprünglich stammte. Die Bürokratie in Preußen und in Österreich hatte natürlich Macht über die Namen, und so diktierte sie den Juden oft Namen und verbesserte sie dann auch gegen entsprechendes Entgelt.

> Dafür gibt es ein jüdisches Witzbeispiel, wo ein Jude
> nach der Benennung durch die Behörde seinem Freund
> erzählt, er heiße Schweißfuß.
> »Um Gottes willen! Schweißfuß!«, sagt der Freund.
> Darauf sieht ihn der andere traurig an:
> »Du kannst dir gar nicht vorstellen, wie teuer das ›W‹
> schon war.«

Torberg wirft in seiner Auseinandersetzung mit Salcia Landmanns Buch über den jüdischen Witz der Autorin vor, dass sie alle Namen, die in Klischees des antisemitischen Witzes vorkommen (»Kanaldeckel« etwa), aufnimmt, so als wollte sie die Figuren des jüdischen Witzes in *Stürmer*-Karikaturen verwandeln. (Der *Stürmer* war das übelste antisemitische Hetzblatt in der Nazizeit, es wurde von Julius Streicher herausgegeben, einem der schrecklichsten Vertreter des nationalsozialistischen Antisemitismus.)

Religion und Philosophie waren die fünfte Gruppe der Witze, die Freud analysierte und in seiner Theorie als Beispiele erzählte. Elliott Oring berichtet, dass Freud eine christliche Kinderfrau hatte, die ihn stark geprägt hat und der er viel zu verdanken hatte, wie er sagte. Freud übrigens war alles andere als ein frommer Mann. Im Gegenteil, wie in seiner Schrift *Das Unbehagen in der Kultur* nachzulesen ist. Trotzdem war er sich seiner jüdischen Wurzeln und seiner Bestimmung durch Tradition und Herkunft sehr bewusst. Seine Schrift *Der Mann Moses und die monotheistische Religion* spielt eine große Rolle für Selbsterkenntnis und Erkenntnis seiner Zugehörigkeit. Oring nimmt daher als sechste Kategorie der Freud'schen Witze einfach die Witze über Moses.

Die philosophischen Witze und religiösen Witze enthalten eine Quintessenz, die eigentlich jedem Witz eigen ist: den Widerspruch zwischen Idee und Realität. Dabei gibt es zwei Arten von religiösen Witzen. Oder genauer gesagt sogar drei Arten. Eine Art beschäftigt sich mit den seltsamen Riten, Sitten und Gebräuchen. Dafür steht der Witz von der Kippa (S. 112). Zum Zweiten sind es die Witze, die aus der Talmud-Tradition und Talmud-Schule kommen, die sich mit Gott räsonierend und vernünftig denkend auseinandersetzen und die im äußersten Fall eine nihilistische Alternative zu Gott riskieren:

Kohn philosophiert über das Jenseits: »Es ist recht mies, und es geht mir schlecht auf dieser Welt. Nu, dafür wird es uns im Jenseits umso besser gehen. Das heißt, lachen tät ich, wenn sich herausstellen würde, dass es kein Jenseits gibt.«

Ein alter orthodoxer Jude sieht einen jungen Juden und ruft ihm zu: »Pfui, du isst! Heute, am Fasttag! Sieh mich an, ich bin alt und krank, und trotzdem faste ich, wie das Gesetz es befiehlt.«
Darauf erwidert der junge Jude: »Also kommen wir beide nicht ins Paradies. Ich nicht, weil ich nicht faste, du nicht, weil es gar kein Paradies gibt.«

Manche handeln auch von der Unvollkommenheit der Erde. Auch das gibt es schon bei Faust und Mephisto, wo der Teufel mit einer gewissen Ironie sagt: Natürlich, wenn ein Gott sich erst sechs Tage plagt und selbst am Ende bravo sagt, da muss es was Gescheites werden.

Das spielt, für nicht Bibelfeste sei es gesagt, auf die Genesis-Stelle an: »Und Er sah, dass es gut war.« Eine Variante davon ist der jüdische Schneiderwitz. Schneiderwitze gibt es viele, weil ja viele Juden als Schneider arbeiteten.

Ein Kunde bestellt bei einem Schneider eine Hose. Nach einem Monat ist die Hose endlich fertig. Der Kunde sagt vorwurfsvoll zum Schneider: »Gott hat die Welt in sieben Tagen erschaffen, und Sie brauchen für eine Hose einen vollen Monat.«
Darauf der Schneider: »Nu, schauen Sie sich die Welt doch an! Und dann betrachten Sie meine Hose.«

Und da wir gerade beim Schneider sind:

Ein Mann, der es zu etwas gebracht hat, lässt sich bei einem teuren Schneider einen Anzug aus feinstem Tuch machen. Als er den Anzug endlich abholt, stolziert er darin auf der Fifth Avenue herum. Er trifft einen Freund, der schaut ihn an und sagt: »Wirklich ein toller Anzug! Aber hinten faltet er etwas. Wenn du die Schulter etwas hochziehst – ja, so, ja, die linke, dann sitzt der Anzug tadellos.«
Der Kunde geht weiter die Fifth Avenue entlang und trifft einen zweiten Freund. »Wirklich ein toller Anzug«, sagt der, »fabelhaft! Aber rechts knittert er ein wenig. Du musst etwas schräg gehen – ja, so, dann ist es tadellos.«
Auch ein dritter Freund, der ihm begegnet, sagt: »Toller Anzug, toller Schnitt, toller Stoff. Aber die Hose sitzt schief. Du musst das eine Bein etwas höher absetzen, wenn du gehst. Ja, toll ist das jetzt.«
Und so geht das weiter und weiter. Ein anderer sagt

ihm, der Rock spanne, er müsse den Hals etwas nach hinten ziehen. Dann sieht ihn ein Paar von der anderen Straßenseite. Sagt die Frau zu ihrem Mann:

»Guck mal den armen Krüppel da.«

Darauf der Mann: »Aber einen tollen Schneider hat der.«

Auch das darf man, ohne zu übertreiben, auf Gott und die Welt übertragen.

Natürlich weiß auch der jüdische Witz, dass es unendlich schwer und traurig ist, einen Ehepartner zu verlieren. Für alle Religionen gilt das Anfangsgebot »… bis dass der Tod euch scheidet«. Trotzdem gibt es im Zusammenhang mit dieser Trauer auch Witze. So zum Beispiel den Witz von Moische, dem seine Frau gestorben ist.

Die Trauerfeier findet im Haus statt, die ganze Familie ist versammelt. Irgendwann ist Moische verschwunden, die Familie sucht ihn und findet ihn, wie man damals erzählt hätte, in einer verfänglichen Situation mit dem Dienstmädchen. Vielleicht hätte man auch gesagt: in einer zweideutigen oder gar eindeutigen Situation. Der älteste Sohn ruft:

»Schande über dich! Deine Frau ist gestorben, und du vergnügst dich hier mit dem Dienstmädchen.«

Dann sagt sein Bruder: »Was hast du zu sagen zu deiner Entschuldigung?«

Darauf guckt Moische sie traurig und verzweifelt an, hebt die Arme zum Himmel und sagt:

»Weiß ich, was ich tue in meinem Schmerz?«

Ein Mann steht klagend am Grab seiner Frau und ruft:
»Sarah, warum hast du mich so plötzlich verlassen!
Ach, könntest du noch einen Tag zu mir
zurückkommen!« In dem Moment rührt sich ein
Maulwurf am Grab und wirft einen Hügel auf.
Erschrocken ruft der Witwer:
»Ich hab doch nur Spaß gemacht!«

Ein anderer Mann steht am Grab und weint und sagt:
»Warum bist du so früh gestorben? Warum hast du uns
verlassen?« Da kommt ein anderer vorbei und sagt
anteilnehmend:
»Sie haben wohl Ihre Frau verloren? Mein Beileid.«
»Nein!«, ruft der Jude. »Hier liegt ihr erster Ehemann!«

Schließlich noch einen vom Aufstieg zum Reichtum und was
dann alles dazugehört.

Bei einem Spaziergang mit seiner Frau trifft Löwi eine
gut aussehende junge Frau, begrüßt sie herzlich, ist
sehr vertraut mir ihr und sagt:
»Bis morgen, meine Schöne.« Die beiden gehen weiter,
die Frau fragt:
»Wer war denn das?« Darauf sagt er: »Das war meine
Mätresse. Es geht uns jetzt so gut, dass ich mir eine
Mätresse leisten kann und muss.«
Eine Woche später sind sie bei einem Freund
eingeladen zu einer Soiree. Der Mann empfängt die
Gäste mit seiner Ehefrau, darauf sagt Löwi zu seiner
Frau:
»Siehst du, die junge Frau in der Ecke im Gespräch?
Das ist seine Mätresse.« Darauf seine Frau stolz:
»Also, unsere gefällt mir viel besser!«

Die Juden behielten in der Fremde streng die religiösen Bräuche bei, weil sie sich durch sie definierten. Von den Schriftgelehrten, deren Pflicht es war, sich jahrelang mit talmudischer Kasuistik zu beschäftigen, stammen die Treffsicherheit und Hintergründigkeit, das Um-die-Ecke-Denken und die komische Wirkung vieler dieser Witze. Gegen die Strenge der dogmatischen Talmud-Gelehrsamkeit entstand um die Mitte des 18. Jahrhunderts im Milieu der ostjüdischen Gemeinden die Bewegung des Chassidismus. Die Rabbis, um die sich die Chassiden scharten, leisteten dem Wunderglauben des einfachen Volkes Vorschub und nutzten ihn pfiffig zu ihrem eigenen Vorteil aus. Auch um Nihilismus und Glauben, zwischen weltlicher Vernunft und gläubiger Verzweiflung kreisen diese Witze:

Cheskel Herz, ein russischer Nihilist, wird zum Tode verurteilt. Kurz vor der Exekution tritt der Rabbiner in seine Zelle.
»Ich komme zu euch«, spricht der, »um euch das Wort Gottes zu verkünden.«
Darauf Herz: »Dazu brauch ich gerade Sie! In einer halben Stunde spreche ich mit Ihrem Chef persönlich!«

Nach einem Schiffbruch sitzen zwei Juden im Rettungsboot.
»Großer Gott«, betet der eine, »wenn du uns mit dem Leben davonkommen lässt, will ich die Hälfte meines Vermögens für einen guten Zweck hergeben.«
Sie rudern den ganzen Tag und die ganze Nacht. Weit und breit ist kein Schiff zu sehen.
»Herr«, steigert sich der Jude, »wenn du uns aus unserer Not errettest, opfere ich dir zwei Drittel meines Vermögens.«

Am dritten Tag scheint die Lage der Schiffbrüchigen noch trostloser.

»Herr im Himmel«, betet der Jude wieder, »wenn wir durch deine Hilfe aus diesem Schlamassel herauskommen …«

»Halt!«, unterbricht ihn der andere. »Hör auf mit den Angeboten. Land in Sicht!«

Ein Chassid brüstet sich mit seinem Rabbi:
»Glaubt mir, Gott selber spricht jeden Freitagabend mit ihm!«

»Woher weißt du das?«, fragt einer zweifelnd.

»Er hat es mir selbst erzählt.«

»Vielleicht hat er gelogen?«

»Was fällt dir ein!«, entrüstet sich der Chassid. »Wird Gott mit einem Lügner reden?«

Auch der nächste Witz handelt vom Wunderglauben.

Ein Chassid erzählt:
»Die meisten Wundertaten der Rabbis kennt man nur vom Hörensagen. Ich aber kann euch von einem Wunder erzählen, das ich selbst miterlebt habe: Eines Tages sah unser Rabbi im Haustor gegenüber einen jüdischen Jungen Schweinespeck kauen. Er war so erzürnt über diese Sünde, dass er sich hinreißen ließ und ausrief:
›Das Haus soll über dem Frevler zusammenbrechen!‹
Doch rasch besann er sich in seinem Zorn und rief:
›Halt! Um der Gerechten willen, die vielleicht in dem Haus wohnen, soll es stehen bleiben!‹
Und was soll ich euch sagen: Das Haus blieb stehen.«

Ein Wunderrabbi erzählt seinen Schülern folgende Legende:

»Eine arme Mutter setzte ihr Kind im Walde aus, denn sie hatte kein Geld, es zu ernähren. Ein Köhler hörte das verlassene Kind wimmern, eilte herbei und wollte ihm helfen. Aber, schade, er konnte es nicht, denn er war selbst so arm, dass er kaum etwas zu essen hatte. Da geschah das Wunder. Gott ließ ihm Milchbrüste wachsen. Der Köhler nahm das Kind, legte es an die Brust und stillte es.«

»Rebbe«, wendet einer der Schüler ein, »die Geschichte verstehe ich nicht. Wenn Gott schon Wunder tun kann, wozu braucht er so eine ausgefallene Sache wie Frauenbrüste bei einem Mann? Warum legt er nicht einfach einen Beutel mit Geldstücken neben das Kind? Da hätte der Köhler Milch kaufen und das Kind ohne Brüste ernähren können.«

»Falsch«, entgegnet der Rabbi, »überleg doch mal: Wenn Gott ein Wunder tun und dem Mann Brüste wachsen lassen kann, wozu soll er dann bares Geld ausgeben?«

Es gibt die Geschichte von Friedrich dem Großen (und Freud erzählt sie in seiner Witzanalyse), der von einem Wunderpriester in Schlesien gehört hatte, dem der Ruf vorausging, er könne Geister beschwören. Er schickte nach dem Mann und empfing ihn mit der Frage:
»Er kann Geister beschwören?«
Der Wundergeistliche antwortete:
»Zu Befehl, Majestät! Ich kann's. Aber sie kommen nicht.«

Und zum Schluss noch die Geschichte von dem großen Rabbi N., der im Tempel in Krakau sitzt und mit seinen Schülern betet. Plötzlich stößt er einen Schrei aus. Und als ihn die Schüler ängstlich fragen, was denn passiert sei, ruft er aus:

»Gott sei's geklagt, aber gerade in diesem Augenblick ist der große Rabbi L. in Lemberg gestorben.«

Alle zusammen beginnen ein Trauergebet für den großen Toten in Lemberg.

In den nächsten Tagen kommen Reisende von Lemberg in Krakau an, und die Schüler fragen sie, wie der Rabbi in Lemberg gestorben sei und was ihm denn gefehlt habe. Die aus Lemberg Zugereisten schütteln den Kopf: »Ihm fehlt doch gar nichts. Er erfreut sich bester Gesundheit.«

Schließlich stellt sich heraus, dass der Rabbi L. in Lemberg überhaupt nicht gestorben ist, als Rabbi N. ihn telepathisch beim Sterben gesehen haben will.

Einer der Fremden nutzt die Gelegenheit und ruft den Krakauer Schülern des Rabbi N. zu:

»Euer Rabbi hat sich ganz schön zum Narren gemacht, als er den Rabbi L. in Lemberg beim Sterben gesehen haben will.«

»Das macht keinen Unterschied«, erwidert einer der Schüler. »Du magst sagen, was du willst, aber der Weitblick von Krakau nach Lemberg war dennoch ein großartiges Wunder!«

Dieser Weitblick heißt im Jiddischen der »Kück«, vom deutschen »Gucken«. Und alle Wunderrabbis, die in die Ferne gucken, haben diesen »Kück«, auch wenn er manchmal danebengeht.

Über Fisch und Fleisch, koscher und nicht koscher, gibt es viele Witze. Kohn im Restaurant:

> »Ober, geben Sie mir von dem Fisch.«
> Darauf der Ober: »Verzeihung, mein Herr, das ist Schinken.«
> »Hab ich Sie gefragt, wie er heißt, der Fisch?«

Man kann natürlich auch, wie viele dieser Witze beweisen, mit Gott rechnen und rechten.

> Der Kantor der Gemeinde will seine Tochter verheiraten und bittet den Rabbi und den Gemeinderat um drei Jahresgehälter Vorschuss. Die halten das für riskant – vielleicht stirbt ja der Kantor vorher.
> »Lasst es doch drauf ankommen«, bittet der Kantor, »vielleicht habt ihr Glück, und ich lebe dann noch. Und sollte ich wirklich vor den nächsten drei Jahren sterben – nu, dann hab halt ich Glück gehabt.«

Eine ungeheure Rolle in der jüdischen Familie spielt das Verhältnis der jüdischen Jungen zur Mama. Ähnlich wie in der traditionellen katholischen Kirche Italiens ist sie in einer Macho-Religion, die an einen allmächtigen Gottvater glaubt, das eigentliche und geheime Zentrum der Familie, deren Kommandogewalt.

> Jesus trifft in der folgenden Szene die Ehebrecherin, die er vor der Volkswut rettet.
> »Wer ohne Schuld ist«, sagt er gerade, »werfe den ersten Stein.«
> Daraufhin bleibt die Menge stumm und untätig, nur aus einer Richtung fliegt ein Stein. Jesus schaut auf die

Stelle, von wo der Stein geworfen wurde, und sagt
dann:

»Mama, du nervst!«

Zu der Muttergeschichte passt auch die Anekdote um Egon Erwin Kisch, den legendären »rasenden Reporter«:

Der Erste Weltkrieg ist zu Ende, Revolution in Wien.
Kisch gehört zu den Roten Garden, die die alte
Ordnung stürzen. Er gehört zur Gruppe, die ins
Kriegsministerium eindringt und die dortigen
Beamten verhaftet. Sein Bruder ist hoher Beamter
im Kriegsministerium. Er betritt dessen Büro und
ruft:
»Im Namen der Revolution, du bist verhaftet!«
Sein Bruder antwortet:
»Gut, Egon, ich füge mich der Gewalt. Aber ich werd's
heut Abend der Mama sagen.«

Der ungeheuren Fürsorge und Liebe der jüdischen Mutter entspricht auch ihr fordernder Anspruch auf Gegenliebe. Sie gibt viel, wenn nicht alles, und fordert dafür auch viel. Es ist schwer, es ihr recht zu machen.

Eine jüdische Mama hat ihrem Sohn zu Weihnachten
zwei Krawatten geschenkt, eine rot-blau gestreifte und
eine rot-weiß gepunktete. Als er sie kurz darauf mit der
rot-weiß gepunkteten besucht, sagt sie:
»Die andere hat dir wohl nicht gefallen.«

Natürlich kannten die Erwartungen, die jüdische Mütter an ihre Söhne stellten, keine Grenzen:

»Wie alt sind denn Ihre Söhne, Frau Cohen?«
»Der Arzt ist fünf, der Rechtsanwalt drei.«

Ein ähnlich enges Mutter-Sohn-Verhältnis wie zwischen der »jiddischen Mame« und ihrem Sohn gibt es auch in der italienischen Familie. Hier ein Witz zum Thema:

Jesus muss ein Italiener gewesen sein.
Warum?
Er lebte noch mit über dreißig Jahren zu Hause, und er glaubte, dasss seine Mutter eine Heilige und Jungfrau ist.
Und sie hielt ihn für Gott.

DER FREUD'SCHE VERSPRECHER

Menschen versprechen sich, weil sie über die Sprache stolpern, über schwere Wörter, über Zungenbrecher. Der oscarprämierte Film *The King's Speech* zeigt einen sprachgestörten Menschen, der das Reden lernen muss, weil Reden für ihn extrem wichtig ist – es handelt sich schließlich um George VI., König von England. Er kann mithilfe eines Sprachlehrers von seinem Stottern befreit werden.

Lispeln und Stottern sind wohl die häufigsten Sprachfehler. Sicher haben beide oft Ursachen, die in der Psyche zu suchen sind.

Es gibt die Geschichte von dem Stotterer, der von Frankfurt nach München umzieht. Eines Tages hat er folgende Konversation mit einem Freund:

»Wie lange bist du jetzt eigentlich schon in München?«
»Ein halbes Jahr.«
»Warst du denn schon in der Pinakothek?«
»Na-na-nein«, sagt der Stotterer. »Je-je-jedes Mal,
wenn ich nach ihr frage, schicken mich die Leute zur
nächsten Toilette.«

Ein anderer Stottererwitz handelt von der Tücke des falschen Helfers.

Ein Mann stürmt in höchster Eile in den Berliner Hauptbahnhof.

»Von welchem Gleis fährt der Zug nach Cottbus?«,
fragt er atemlos einen Passanten. Worauf der antwortet:
»B-B-B-Berlin ha-ha-hat v-v-vier Millionen
Einwohner. U-u-u-und ausgerechnet mi-mi-mi-mich
m-m-mü-müssen Sie fragen! W-w-wenn Sie s-s-s-sich
beeilen, s-s-s-sehense ihn n-n-noch v-v-von
Gl-Gl-Gleis d-drei verschwinden.«

Stottern heilt man in Sprachschulen, wo Sprachlehrer die
Sprachbehinderten über einen schweren Parcours von Sprach-
hindernissen jagen. So wie Magath seine Fußballer mit Medi-
zinbällen auf hohen Treppen trainiert.

Ein Stotterer kommt nach einem halben Jahr von einer
solchen Sprachschule, worauf ihn sein Freund fragt:
»Na, wie geht's denn jetzt mit dem Sprechen?«
Darauf der Stotterer fließend: »Fischers Fritz fischt
frische Fische.«
Da sagt der andere: »Na großartig, wie flüssig du sprichst!«
Darauf der Stotterer: »B-b-b-bloß p-p-passt's nicht
immer.«

Anders ist es mit dem Zungenbrecher des Cottbuser Postkut-
schers, der den Postkutschwagen putzt und eigentlich ein Verwandter des Wiesels aus dem Morgenstern-Gedicht ist, das sich
im Bachgeriesel spiegelt. Worauf Morgenstern auf die Zeile
»Wißt ihr weshalb?« antwortet: »Das raffinierte Tier tat's um des
Reimes willen.« So verdankt der Cottbuser Postkutscher seine
Existenz nur seiner zungenbrecherischen Sprachherkunft. Aber
in Cottbus rennen historisch maskierte Postkutscher herum,
friderizianisch gewandet, mit Dreispitz und blauem Frack, und
kurbeln nicht nur die Sprachgewandtheit, sondern auch den
Fremdenverkehr an.

Ich frage mich an der Stelle, wo man Fischers Fritz in der Realität finden kann. Leider ist kein Ort angegeben.

Der Freud'sche Versprecher (»Freudian slip«) dagegen, inzwischen ein stehender Begriff des psychoanalytisch gebildeten Publikums und dessen nahe stehenden Verwandten, offenbart etwas Geheimes, Verdrängtes. Er macht durch einen sprachlichen Ausrutscher gewissermaßen klar, wo der Hase im Pfeffer liegt beziehungsweise wo die unterdrückte und geheime Botschaft sich akustisch Bahn bricht. Schillers berühmtes Gedicht »Die Kraniche des Ibykus« könnte ein Lied davon singen, nach der geflügelten Melodie »Sieh da! Sieh da, Timotheus, / Die Kraniche des Ibykus!« Worauf der sich so Ausplappernde in der Ballade fortfährt: »Doch dem war kaum das Wort entfahren, / Möcht er's im Busen gern bewahren.« Der Vollständigkeit halber sei erwähnt: Durch diesen »Sieh da!«-Ausbruch werden die beiden Straßenräuber des Mordes überführt.

Ganz so ernst war der kleine politische Zwischenfall, den unsere Kanzlerin verursachte, nicht. Aber jeder erinnert sich an die Rivalitäten, welche die Frau an Deutschlands Spitze mit selbst ernannten oder gewünschten Erbprinzen hatte. Dazu gehörten Wulf, Merz, Seehofer und Koch. Die sind längst, wie Guttenberg, eine Fußnote der Geschichte. Dennoch gab es einen schönen Versprecher, festgehalten für ewig auf YouTube, als die Kanzlerin den scheidenden Ministerpräsidenten Hessens, Roland Koch, mit »Lieber Roland Kotz, Koch« begrüßte. Hier wurde offenbar, dass der kluge und mächtige Roland K. für sie, zumindest heimlich, ein echter Kochbrocken war.

Wechseln wir die Szenerie. Begeben wir uns in ein britisches Pub, der typischen Domäne frustrierter Männer, die ihr gedemütigtes Unterbewusstes bei einem gemeinsamen Bier dämpfen. Die Geschichte, die hier spielt, ist ein Witz im Witz und hat insofern einen besonderen atmosphärischen Reiz. Merke: Wo vier oder fünf Männer miteinander saufen, ist Freud nicht weit.

Freud selbst hat übrigens für zotige Witze bemerkt, dass die Anwesenheit einer drallen Schankkellnerin eine Männerrunde beflügelt. Auch zu Fehlleistungen. Hier in dem Pub spielt sich Folgendes ab:

Vier oder fünf Stammtischbrüder sitzen vor beziehungsweise hinter ihrem Bier, und einer steht auf, um, wie in England üblich, ein paar Portionen Crisps zu holen. Er geht also an die Theke und bestellt »Crisps«. Dann kommt er mit den Crisps zurück und sagt:
»Stellt euch vor, was mir passiert ist. Hinter der Theke stand eine Kellnerin mit einem gewaltigen Busen, und ich musste beim Bestellen darauf schauen, und so sagte ich anstatt ›I want to order five portions of crisps‹: ›I want to order five portions of tits.‹«
Die Freunde nicken lachend, als er das erzählt, und einer sagt: »Ein typischer Freud'scher Versprecher. Das ist mir neulich zu Hause mit meiner Frau auch passiert. Wir sitzen gemeinsam beim Frühstück, und ich will zu ihr sagen: ›Would you please pass me the margarine, darling?‹ And instead I ended: ›You ruined my life, you fat, lazy bitch.‹ Also auf gut Deutsch: Ich wollte sagen: ›Könntest du mir bitte die Margarine herüberreichen, mein Liebling?‹ Stattdessen sagte ich: ›Du hast mein Leben zerstört, du fettes, faules Luder!‹«

Mit dieser Freud'schen Fehlleistung hat die Sprache ein gewaltiges Verdrängungspotenzial aufheben müssen.
Auch an eine Geschichte aus den Achtzigerjahren erinnere ich mich gern, damals, als das Fernsehen am Samstag noch die gesamte Familie (Urahne, Großmutter, Mutter, Vater und Kind) am Bildschirm versammelte. Es war die Zeit, als Frank Elstner

das von ihm erfundene *Wetten, dass ..?* noch selbst moderierte. Loriot bekam 1984 den Erich-Kästner-Preis verliehen, und ich war der von ihm gewünschte Laudator.

An einem Sonntagmorgen in München begrüßte Willi Daume, der Sportpräsident und Präsident der Kästner-Gesellschaft, eine hochkarätige Versammlung bayerischer Honoratioren, den verehrten Herrn Kultusminister, auch als Vertreter des hochverehrten bayerischen Ministerpräsidenten, den sehr verehrten Münchner Oberbürgermeister und den ebenso hochverehrten Kulturdezernenten und »meine sehr verehrten Damen und Herren«. Natürlich hat er auch Loriot als »Herrn Vicco von Bülow« herzlich begrüßt – und auch mich. Ich war damals Redakteur beim *Spiegel*, und der Ruf des Hamburger Nachrichtenmagazins war, um es vorsichtig auszudrücken, in München nicht unangefochten. Noch bebten die Kämpfe zwischen Rudolf Augstein und Franz Josef Strauß nach, die Augstein vorübergehend ins Gefängnis und Strauß endgültig um das Verteidigungsministerium brachten. Und so sagte Daume, als er sich zu mir wandte: »Ich begrüße auch den Laudator, Dr. Hellmuth Karasek vom« – er machte eine Pause – »sagen wir es ruhig, vom, äh, *Spiegel*.« *Spiegel* klang sehr leise und sehr gequält, so als hätte er vor der Nennung des *Spiegels* eine Hürde nehmen müssen – wie ein Pferd, das vor einem Hindernis zögert, ehe es tapfer darüber hinwegspringt. Wobei eine solche Hürde und Barriere für das Ross wie für den Reiter dieselbe Schwierigkeit darstellt, die den Freud'schen Versprecher hervorruft.

So sprach ich in meiner Laudatio von einer Sendung, in der Elstner auch einen solchen, sagen wir es ruhig: »Äh-Fall« vor sich hatte. Er hatte nämlich einen Mann zu Gast, der sämtliche Vogelstimmen, also Amsel, Drossel, Fink und Star, erkennen konnte. Und Elstner hatte in der großen Familien-Livesendung damals berechtigte Angst vor dem Plural des Vogels, den Vögeln. Was da alles, rein sprachlich, in einer Livesendung passieren kann! Tja. Und um also den gefährlichen, weil missverständlichen Plural zu vermeiden, sprach er statt von den »Vögeln« von »unseren gefiederten Freunden«. Also, der Mann hatte gewettet, dass er sämtliche Stimmen von »unseren gefiederten Freunden« erkennen könne: Tirili! Twitt-twitt! Kuckkuck! Ruckedigu! Alle Vogelstimmen. Das war für mich ein Beispiel für Loriots explosiven Pannen-Benimmregel-Humor: »Es saugt und bläst der Heinzelmann, wo Mutti nur noch saugen kann.« Denn jedes Mal, wenn Elstner wieder »unsere gefiederten Freunde« sagte, hatte ich gedacht: »Warum spricht er nicht von Vögeln?« Und die ständig wiederholten »gefiederten Freunde« waren zu einer Serie von Unanständigkeiten geworden. Ich konnte seit der Zeit nichts mehr von »gefiederten Freunden« hören, ohne schmutzige Gedanken zu haben. Für mich waren die »gefiederten Freunde« die Prunkvögel des psychopathologischen Witzes.

Jahre später, als ich eine Kurzlaudatio auf Loriot zum Deutschen Videopreis hielt, habe ich mich daran erinnert und ihn folgendermaßen begrüßt, gelobt und gefeiert: »Sehr verehrter Herr Vicco von Bülow, Sie hätten mit Ihrem adligen Namen, Ihren tadellosen Manieren, Ihrer gepflegten Erscheinung, Ihrem würdig weißen Haar, der gut sitzenden Fliege und dem exakten Einstecktuch Honorarkonsul, Kommerzienrat, Botschafter, Minister, ja sogar Bundespräsident werden können. Und was machen Sie?«, schleuderte ich ihm entgegen, »Sie kleben sich stattdessen eine Nudel ins Gesicht. Schämen Sie sich!«

Vicco von Bülow ist für mich der Meister der Fehlleistung und des geplanten Freud'schen Versprechers. Man muss da nur an den Streit zweier Ferienfreunde um den letzten Kosakenzipfel denken.

Dieselbe Rolle, wie sie die »gefiederten Freunde« für die Vögel spielen, nehmen in gedruckten Texten oft die …-Auslassungen ein, wobei sich Boulevardzeitungen gern besonders schamhaft geben. »Sie können mich am A… lecken, Sie Sch…kerl«, sagte er, und sein Freund antwortete: »Ach, f… Sie sich doch ins Knie«. Im amerikanischen Fernsehen, das viel stärker unter der Fuchtel der moralischen Selbstkontrolle von Frauen- und Kinderschützern steht, ist es der Beeper, der in manchen Sendungen die Rolle der Vögel spielt, die nicht zwitschern dürfen, dafür Beep-Töne von sich geben.

Es gibt in kulturellen und gesellschaftlichen Entwicklungen Wellenbewegungen. War es in den Jahren nach 68 geradezu Pflicht, auch in hochseriösen Kulturteilen der Zeitungen Four-Letter-Words ohne Buchstaben unterzubringen – man musste seine unerschrockene Liberalität ja dokumentieren –, so ist in gewisser Weise inzwischen wieder die Stimmung des kindlichen Nachtgebets eingezogen, die da lautet: Prüde bin ich, geh zur Ruh, schließe meinen Wortschatz zu, / Vater, lass die Pünktchen dein, / auch in meinem Hirne sein.

Mir ist dazu ein Witz aus alten Tagen erinnerlich, der im Vorkriegs-Berlin spielt und den ich im Jahre, sagen wir, 1970 ohne Pünktchen wiedergegeben hätte.

Eine vornehme Dame sitzt mit ihren beiden kleinen Kindern, Tochter und Sohn, in einer Zirkusvorstellung, als die Clowns auftreten und sich folgendes Wortscharmützel liefern:
Sagt der eine: »Ich weiß, wo eine Frau am reizvollsten ist.«
Sagt der andere: »Auf der Stirne?«
»Nein, tiefer«, antwortet der andere Clown.
»Sind's die Augen?«, fragt der erste.
»Nein, tiefer.«
»Das süße Näschen?«
»Nein, tiefer.«
»Das Mündchen?«

»Nein, noch tiefer!«

»Der Schwanenhals?«

»Nein, tiefer.«

Die Dame fängt an, unruhig auf ihrem Sitz herumzurutschen, und blickt nervös nach ihren Kindern. Da beugt sich von hinten ein bulliger Mann nach vorn und sagt:

»Jnädigste könn janz beruhigt sein. Ick bin nämlich von der Sitte. Sobald der ›F…‹ sagt, isser auch schon verhaftet.«

Wie gesagt, die Zeiten, in denen ich das böse Wort ausschreiben oder gar öffentlich aussprechen konnte, sind wieder vorbei. Und der Witz scheint nur auf diese zotige Formulierung angelegt – in seiner einfachen, um nicht zu sagen primitiven Konstruktion. Aber da ist dann doch mehr, nämlich die Rolle der Sittenpolizei, die etwas drastisch verschlimmbessert, was doch nur vage droht. Und so hat dieser Witz etwas von der Karl-Kraus-Einsicht: »Der Skandal fängt an, wenn die Polizei ihm ein Ende bereitet.«

Für diesen Witz gilt auch das dialektische Gesetz, dass eine Tabuisierung den dauernd geheimen Diskurs am Leben hält. Wo etwas verboten ist, wird pausenlos in tabuisierten Formulierungen darüber nachgedacht. Auch das ist ein Grundmerkmal des Witzes.

Das bürgerliche Benehmen, die bürgerliche Sitte und der bürgerliche Anstand haben verschiedene Schwellen. In der Zeit des Wilhelminismus war bereits die Unterwäsche der Frau tabuisiert. Die übrigens nicht zufällig »Reizwäsche« heißt. Der Dramatiker Carl Sternheim hat im Wilhelminismus eine Komödie über eine Bürgersfrau geschrieben, die in der Öffentlichkeit die Hose verliert (es war damals garantiert noch nicht die Hose des obligaten Hosenanzugs für Ministerinnen, amerikanische Außenministerinnen und Kanzlerinnen). Dieser Vorfall veranlasst ledige Untermieter, sie auf offener Straße zu umschwirren wie Motten das Licht. Sternheim beschrieb den Inhalt seiner Komödie so: »In meinem Stück verlor ein Bürgerweib die Hose, von nichts als der banalen Sprache sprach in kahlem Deutsch man auf der Szene.« Das Stück war ein Skandal, es durfte nicht den Titel *Die Hose* führen, sondern musste *Der Riese* heißen, das war ihr Mann. Und in diesem Zusammenhang war etwas Riesiges nicht unanständig. Die Unterhosen hießen übrigens im Wilhelminismus die »Unaussprechlichen«, und ein neckischer Witz aus jener Zeit lässt einen Jungen seinen Vater fragen:

> »Du Papa, was ist eine Zote?«
> Worauf der Vater dem Sohn erklärt: »Deine Mutter
> hängt draußen die Wäsche an die Leine, und es kommt
> ein heftiger Wind und weht das Hemdchen hoch und
> die Hose runter. Dann hast du eine Zote.«

Man kann daraus lernen – auch für den Witz: Je höher die moralische Latte gelegt wird, umso leichter ist sie zu reißen. Im Eisenbahncoupé jener Zeit reizte schon ein unter dem Rock hervorlugender Knöchel einer Dame den ihr gegenübersitzenden Mann bis zum Wahnsinn. Kurt Tucholskys Lieblingsdialog aus einem russischen Eisenbahncoupé geht folgendermaßen:

> Sitzt ein Graf einer edlen Dame im Zug
> gegenüber und fragt:
> »Fahren Gnädigste auch nach Wladiwostok?«
> »Nein«, antwortet sie, »nach Odessa.«
> »Kommen Gnädigste auch aus Moskau?«
> »Nein, aus Petersburg.«
> »Genug geflirtet. Zieh dich aus, du Schwein!«

Witze suchen Borderline-Erfahrungen an den Grenzen guter Sitten und bürgerlichen Verhaltens, sie testen Tabuzonen. Welche Spannbreite an kulturgeschichtlichen Veränderungen dabei abgeschritten wird, zeigen die beiden folgenden Geschichten. Die erste müsste in einem gutbürgerlichen Haushalt um 1900, also in einem bourgeoisen Milieu, angesiedelt sein:

> Knöpft sich der Hausherr den Klavierlehrer seiner Tochter vor und sagt: »Mein Herr, Sie haben meinen Cognac getrunken, meine Zigarren geraucht, meinen Schlafrock getragen, mit meiner Frau geschlafen und meine Tochter verführt. Ich warne Sie: Gehen Sie nicht zu weit!«

Viele Jahrzehnte später: Die Eltern darf man an der aktiven Front der sexuellen Revolution vermuten. In Houellebecqs *Ausweitung der Kampfzone* etwa, mit einer Mutter mit breiter sexueller Selbsterfahrung. Also:

> Ein achtzehnjähriger Sohn wundert sich – oder soll man sagen, es fällt ihm auf einmal wie Schuppen von den Augen –, dass er halb weiß und halb schwarz, also ein Mischling ist, während seine Eltern beide weiß sind. Er geht zu seiner Mutter und fragt sie:
> »Du, Mama, wie kommt es, dass ich farbig bin, obwohl du und Papa beide weiß seid?«
> Darauf die Mutter: »Bei der Party, bei der dein Vater und ich uns kennengelernt haben, kannst du froh sein, dass du nicht bellst.«

Wie gesagt, eine große Spannweite des Zu-weit-Gehens. Und den »gefiederten Freunden« bin ich auf Umwegen in einem Witz von einem Apotheker noch einmal begegnet.

Ein Mann kommt mit einem Reizhusten zu einer Apotheke, die während der Geschäftszeit geschlossen hat. Er blickt durch die Scheibe und sieht den Apotheker mit seiner Assistentin beim Schäfer-stündchen. Er geht hustend weg, kommt eine halbe Stunde später wieder, die Apotheke ist offen, und der Apotheker sagt:

»Entschuldigung, ich habe vorher ein kurzes Nickerchen gemacht.«

Darauf der Kunde: »Ja, das habe ich durchs Nenster gesehen.«

Hier dient der bewusst gewählte Versprecher der Enttarnung. Es ist wie ein Augenzwinkern des geheimen Einverständnisses.

DAS »ALTE REIN-RAUS-SPIEL«

Über die Hamburger Deern »Klein Erna«, die als Witzfigur mit ihrem Freund Hein unterwegs und manchmal auch zugange ist, gibt es die folgende »Beim ersten Mal«-Geschichte (für mich datiert in den Vierzigerjahren des letzten Jahrhunderts):

> Hein macht es zum ersten Mal mit Klein Erna. Nach einer Weile sagt sie genervt zu ihm: »Rein oder raus! Das dauernde Hin und Her macht mich ganz nervös!«

Von dem »alten Rein-Raus-Spiel« habe ich zuerst in Stanley Kubricks Film *Clockwork Orange* gehört, dem Kultfilm über die Gewalt und die Tolerierung von Gewalt und deren schrecklichem Zusammentreffen im »Swinging London« der Rolling Stones, der Beatles, der neuen Mode, dem Twiggy-Minirock und der sexuellen Befreiung, der die totale Langeweile folgte. Hier gab es den Slang einer Jugendgang, die sich zwischen Langeweile, brutalen Exzessen und zwischen Drogentrips den Ekel an der neuen Zeit vertreibt.

Das Rein-Raus-Spiel wurde damals, als sich die Jugend die totale Freiheit angeeignet hatte, wirklich angeekelt gespielt. Es half nicht, den Frust zu überwinden, sondern war ein Teil des Frusts geworden. Nur leicht übertrieben könnte man sagen, dass 110 Prozent aller Witze von ihm handeln. Vom Vorspiel, vom Spiel, vom Nachspiel, von der Eifersucht, der Neugier, dem Frust, der Wiederholung.

Nicht immer aber machen Mädchen beim ersten Mal so

ernüchternde Erfahrungen wie Klein Erna beim Rein-Raus-Spiel mit Hein.

Die nächste Szene spielt in Schwaben. Lange vor der sexuellen Aufklärung, lange, bevor man darüber sprach, pädagogisch, genau, vor Oswalt Kolle, kam ein Stuttgarter Mädchen heim:

> Das Mädchen kommt ungewöhnlich spät nach Hause.
> Die Mutter fragt die Fünfzehnjährige besorgt:
> »Wo warst du denn so lange?«
> »I war mit Peter, mein Freund.«
> »Und was hebt ihr denn so lange gemacht?«
> »Spaziere gange sim mir.«
> »Die ganze Zeit?«, fragt die Mutter.
> »Ha noi. Mir hent uns dann auch eng zusamme auf eine Bank gesetzt und geküsst.«
> »Und was hent ihr danach gmacht?«
> »Mir sind sitze bliebe, zsamme.«
> »Und was habt ihr gemacht?«
> »I woiß net, wie man das nennt, aber i weiß, das wird mei Hobby.«

Ewiger Held des Witzes, sein Dauerbrenner, ist der Witz, der im Sex und im Sexspiel die ewige Wiederkehr des Gleichen erlebt, die »variatio«, die laut lateinischem Sprichwort »delectat«, die Spaß macht und das immer Neue ist in dem alten Spiel. Kurz, das Hobby, das, was Charlotte Roche in ihrem neuen Bestseller im Titel als *Schoßgebete* bezeichnet, das in den Körperzonen spielt, die ihrem ersten Roman den Titel gaben, den *Feuchtgebieten*.

Ein Witz, er stammt aus der Renaissance, hat zum Beispiel das Spiel von Eifersucht, Betrug, von Nachspionieren und Aufspüren, schon bei Adam und Eva entdeckt. Die Voraussetzung dieser ersten Eifersuchtsszene ist, dass Gott den Menschen als

Mann aus Lehm gebacken hatte. Und er hat schnell kapiert, dass der Mensch allein kein Mensch sein kann – selbst Gott hat sich ihn zum Ebenbild geschaffen, weil er sich langweilte und ihn nach Theater gelüstete. So nahm er ihm eine Rippe aus der atmenden Brust, durch Atem hatte Gott den Lehmklotz zum Leben animiert. Und aus der Rippe schuf er Eva.

Das ist eine Geschichte aus einer ziemlich männlichen Perspektive, aber immerhin zeigt sie, dass selbst ein Mann (»Selbst ist der Mann«), »Gottes Ebenbild« (eben ein »Mannsbild«), ohne Frau nicht auskommen, vor allem aber sich nicht fortpflanzen kann. An Zellteilung hat der Gott des Alten Testaments nicht gedacht, weshalb er sprach: »Wachset und vermehret euch!« Und auch: »Macht euch die Erde untertan.« Wer machte zuerst wen untertan? Doch zurück zu Adam und Eva und den ersten Witz vom Mann, der zu spät nach Hause kommt, was Eva, obwohl sie die einzige Frau auf der Erde ist, gar nicht gefällt. Auf wen kann sie eifersüchtig sein? Die Geschichte ist kurz und bündig und geht so:

> Als Adam eines Abends sehr spät nach Hause kam,
> zählte Eva, als er eingeschlafen war, seine Rippen nach.

Vom Paradies (oder ereignete sich der Witz, und das ist stark anzunehmen, erst nach der Vertreibung aus demselben, als ihnen die Augen aufgingen, sie sahen, dass sie nackt waren und dass sich damit einiges anfangen ließe – nicht nur die Pelzmantelindustrie und die Haute Couture) bis zu einer heutigen Spätheimkehrer-Geschichte ist es ein weiter Weg.

> Der Mann kommt sehr spät nach Hause. Er will sich
> ins Haus schleichen, möglichst ohne seine Frau zu
> wecken. Es ist Viertel nach drei. Er schließt vorsichtig,
> ganz vorsichtig die Tür auf, tapst, ohne Licht zu

machen, ins Haus, sucht, vorsichtig, nach dem Lichtschalter, dabei ist er furchtbar ungeschickt und wirft den Garderobenständer in der Diele um. Das macht in der nächtlichen Stille einen mörderischen Lärm. Während der Mann erschrocken stehen bleibt, flammt oben das Licht auf, die Frau steht an der Treppe (wie in einem Hitchcock-Film), ein Racheengel im Nachthemd, stemmt die Arme in die Seiten und ruft fragend in Richtung Ehemann:

»Wo warst du? Es ist schon nach drei!«

Er steht da, ein ertappter Sünder, und sagt: »Da du mich jetzt ertappt hast, will ich keine Ausflüchte mehr machen. Also, ich muss dir gestehen, dass ich eine heimliche Geliebte habe, bis jetzt hatte. Ja, so ist das.«

Die Frau guckt verächtlich zu ihm hinunter.

»Angeber!«, schleudert sie ihm aus verzogenen Mundwinkeln entgegen. »Du warst sicher wieder nur beim Kegeln!«

Zwischen beiden Witzen liegt eine riesige Zeitspanne und die Entwicklung einer ganzen Zivilisation. Adam mochte sich noch geschmeichelt fühlen, als Eva seine Rippen zählte und er dabei aufwachte. Der um drei Uhr morgens Ertappte weiß sicher nicht, ob er über das, was seine Frau zu ihm sagte, sich freuen, erleichtert oder eher gekränkt sein sollte.

Der Witz spielt in der Zeit, als der »Herr der Schöpfung« bereits zum »Herrn der Erschöpfung« degradiert war. Vorübergehend? Dauernd? Endgültig? In Samuel Becketts Stück *Spiel* heißt es lakonisch: »Als er nach Hause kam, roch ich sie ihm an!«

Der Witz von Evas Rippe spielt ganz gewiss nicht zur Zeit der Vertreibung aus dem Paradies, sondern er wurde erzählt zu einer Zeit, als die biblische Geschichte bereits ein Vorwand zu einer bildlichen, »metaphorischen« Darstellung geworden war.

Man denke an Michelangelos Schöpfungsbild in der Sixtinischen Kapelle. Man denke an Adam und Eva, die man endlich wieder nackt darstellen konnte, nachdem sie jahrhundertelang nur strengstens verhüllt und bekleidet öffentlich auftraten, züchtig verhüllt im Christentum.

Aber die biblische Geschichte hat herrliche Vorwände für die edelste Pornografie geliefert. Auf wie vielen Kirchenbildern wird Maria, wie sie das Kind stillt, nur deshalb so dargestellt, weil man endlich einen Busen zeigen und malen wollte und einen Vorwand brauchte. Zum Beispiel auch die Renaissance, die endlich erlaubte, die griechische Mythologie, die niemand mehr anders als mythologisch metaphorisch glaubte, in ihrer verdorbenen nackten Unschuld darzustellen. Botticellis »Geburt der Venus«, zahlreiche andere Venusse und/oder respektive Aphroditen. Aber eben auch Maria. Oder den heiligen Sebastian. Um als Märtyrer von Pfeilen durchbohrt werden zu können, musste er weitgehend nackt sein.

Witze sind auch Stationen einer ständig sich entwickelnden Sittengeschichte. Wir wollen nicht (oder nicht mehr oder nicht mehr nur) vom Fortschritt sprechen. Sondern von einer wellenförmigen Bewegung. Wellenberg und Wellental. Auf liberale, sexuell freizügige Zeiten folgten verengte, in denen die Sexualität verpönt wurde, die Nacktheit eingeschlossen, die Schlafzimmer keinem Blick ausgesetzt.

Die Wiederkehr des ewig Gleichen vollzieht sich in verschiedenen Moden und Zeitläuften. In der Kutsche liebt man anders als im Auto. In prüden Zeiten anders als in Epochen der Libertinage. Vor der Pille anders als mit der Pille. Mit dem Handy betrügt man anders als mit dem Brief. In Zeiten der Syphilis hat man andere Ängste als in Zeiten des Penizillins. Bürgerliche Gesellschaften leben und lieben anders als Adelsgesellschaften. Die Prüderie in der Arbeiterklasse ist eine andere als die im Schatten einer Klosterkirche. Und so weiter und so fort. Wie jedes Gemälde, jede andere Erzählung erzählt auch der Witz in Momentaufnahmen, wie die Welt sich gerade dreht. Und da ihre größte Triebfeder die Lust und die Liebe, der Eros und die Libido sind, lohnt es sich auch, Witze daraufhin abzuhorchen.

Im 19. Jahrhundert gab es viele Komödien, ob von Labiche, von Feydeau oder von Nestroy, die davon handeln, dass junge Männer in die Großstadt reisen, um dort die Abenteuer zu erleben, die ihnen in der Ehe (zumindest offiziell) versagt bleiben. Das hieß auch, auf die Tiermetaphorik gehoben, »sich die Hörner abstoßen«. Ein junger Mann auf der Walz müsse das tun, als junger wilder Stier, ehe er sich in das Joch der Ehe spannen lassen würde.

Nestroys Komödie *Einen Jux will er sich machen* handelt davon. Sie wurde im 20. Jahrhundert von Thornton Wilder unter dem Titel *The Matchmaker* (*Die Heiratsvermittlerin*) nach Amerika transponiert und erlebte als *Hello, Dolly!*, also als Musical am New Yorker Broadway, rauschende Erfolge.

Solche Ausflüge und Ausbrüche ins sexuelle Abenteuer verliefen immer nach dem mörderischen Schema »Wer sich in Gefahr begibt, kommt darin um«. Obwohl sie – weil die Stücke ja Komödien waren, mit dem Motto »Ende gut, alles gut« auch so ausgingen. Die jungen Stiere kommen mit einem blauen Auge davon, ehe sie im Hafen der Ehe ankern. Natürlich war die Großstadt, die im Unterschied zum Zuhause Anonymität garantierte – sie ist die große Verbündete der Amoral –, das Ziel aller verbotenen Wünsche. Dort warteten die »verbotenen Früchte« darauf, abgepflückt zu werden. Gefahr bestand nur darin, von der Leiter zu fallen – man sieht, hier wirkt die Vertreibung aus dem Paradies noch in der Sprache nach. Der Apfel der Erkenntnis verwandelte sich in die im Korsett hochgepressten Brüste.

Das eine große Ziel, das Sündenbabel des 19. Jahrhunderts, war ohne Zweifel Paris, das damals wohl kaum ein junger Mann

ohne Augenzwinkern (einverständig wird ein Auge zu- und auf-
geblinkt) und ohne ein »Oh, là, là!« erwähnte.

Die beiden Geschichten spielen also in Paris. Und auch sie enden in der moralischen Ernüchterung der Komödien. Sie übertragen den Frust auf den Zuhörer, der auch in seinen Erwartungen böse gefoppt und düpiert wird. Sein lüsternes Ohr, das
Einfallstor zur »schmutzigen Fantasie« (so hieß das), wird enttäuscht. Wenn das Bild nicht so falsch wäre, könnte man sagen:
Dem Zuhörer wird die Tür vor der Nase zugeschlagen.

In Komotau spielt der erste Witz. Sicher einer aus Österreich-
Ungarn, denn Komotau war damals eine sprichwörtliche »Heile-
Welt-Kleinstadt« in Böhmen.

Ein junger Mann gewinnt in einem Kreuzworträtsel-
Wettbewerb eine Reise nach Paris – für eine Woche.
Unvorstellbar! Als er zurückkommt, warten seine
Freunde am Abend im Gasthaus begierig auf die
Schilderung seiner sicher doch pikanten Erlebnisse.
Er legt also los, schildert die Breite der Straßen, der
Champs-Élysées, die Lässigkeit der Cafés, die Eleganz
der Damen und die Frivolität der Herren, überall wird
geflirtet, alles ist in Samt und Seide, man muss sich
einfach den Hut schräg abenteuerlustig aufsetzen.
»Ich hatte Glück«, erzählt er, »ich lernte auf einer
Soiree eine Dame kennen, die rauschende Gewänder
und einen geschwungenen Hut mit Schleier trug, ich
flirtete mit ihr, und, was soll ich euch erzählen, ich
hatte Glück, ich reüssierte. Es traf sich, dass ihr Gatte
auf einer Geschäftsreise war, und so lud sie mich in ihr
Palais zum Dinieren ein. Wir waren tête-à-tête, Diener
servierten Wein und köstliche Pasteten, der Tisch war
weiß gedeckt, die Gläser und das Besteck glänzten im
Licht des Lüsters, das sich auch im Kristall brach.

Nach dem Kaffee, wir hatten bei Tisch gescherzt und
uns zugezwinkert und zugeprostet, öffnete sie eine
kleine Tür, die in ein Kabinett zu führen schien, sagte
zu mir, ich möge ihr in fünf Minuten folgen. Ich
fieberte, ich wartete, ich folgte. Da war auf einer
Chaiselongue ein Lager aufgeschlagen, auf dem lag sie
hingestreckt, die Korsage halb geöffnet, und winkte
mich zu sich heran.«

»Fabelhaft«, sagten die Freunde, »großartig! Und dann?«

»Und dann?«, sagte der Paris-Heimkehrer und wurde
auf einmal traurig. »Ja dann, dann war alles genau so
wie in Komotau.«

Man kann dem Witz eine gewisse melancholische Einsichtigkeit
nicht absprechen, obwohl er auf die Moral hinausläuft: Bleibe
im Lande und nähre dich redlich!
Die Geschichte von dem jungen Engländer spielt ebenfalls in
der Hauptstadt der Sünde, in Paris.

Ein junger Engländer, der aus den besseren Kreisen
stammt, kommt ebenfalls nach Paris. Es ist Frühling,
die Sonne scheint, er sitzt in einem eleganten Café,
zwei Tische von einer ebenfalls allein sitzenden,
auffällig reizvollen jungen Dame entfernt. Nach und
nach entwickelt sich ein Blickspiel, das immer feuriger
wird. Schließlich lässt sich die Dame Papier und Feder
bringen, schreibt einen Brief, steckt ihn in ein Couvert,
verschließt es, bittet den Ober um die Rechnung, zahlt,
geht, nicht ohne dem jungen Mann noch einen tiefen
Blick zuzuwerfen.
Kaum ist sie weg, bringt der Ober ihm den Brief und
sagt: »Madame«, er deutet auf ihren inzwischen leeren
Tisch, »hat ihn mir für Sie übergeben.«

Der junge Mann bestellt einen weiteren Kaffee, einen Cognac, reißt mit aufgeregten Fingern den Brief auf, versucht ihn zu lesen, sieht aber, dass der Brief auf Französisch geschrieben ist, eine Sprache, die er leider nicht beherrscht.

Er wendet sich an den Ober, gibt ihm ein generöses Trinkgeld und bittet ihn, den Brief zu übersetzen.

Der Ober überfliegt den Brief, runzelt die Stirn und sagt ernst, dass er alles tun werde, aber nur nicht diesen Brief zu übersetzen. »Nein, mein Herr, das kann und will ich nicht.«

Der junge Lord wird ärgerlich, bittet, der Ober möge ihm den Geschäftsführer rufen. Und als der diensteifrig herbeieilt, erzählt er ihm empört vom unverschämten Verhalten des Kellners.

Der Geschäftsführer greift sich den Brief, liest ihn, runzelt ebenfalls die Stirn und sagt dann: »Mein Herr, ich verstehe meinen Kellner. Auch ich werde Ihnen keine Zeile aus diesem Brief übersetzen. Ich kann Sie nur bitten, umgehend das Café zu verlassen. Sie brauchen auch nicht zu zahlen.«

Der Engländer steht verärgert, mit wütender Neugier, auf, steckt den Brief ein und eilt schnurstracks zur Britischen Botschaft, an der ein Freund von ihm als Sekretär tätig ist. Der Freund begrüßt und umarmt ihn, und nachdem sie Freundlichkeiten und Neuigkeiten ausgetauscht haben, kommt der Besucher zur Sache.

»Stell dir vor, was mir, ich bin noch keinen Tag in Paris, passiert ist.« Und er erzählt die Geschichte von der schönen Fremden, dem Brief und was ihm damit im Café mit dem Kellner und dem Geschäftsführer widerfahren sei. »Da«, sagt er zu seinem Freund, »hier

ist der Brief.« Und reicht das ominöse Schreiben dem
Botschaftssekretär.

Der studiert den Brief. Auch er mit mehr und mehr
gerunzelter Stirn. Als er ihn zu Ende gelesen hat, sagt
er: »Mein lieber Freund! Die Sache ist wirklich ernst.
Und dieser Brief hat es in sich. Da du mir aber lieb und
vertraut bist, werde ich dir eine schriftliche
Übersetzung anfertigen. Warte hier auf mich.« Er
verlässt das Büro, geht in ein Nebenzimmer, kommt
nach einigen Minuten zurück. In der Hand ein
Couvert. Ein geschlossenes Couvert.

»Hier«, hebt er an, »mein lieber Freund, habe ich den
Brief und seine Übersetzung. Es ist mir nicht
leichtgefallen, aber ich habe es für dich getan. Du
musst mir nur eins versprechen! Dass du Paris sofort
verlässt, also das Schiff nach Dover nimmst. Und dass
du diesen Umschlag erst außerhalb der Fünf-Meilen-
Zone auf hohem Gewässer öffnest.«

Der Engländer verspricht es, Paris ist ihm ohnehin
nach dem Frust dieser Erlebnisse verleidet. Und reist
ab. Als er auf dem Schiff nach England ist und die hohe
See erreicht hat, wankt er mit dem Brief ans Oberdeck,
denn das Meer ist stürmisch bewegt. Er ist allein, keine
Seele um ihn. Er blickt sich vorsichtig spähend nach
allen Seiten um, zieht den Brief aus seiner Brusttasche,
reißt ihn ungeduldig auf, hat endlich Brief samt
Übersetzung in der Hand, als eine Bö die Papiere
ergreift und sie hoch mit sich fortreißt, über die Reling
zum Nimmerwiedersehen.

Was soll ich Ihnen erzählen? Der junge Engländer weiß bis
heute nicht, was in diesem Brief gestanden hat.

Wir wissen es leider auch nicht. Man könnte sagen, dass diese

Geschichte ein geschriebener und erzählter Interruptus ist. Man weiß auch schnell, dass nach dieser Geschichte kein Text so stark sein könnte, dass er die Erwartungen nicht prellen und enttäuschen würde. Auch mit der Moral: Lernt fremde Sprachen! Auch als Engländer, bevor ihr in Paris Abenteuer sucht, wird euch nicht so recht geholfen.

Man sollte diesen Witz dann erzählen, wenn gerade ein paar Kracher in einer Witzrunde gelungen sind. Zur Erholung und Frustration. Als boshaften Dämpfer.

Und so sollen auch hier zwei Witze zur Erholung und Entschädigung folgen, deren Würze in der Kürze liegt. Beide sind, eigentlich, zeitlos.

Zwei Freunde im Tennisclub. Beim Umziehen. Auf einmal schaut der eine den anderen verdutzt an.
»Sag mal, seit wann trägst du denn einen Büstenhalter?«
»Seit meine Frau ihn im Handschuhfach meines Autos gefunden hat.«

Der Witz ist zeitlos, er war nur zu Zeiten, als in den späten Sechzigern Frauen keinen BH trugen, buchstäblich vorübergehend aus der Mode. Und während der Witz vom Brief ausführlich erzählt wird, bevor er im Nichts landet, entfaltet er, hört oder erzählt man ihn zum ersten Mal, seine Wirkung meist als Spätzünder. Die er aber dann im Kopf des Zuhörers zu einer fantasievollen Geschichte entfaltet. Wie eine japanische Papierblume im Wasser. Ein Corpus-Delicti-Witz, kein In-flagranti-Witz.

Und der folgende?

In einem Hotelrestaurant, beim festlich gedeckten Abendessen. Ein Zweier-Tisch.

Der Ober tritt nicht ohne eine gewisse Missbilligung zu der Dame, die da sitzt, und sagt: »Gnädige Frau, Ihr Mann ist gerade vom Stuhl unter den Tisch gerutscht.« »Das sehen Sie falsch«, sagt die Dame. »Mein Mann kommt gerade zur Tür des Restaurants herein.«

Auch hier entfaltet sich der Witz im Nachhinein. Dann allerdings, wenn man den Kopf dazu hat, mit der eleganten Schadenfreude und Bosheit einer Gesellschaftskomödie von Georges Feydeau oder Oscar Wilde.

Von den nächsten Geschichten kann man eines zumindest mit Gewissheit sagen: Sie stammen aus der Zeit, als sich die Pille zur Verhütung von ungewollten Schwangerschaften und zur Geburtenkontrolle noch nicht etabliert hatte.

Die erste Geschichte ist wie ein Drehbuchszenario, das durch einen winzigen unerwarteten Vorfall seine logische Bewegung überraschend ändert. Kein Wunder, dass ich diese Szene Billy Wilder verdanke. Ich denke da vor allem an den Autor und Regisseur des Films *The Apartment*, weil die Geschichte zu der Zeit spielt, als es für unverheiratete Liebe oder für auf verbotenen Liebespfaden Wandelnde schwer war, ein Zimmer für ihre Liebe zu finden.

Auf dem Land in Amerika hatte sich vorher das Auto als mobiles Liebesnest etabliert, weshalb ich zwei Autosexgeschichten vorwegstellen möchte.

Die eine vollzieht sich als weiblicher Monolog.

Bei einer Autofahrt ins Grüne hört man die Stimme des Mädchens:
»Ach, Bill, lass uns hier nicht parken.
Ach, Bill, lass uns hier nicht …
Ach, Bill, lass uns hier …
Ach, Bill, lass uns …

Ach, Bill, lass …
Ach, Bill!
Ach!«

Und noch ein Autoabenteuer:

Auf einer Autofahrt überkommt ein Paar die
ungestüme Begierde, miteinander zu schlafen. Am hell-
lichten Tag. Es gibt keinen Baum, keinen Strauch, keine
Hütte. Also sagt der Junge zu seiner Freundin, als er
sich überall auf den Parkplätzen von Autos und Leuten
umstellt sieht:
»Du, weißt du was, wir tun so, als ob wir das Auto
reparieren müssten. Wir kriechen unter das Auto.«
Gesagt, getan. Bald sind sie in einer wilden
Umarmung.
Plötzlich tippt dem oben liegenden Jungen einer mit
zwei Fingern auf den Rücken.
»Sie, ich möchte Sie zwar nicht stören, aber Sie sollten
doch wissen, dass Ihr Auto gestohlen wurde.«

Viel Ungemach also für einen, der keine schützenden vier
Wände und kein privates Zuhause hat – das alles ist die Voraussetzung für Wilders Filmkomödie *The Apartment*, wo sich nicht
etwa wie üblich ein Angestellter oder noch üblicher: eine Angestellte hochschläft, sondern ein traurig-komischer Held dadurch auf der Karriereleiter hochzusteigen trachtet, dass er sein
Apartment (»eine sturmfreie Bude in New York« hätten wir das
damals, Ende der Fünfziger, genannt) an Vorgesetzte und ein-
flussreiche Kollegen für ihre Seitensprünge verleiht. Er arbeitet,
wovon wir in Europa damals noch wenig ahnten, in einem
Großraumbüro. Und zu den Privilegien, die ihm wegen seiner
Zimmerdienste zufallen, gehört eine eigene Kloschlüssel in der

obersten Etage, der Chefetage. Wir können an solch wichtigen Kleinigkeiten Aufstieg und Fall in der Zivilisationsgeschichte ablesen.

Nun aber das Szenario, das mir Billy Wilder erzählt hat.

Ein junges, heftig verliebtes Paar hat noch nie Gelegenheit gefunden, allein in einem geschlossenen Raum zu sein. Immer nur drücken sie einander im Riesenrad, im Autoscooter, auf einer einigermaßen verborgenen Parkbank, knutschen im Dunkel des Kinos, halten Händchen im Café. Natürlich wird die Sehnsucht und Begierde nach Zweisamkeit immer größer. Das Mädchen entwickelt schließlich einen Plan. Sie sagt zu ihrem Freund:

»Du, ich werde dafür sorgen, dass dich meine Eltern für den nächsten Sonntag einladen, um dich ihnen vorzustellen. Du kommst, bringst meiner Mutter Blumen mit und meinem Vater eine Zigarre. Wir werden zusammen mittagessen, danach einen Kaffee trinken. Und dann wird passieren, was jeden Sonntag passiert: Meine Eltern werden mich (und diesmal auch dich) fragen, ob wir mit ins Kino wollen. Ich werde sagen, dass ich Migräne habe und zu Hause bleiben will. Dann werden sie dich fragen, ob du Lust hättest, mit ins Kino zu kommen. Und du wirst sie fragen, welcher Film läuft. Und mein Vater wird sagen« (sie schaut in die Zeitung), »ja, ›Vom Winde verweht‹. Und dann wirst du sagen, dass ›du den Film schon gesehen hast. Leider. Und dann werden sie allein ins Kino gehen. Und wir werden endlich allein für zwei Stunden in meinem Zimmer sein.«

Der nächste Sonntag kommt. Der junge Mann kommt zur erwarteten Stunde. Punkt halb eins. Er streckt der

Mutter seinen Nelkenstrauß entgegen, dem Vater die Zigarrentube. Man lernt sich kennen, man plaudert, man isst, man trinkt Kaffee. Und dann ist es so. Der Vater stellt die erwartete Frage:

»Wollt ihr mit ins Kino?«

Die Tochter verzieht ein übertrieben verquältes Gesicht: »Leider habe ich furchtbare Kopfschmerzen.«

Der Vater wendet sich dem jungen Mann zu: »Und wie ist es mit Ihnen, Bob?«

Plangerecht fragt der Freund: »Was läuft denn heute?«

Und der Vater antwortet wie erwartet: »*Vom Winde verweht.*«

Und jetzt geschieht etwas Unerwartetes, vom »Drehbuch« Abweichendes. Der junge Mann sagt, erfreut: »Oh, da komme ich gerne mit. Über den Film habe ich schon sehr viel Gutes gehört. Prima. Den will ich gern sehen.«

Was war passiert? Der junge Mann hatte in dem Vater beim Eintreten in die Wohnung den Drogisten erkannt, bei dem er am Vortag eine Packung Präservative gekauft hatte.

Ehe ich zur zweiten Geschichte komme, möchte ich eine kurze und knappe Geschichte aus der seligen guten alten Kintopp-Zeit erzählen, wenn es im Kino auf einmal dunkel wurde, sodass ich manchmal dachte: Verdämmert das Licht, weil der Film beginnt, oder schwinden mir gerade die Sinne in einer Ohnmacht?

Also: Im Kino wird es dunkel. Plötzlich hört man im Dunkel eine energisch flüsternde Frauenstimme:

»Nehmen Sie sofort Ihre Hand weg!«

Sehr kurze Pause.

»Nicht Sie! Nicht Sie!«

Dieser Witz beleuchtet im Kino-Dunkel zwei Erfahrungen im Spiel der Liebe. Die erste: Wenn zwei das Gleiche tun, ist es noch lange nicht dasselbe. Und die zweite: Obwohl der Mann scheinbar derjenige ist, der anfängt, ist es immer die Frau, die das Spiel beginnt, dazu einlädt, es erlaubt.

Die Geschichte von dem Indianerjungen spielt scheinbar vor, oder besser: neben allen zivilisatorischen Errungenschaften bei der Liebe.

Der kleine Indianerjunge fragt seine Mutter:
»Du Mutter, warum heißt meine älteste Schwester eigentlich ›Der Mond glänzt über dem Maisfeld‹?«
Die Mutter lächelt versonnen und antwortet: »Weißt du, als dein Vater und ich uns vor vielen Jahren einmal sehr lieb hatten, da glänzte der Vollmond hell über dem Maisfeld. Und neun Monate später kam ›Der Mond glänzt über dem Maisfeld‹ zur Welt, deine älteste Schwester.«
»Aha«, nickt der Kleine. »Und warum heißt meine zweite Schwester ›Sommergewitter am Birkenhain‹?«
Wieder lächelt die Mutter glücklich in sich hinein. »Ja, weißt du, als dein Vater, es war vor zwölf Jahren, einmal in der schwülen Mittagshitze am Birkenhain mit mir saß, zog ein schweres Gewitter auf. Und während des Gewitters liebten wir uns lang und heftig. Und neun Monate später schenkte uns der große Manitu deine Schwester ›Sommergewitter am Birkenhain‹.«
Die Mutter träumt einen Augenblick dem Namen ihrer zweiten Tochter nach, dann schreckt sie auf und sagt zu ihrem Sohn:
»Aber warum fragst du, ›Geplatzter Gummi‹?«

Auffällig an dem Witz ist nicht nur, dass er im Zeitalter der Präservative spielt, sondern auch in der Zeit, als auch bei den Witzindianern die Bevorzugung eines Stammhalters aufgehört hatte. Oder überinterpretiere ich das, dass ausgerechnet der erste Sohn ein sogenannter Betriebsunfall ist? Bestimmen konnte man allerdings das Geschlecht des Kindes (noch) nicht. Und vorausplanen nur mit seltsam dubiosen Methoden. Mädchen waren da die Früchte besonders häufiger geschlechtlicher Ausübungen. Oder war es umgekehrt? Egal. Schwangeren attestierte man, wenn ihre Haut besonders prächtig und gesund wirkte, das werde ein Junge. Oder war es auch hier umgekehrt?

Was das Präservativ anbetrifft, so schien seine Zeit auch wegen des Penizillins, das die Syphilis besiegt hatte, abgelaufen. Aber es kehrte wieder. Im Aids-Zeitalter. Dem wirklich alten, 1906 geborenen Wilder kamen damals im Gespräch zwei komische Gedanken, als er vom pädagogischen Kampf für Präservative gegen Aids hörte, deren Benutzung in der Schule propagiert wurde.

»Komisch, als ich in Wien aufs Gymnasium ging, wäre ich von der Schule geflogen, hätte man ein Präservativ bei mir gefunden.«

Und die zweite Geschichte:

Als sein Freund David Hockney einmal ins Krankenhaus kam. »Komisch, ich dachte erschrocken, hoffentlich ist es nur ein Herzinfarkt!«

Weil er bei der Homosexualität des britischen Malers natürlich zuerst sofort an das damals noch ausweglos zum Tod führende Aids gedacht hatte.

Zu der Zeit, als Präservative wieder »in« waren, weil sie die Ge-

sundheit von Freelancern der Liebe, Fremdgehern und Seiten-
springern in der Liebe vor großen gesundheitlichen Risiken
schützten, zu der Zeit, als freie Liebe, One-Night-Stands, Treffen in Darkrooms wieder »out« waren, weil man mit dem kurzen, scheinbar folgenlosen Abenteuer sich einer Art Abenteuer-
urlaub mit letalem Ausgang aussetzte, zu dieser Zeit spielt die
Geschichte vom besorgten Ehemann und seiner kränkelnden
Frau.

Aids war nach 1981 und vor allem in den Neunzigerjahren aus
einer »Außenseiter«-Krankheit unter sexuell vagabundierenden
Homosexuellen in die bürgerliche Gesellschaft eingewandert,
hatte sie, als tödliche Bedrohung, infiltriert. Es war eine Krankheit, an der Rock Hudson starb und für deren Bekämpfung sich
Liz Taylor einsetzte. Es war die Zeit der Aids-Galas und Rock-
konzerte für Mittel und für Aufklärung im Kampf gegen Aids.
Vorbei die Zeiten, in denen Geschichten von One-Night-Stands
zwischen Schwulen, zwischen Bisexuellen am Rand des Rot-
lichtmilieus kursierten.

Zwei Fremde hatten sich für ein Liebesabenteuer
getroffen und in einem Hotel miteinander geschlafen.
Am Morgen wacht das gutbürgerliche Greenhorn, das
auf einer Geschäftsreise zu einem Kongress in L. A. war,
nach einer Suff-Nacht in Las Vegas auf. Der Partner ist
verschwunden, das Bett neben ihm leer. Dumpf im
stechenden Licht des Vormittags, das den
Alleinliegenden aus dem Schlaf und in den Kater treibt,
schaut sich der Übriggebliebene des nächtlichen
Sex-Zweikampfs um, weiß den Namen des
verschwundenen Partners nicht und liest auf dem
Badezimmerspiegel, als er (oder sie) sich auf den Weg
unter die Dusche macht, die mit Lippenstift
hinterlassene Botschaft: »Welcome to the Club.«

Ein zynischer Willkommenswitz im Reich der künftigen Toten. Es war die Welt R. W. Fassbinders, die Welt Freddie Mercurys, der englisch-amerikanischen Pop-Musikszene, die sich solche tödlichen Scherze leistete, den Sex auf des Messers Schneide. Der Witz zeigt aber auch, dass Aids hier (zumindest als Bedrohung) schon die Welt der leitenden Angestellten, der Top-Kräfte in der Werbe-, der Filmindustrie und der Medien erreicht hatte. Hier die Geschichte:

Ein Ehepaar in Hollywood, die Frau kränkelt eine geraume Zeit vor sich hin, ehe es dem Mann zu viel wird. Er macht sich Sorgen, er möchte Klarheit. Er möchte einen Arzt zu Rate ziehen, seine Frau gesund wissen.

Als sie wieder einmal schon am Morgen ermattet ist, schwach und antriebslos, sagt er zu ihr:

»Du, Liebling, so geht es nicht weiter. Ich habe einen Arzttermin für dich ausgemacht. Noch morgen Vormittag bringe ich dich zu einer Diagnostik-Klinik, die einen hervorragenden Ruf hat. Ein Team erfahrener Spezialisten arbeitet da zusammen. Wir sollten nicht länger zögern. Wahrscheinlich ist ja alles nicht so schlimm. Aber wir wollen wissen, was dir fehlt.«

Sie fahren in die Klinik mit angeschlossenem Laboratorium. Sie unterwirft sich diversen Tests, Unternehmungen, ihr wird Blut abgenommen, ihr Urin wird untersucht, ihr Kot einem Laboratorium zugeschickt. Nach einem Tag zahlreicher Röntgen- und Ultraschalluntersuchungen, nach EKG- und Belastungs-EKG-Überprüfungen werden die beiden, der fürsorgliche Ehemann und seine schwächelnde, kränkelnde Frau, der aber »nichts Ernstes« zu fehlen scheint, nach Hause geschickt.

»Kommen Sie in vierzehn Tagen wieder«, bescheidet der Chefarzt das Ehepaar. »Dann können wir Ihnen eine genaue Diagnose stellen und Vorschläge für eine Therapie machen.«

Nach zwei Wochen also macht sich der Mann, dessen Frau immer noch leicht ermattet scheint, auf den Weg zur Klinik. »Bis nachher, Liebling«, sagt er. »Kopf hoch! Alles wird schon wieder!«

In der Klinik tritt ihm ein verlegen stotternder Chefarzt entgegen.

»Tja, wie soll ich sagen«, sagt der Chef der Klinik und wagt dem Mann nicht so recht in die Augen zu schauen. »Uns ist da leider ein peinliches Malheur passiert. Wir«, der Arzt räuspert sich, »haben die Akten und Befunde zweier Patientinnen, von denen eine Ihre Frau ist, hoffnungslos durcheinandergebracht. Mit dem traurigen Resultat, dass wir nicht wissen, was Ihrer Frau fehlt. Was Ihre Frau hat. Es steht so«, der Arzt räuspert sich ein zweites Mal, schaut dann dem Gatten der Patientin mutig ins Gesicht. »Entweder Ihre Frau hat Aids. Oder Ihre Frau hat Alzheimer.«

Der Mann schaut den Arzt fassungslos an. »Ja, um Gottes willen, was mache ich denn jetzt nur?«

Der Arzt schaut ihm jetzt fest und tapfer in die Augen. Er sagt: »Ich weiß Ihnen nur einen guten Rat: Fahren Sie nach Hause, packen Sie Ihre Frau in Ihr Auto, fahren Sie mit ihr hinauf zu den Beverly Hills, zum Hollywood-Schild! Dort setzen Sie Ihre Frau aus und fahren schnell von ihr weg! Nach Haus! Und wenn Ihre Frau nach wenigen Stunden zurück nach Hause findet und wieder vor Ihnen steht, dann: Schlafen Sie keineswegs mit ihr! Don't fuck her!«

Die Geschichte beginnt mit einer anteilnehmenden Besorgnis des Ehemannes. Er macht sich Sorgen um das Wohl seiner Frau. Er möchte, dass es ihr wieder gut, wieder besser geht. Er sucht ihr die besten Ärzte aus, die ihre Krankheit diagnostizieren können. Und damit die Voraussetzung für ihre Wiedergesundung schaffen können. Doch dann, durch einen technischen Fehler im System, dreht sich die Geschichte. Der fürsorgende Mann wird durch den Rat des Arztes, »Don't fuck her!«, in ein egoistisches Monster verwandelt, das nur noch auf den eigenen Lustgewinn aus sein soll. Ist der Ehemann, der aus vorauseilender Fürsorge in die Klinik gekommen und seine Frau hergebracht hat, schockiert durch die brutale Alternative, die ihm der Arzt vor Augen stellt? Oder wird der Mann gleich sagen: »Erlauben Sie, was nehmen Sie sich das raus!« Wir wissen es nicht. Und wir wissen es doch. Die Geschichte, die so partnerschaftlich, von gemeinsamer Fürsorge getragen, begonnen hat, hat die Kurve zur rücksichtslosen Machowelt genommen. Am Ende, als Pointe, zählt nur noch der Lustgewinn des Mannes. Schon sieht man ihn, am Grab der Frau, seiner hübschen Assistentin unter Trauertränen gewinnend, zukunftsoptimistisch zulächeln.

Noch deutlicher, noch brutaler in den Egoismus des Mannes verlegt ist die Geschichte, in der der diagnostizierende Arzt der alleinige Held ist. Es ist eine »Gute Nachricht, schlechte Nachricht«-Geschichte, allerdings der besonders brutalen Art.

Ein Mann, der sich nicht wohlfühlt, kommt in ein Diagnose-Zentrum. Er wird dort von Kopf bis Fuß, auf Herz, Nieren und Magen untersucht.
Am Ende kommt der forsche Chefarzt mit federnden Schritten zu dem auf die Resultate bang Wartenden zurück. Er ist das Bild von einem Chefarzt, um die fünfzig, durchtrainierter Körper, ein energisches braun

gebranntes Gesicht, nachgeblondete Haare als widerspenstige Mähne.

Er tritt vor den Patienten, dessen Akte lässig in der Linken haltend, und sagt: »Ich habe eine gute und eine schlechte Nachricht für Sie.« Er blickt den Patienten an. »Welche möchten Sie zuerst hören?«

Der Patient überlegt kurz, schluckt und sagt dann tapfer: »Die schlechte.«

»Mhm!« Der Doktor nickt. »Die traurige Wahrheit ist: Sie haben bestenfalls noch drei Monate zu leben. Bestenfalls! Alle Ihre Organe und Körperfunktionen deuten eindeutig in diese Richtung.«

»Um Gottes willen«, stammelt der Patient, »und was ist denn dann die gute Nachricht?«

Der Arzt strafft sich, lächelt und wendet sich leicht zur Glasscheibe seines Vorzimmers. Er hebt die Rechte und zeigt in Richtung der Glasscheibe.

»Sehen Sie die hübsche junge Frau da, die schlanke, junge, hinreißende Blondine?«

»Ja«, stammelt der Patient.

»Ja, sehen Sie«, sagt der Arzt, »mit der habe ich seit gestern Abend eine heftige Sex-Affäre.«

Vom Sexwitz führt kein langer Weg in die Abteilung der Medizinerwitze. Scheinbar. 110 Prozent aller Witze leben ja vom Sex, erzählen vom Sex. Auch die Ärztewitze, auch die Geschichte von den Halbgöttern in Weiß. Wir wissen das seit der *Schwarzwaldklinik* und den darauf folgenden unendlichen Serien aus der Welt der Medizin. Wenn der Arzt bei der Operation zur schönen Operationsschwester, deren Lippen ein Mundschutz geheimnisvoll verschleiert, im Ton des Chefs »Tupfer! Zange!« sagt, dann weiß der Zuschauer, was eigentlich, ganz eigentlich gemeint ist.

In die Welt der Herren über Leben und Tod gehört der Witz, der ausnahmsweise nichts, aber auch gar nichts mit Sex zu tun hat und doch von Ärzten im Dienst der Gesundheit handelt:

> Chirurgie ist die Kunst, dem Menschen exakt so viele
> Organe wegzuschneiden, dass er zahlungsfähig bleibt.

Die Geschichte vom besten Verkäufer kann ich noch ziemlich genau datieren, ja ich erinnere mich noch, wer sie mir erzählt hat. Es war Oliver Storz, der damals kurz davor war, vom Feuilleton der *Stuttgarter Zeitung* zur Bavaria, der TV-Produktionsgesellschaft des SDR in München zu gehen. Es waren die Aufbruchsjahre im Wirtschaftswunderland, die beginnenden Sechziger. In Stuttgart gab es das Kaufhaus Breuninger, das Abteilung um Abteilung anbaute, sich eine Feinkostboutique zulegte und ein Edelrestaurant, das später einen Michelin-Stern bekommen sollte. Vor allem die Freizeit- und Sportabteilungen der Kaufhäuser boomten, in München entwickelte sich Bogner zu *dem* Sportgeschäft und Sportartikelhersteller, in Westberlin war das KaDeWe, das Kaufhaus des Westens am Tauentzien, ein Leuchtturm des kapitalistischen Systems, das seine Verheißungen und Versprechungen, dass sich Glück kaufen ließe, notfalls sogar auf Raten, in die DDR ausstrahlte. Es wurde im Kalten Krieg und vor dem Mauerbau auch gemunkelt, dass sich die DDR-Prominenz im KaDeWe in der legendären Feinkostabteilung mit dem Feinsten versorgte: mit Champagner, Käse aus aller Welt, Austern, Gänseleber, Croissants.

Sex wurde noch eher diskret zum Anreiz der Warenwelt, zur Werbung und zur Plakatierung eingesetzt. Die boomende Wirtschaft löste sich erst allmählich aus der Prüderie der Adenauer-Welt.

Jetzt also die Geschichte:

In einer großen Kaufhausketten-Konzernspitze hat sich herumgesprochen, dass im Kaufhaus Breuninger in Stuttgart der beste Verkäufer der Welt arbeitet, und so kommen die Konzernmanager und Verkaufsstrategen nach Stuttgart, um dieses Verkaufsgenie bei der Arbeit zu beobachten und dessen Verkaufsstrategien zu studieren.

»Ich weiß nicht, wo er gerade arbeitet«, sagt der Pressechef von Breuninger, »lassen Sie uns durch die Etagen schlendern.«

Die Herren folgen ihm im Pulk, schließlich sehen sie ihn in der Sportabteilung, sie beobachten ihn verborgen hinter einer Säule, wie Jäger bei der Jagd. Er ist offenbar dabei, einem Kunden eine Angelausrüstung zu verkaufen. Sie lauschen seinem Verkaufsgespräch und hören, wie er zu seinem Kunden sagt:

»… Sie haben also jetzt zwei Angeln und zwei Angelhalter, die Sie an beiden Ufern des Flusses aufstellen können. Sie haben die Klepper-Kleidung für den Fall, dass es regnet. Sie haben Köder für alle Fischarten und Jahreszeiten. Jetzt aber stehen Sie an dem einen Ufer, und am anderen Ufer, bei der anderen Angel, beißt gerade ein fetter Fisch an. Bis Sie über die Brücke laufen, hat er sich vielleicht losgerissen, was Sie also brauchen, ist ein schnelles, leichtes Boot mit Außenbordmotor, mit dem Sie schnell das andere Ufer erreichen können, um Ihren Fang zu sichern.«

Der Kunde kauft also auch noch das Boot und den Außenbordmotor und verlässt mit zwei Angeln, Keschern, Netzen, Gummistiefeln, Angelhaltern schwer bepackt die Abteilung.

Die beobachtenden Herren stürzen begeistert aus ihrer Deckung hervor, umringen den Verkäufer, rufen:

»Großartig! Das haben Sie ja toll hingekriegt!« Sie beglückwünschen ihn. Und sein Chef sagt beeindruckt: »Sie haben dem Kunden Waren, ich schätze mal, im Wert von 2000 Mark verkauft. Und dabei wollte er sicher nur eine Angel kaufen ...«

»So war es nicht«, sagt der Verkäufer. »Es war vor einer Stunde eine Kundenflaute hier, also schlendere ich durch verschiedene Abteilungen des Kaufhauses, als ich in der Drogerie einen Mann sehe und höre, wie er gerade offenbar für seine Frau oder Freundin eine Schachtel Tampons kauft. Da stelle ich mich wie zufällig neben ihn und sage: ›Trauriges Wochenende, das Sie da erwartet. Wie wär's mit Angeln?‹«

Die Pointe ist weit hergeholt und liegt doch nahe. Sie spannt Sex, oder genauer: Frust über Sex, mit dem Sport zusammen, entfernte Dinge und Erlebnisse, die von der Werbung vernetzt werden, um einen Kunden in seiner Frustration zu fangen und ihm zu verheißen, dass er sich nicht langweilen wird, wenn er das-und-das Produkt erwirbt. Der »beste Verkäufer« hätte ihm auch noch ein Shampoo, ein Mundwasser, ein Deodorant andrehen können, mit dem Satz: »... Nehmen wir mal an, Sie kommen mit einem großen Fisch im Kescher gerade wieder ans Ufer, als Ihnen eine schöne blonde Frau begegnet ...« Na, und so weiter.

Ich habe diesen Witz aus dem Jahr 1959 behalten – ich habe mir das Jahr gemerkt, weil es mein erstes Schiller-Jubiläumsjahr bei einer Zeitung war – weil es wie in nuce die Kaufhauswelt – die inzwischen aufgrund des Internets in einer Existenzkrise steckt – in ihrem unaufhaltsamen Aufstieg der Sechziger-, Siebziger-, Achtzigerjahre zeigt. Eine Welt, die einem zuflüsterte, das Glück liege zwar im Sex, aber mit dem Konsum könne man es kompensieren oder sogar steigern.

Es ist der Beginn der Werbestrategie, die dem Kunden etwas verkauft, das er gar nicht kaufen wollte. Das »instead of« der englischen Geschichte vom Patienten, der wegen seiner übersteigerten Sexualität nervlich zerrüttet ist und dem sein Arzt empfiehlt, einen Apfel zu essen.

»Before or after?«, fragt der Patient.
»Instead of«, erklärt ihm der Arzt.

ALS DAS WÜNSCHEN NOCH GEHOLFEN HAT

Zwei »klassische« Witze gibt es vom Wünschen und den Tücken, die Wünschenden drohen. Der eine ist das Märchen vom »Fischer und seiner Frau«, das die Brüder Grimm auf Plattdeutsch aufgezeichnet haben – so heißt das Märchen »Von dem Fischer un syner Fru« und beginnt im »Pißputt« (einer – ja, man übersetzt es so richtig – in einer Pisshütte), eine stinkende Wellblechbaracke wäre das heute, die Fischersfrau findet den »Pißputt« denn auch eine Zumutung, es sei übel, da zu wohnen, »dat stinkt un is so eeklig«.

> Von dieser Nissenhütte geht der Fischer jeden Tag zum Angeln, und eines Tages gelingt es ihm, einen großen Butt zu fangen, der aber zur Verwunderung des Fischers, als er an der Angel hängt, zu sprechen anfängt, in echtem Platt »säd de Butt to em«, also sagt der Butt zu ihm:
> »Hör mal, Fischer, ik bidd dy, laat my lewen, ik bün keen rechten Butt, ik bün'n verwünschten Prins.« Lass

mich leben, ich bin kein Butt, ich bin ein verwünschter Prinz.

Der verdutzte Fischer lässt den großen Butt von der Angel und erzählt die Geschichte seiner Frau Ilsebill. Die beschwert sich bei ihrem Mann über dessen naive, gutmütige Dummheit.

»Warum hast du dir denn nichts gewünscht von dem verwünschten Prinzen, wenn du ihn schon freigelassen hast?«

»Was hätte ich mir denn wünschen sollen«, meint der gutmütige, etwas begriffsstutzige und schwerfällige Fischer.

»Na, dass wir statt dieser stinkenden Hütte ein kleines, richtiges Haus hätten.«

Ein berechtigter Wunsch, der Mann geht wieder ans Meer und spricht einen merkwürdigen Zauberspruch: »Manntje, Manntje, Timpe Te, / Buttje, Buttje in de See, myne Fru, de Ilsebill / will nich so, as ik wol will.«

Ich habe das Märchen als Kind in Mähren und also in einem süddeutschen Sprachraum nie so recht verstanden, anders als der »Kaschube« und nahe am Wasser groß gewordene Günter Grass, der daraus seinen gesellschaftskritischen Roman vom Butt gebaut hat, eine breite Zeigefinger-Geschichte vom Übermut der Menschen. Sei's drum. Der Witz als Märchen ist viel kürzer und viel besser.

Die Frau Ilsebill kriegt ihr hübsches Haus mit Gärtchen, einem Garten mit Hühnern und Enten und Obst, und einen Geräteschuppen, dann gehen die beiden zufrieden ins Bett, aber die Frau wacht unzufrieden auf.

»Warum nur so ein kleines Haus? Mit so einem kleinen

Garten? Warum kein Schloss? Ein in einem Fisch gefangener Prinz kann sicher mehr.«

Der Mann murrt, geht aber dann doch wieder zum Butt, sagt seinen Spruch auf und dass sich seine Frau, die Ilsebill, ein Schloss wünscht.

Der Butt antwortet wieder kurz und knapp und auf Platt:

»Gah man hen, se hett se all.« Geh nach Hause, sie hat schon alles. Wie sie sich's wünschte, können wir ergänzen.

Von nun an werden die Wünsche der Frau immer gieriger, unverfrorener, sie verwandelt sich in ein Weib voll wachsender Gier, frei nach dem Balladen-Motto: Je mehr sie hat, so mehr sie will, / nie schweigen ihre Wünsche still.

An dieser Stelle sei angemerkt, dass das Lieblingsbuch von Präsident George W. Bush nach eigenem Bekunden *Die kleine Raupe Nimmersatt* ist, ein Kinderbuch mit Löchern. Und dass im Welttheater Lady Macbeth bei Shakespeare und Verdi auch nicht bescheidener ist und ihren Mann mit ihrem Ehrgeiz erst auf den Thron und dann ins Verderben treibt. Es sind diese keine frauenfreundlichen Themen.

Auch Ilsebill wünscht sich immer schneller, immer mehr, sie rotiert förmlich vor Besitzgier und Wünschewahn. Der Butt muss ihr also nacheinander ein steinernes Schloss schaffen, dann sie zum König mit einem Königspalast und Hofstaat machen, dann gar zum Kaiser und dann zum Papst. Alles schafft er sozusagen aus dem Effeff, ohne in eine große Schuldenfalle zu tappen. Der Mann trottet immer brav zum Fisch. Wünscht und wünscht. Und der Fisch erscheint ihm in einer immer bedrohlicheren größeren Gestalt in einem immer finsterer dräuenden Meer, erfüllt aber klaglos Wunsch für Wunsch.

Doch die Frau wird vom vielen Wünschen und der prompten Erfüllung ihrer Wünsche größenwahnsinnig. In ihrer Hybris wünscht sie sich, der liebe Gott zu sein. Der tumbe Tor von Mann erhebt zwar Einwände, trägt aber auch diesen Wunsch dem inzwischen zu zorniger Größe angeschwollenen Fisch vor.

»Sie will werden wie der liebe Gott«, sagt der Fischer. »Geh mal heim, sie sitzt wieder in ihrem Pißputt.«

Das Märchen schließt mit der Märchenpointe:

»Dort sitzen sie noch bis auf den heutigen Tag.« Oder noch einmal im O-Ton: »Door sitten se noch bet up hüüt un düssen Dag.«

Es ist ein Witz auf Kosten einer allzu habgierigen Frau, aber es ist auch eine Geschichte von der menschlichen Hybris, ein Echo auf Adam und Eva und die Vertreibung aus dem Paradies. Eine Parallelgeschichte zum Turmbau zu Babel. Also ein zeitloses Gleichnis, dass man sich nicht zu viel wünschen soll. Sonst kommt die Vertreibung aus dem Paradies, die Sintflut, der Schwarze Freitag an der Börse, die Pleite der Lehman-Brothers-Bank oder Griechenlands – na, und so weiter und so fort.

Märchenwitze raten auch ein wenig zur Bescheidenheit. Aber wir hören nicht auf sie. Ob die Männer immer die Einflüsterungen der Frauen brauchen oder selbst und von alleine mehr wollen, um sich dann die tollen Frauen als Trophäen leisten zu können, das ist eine Frage der Perspektive.

Wo übrigens hätte Frau Ilsebill vernünftigerweise mit dem Wünschen aufhören sollen? Das ist eine vernünftige Frage.

Der zweite Witz ist von dem badenser Pfarrer und Kalenderge-schichtenschreiber Johann Peter Hebel, der für seinen Bauern-kalender lustige, witzige und gleichzeitig weise Geschichten schrieb, die im beginnenden 19. Jahrhundert erschienen und bis heute ihren Witz, Geist und Charme, vor allem aber ihren un-aufdringlichen pädagogischen Sinn behalten haben, der in dem Witz von den drei Wünschen nicht etwa heißt: »Bleib beschei-den!«, sondern: Bleib vernünftig! Und überlege gut, was du dir wünschst! Und dann wirst du trotzdem alles falsch machen, da hilft dir nichts. Deshalb ist es gut und schön, dass es keine Feen und keinen Butt und keinen Frosch gibt, der Wünsche erfüllt. Was wir schon wissen, bringt uns der wunderbare Erzähler J. P. Hebel trotzdem nicht vergeblich bei, sondern mit dem Vergnü-gen, an eine traurige Wahrheit witzig erinnert zu werden.
Aber die Quintessenz steht bei Hebel schon besser und schlüssi-ger da.

Drei Wünsche

Ein junges Ehepaar lebte recht vergnügt und glücklich beisammen und hatte den einzigen Fehler, der in jeder menschlichen Brust daheim ist: wenn man's gut hat, hätt man's gerne besser. Aus diesem Fehler entstehen so viele törichte Wünsche, woran es unserm Hans und seiner Lise auch nicht fehlte. Bald wünschten sie des Schulzen Acker, bald des Löwenwirts Geld, bald des Meiers Haus und Hof und Vieh, bald einmal hunderttausend Millionen bayerische Taler kurz weg. Eines Abends aber, als sie friedlich am Ofen saßen und Nüsse aufklopften und schon ein tiefes Loch in den Stein hineingeklopft hatten, kam durch die Kammertür ein weißes Weiblein herein, nicht mehr als einer Elle lang, aber wunderschön von Gestalt und Angesicht, und die ganze Stube war voll Rosenduft. Das Licht löschte aus, aber ein Schimmer wie Morgenrot, wenn die Sonne nicht mehr fern ist, strahlte von dem Weiblein aus, und überzog alle Wände. Über so etwas kann man nun doch ein wenig erschrecken, so schön es auch aussehen mag.

Aber unser gutes Ehepaar erholte sich doch bald wieder, als das Fräulein mit wundersüßer, silberreiner Stimme sprach: »Ich bin eure Freundin, die Bergfei, Anna Fritze, die im kristallenen Schloss mitten in den Bergen wohnt, mit unsichtbarer Hand Gold in den Rheinsand streut und über siebenhundert dienstbare Geister gebietet. Drei Wünsche dürft ihr tun; drei Wünsche sollen erfüllt werden.«

Hans drückte den Ellbogen an den Arm seiner Frau, als ob er sagen wollte: Das lautet nicht übel. Die Frau aber war schon im Begriff, den Mund zu öffnen und etwas von ein paar Dutzend goldgestickten Kappen, seidenen Halstüchern und dergleichen zur Sprach zu bringen, als die Bergfei sie mit aufgehobenem Zeigefinger warnte: »Acht Tage lang«, sagte sie, »habt ihr Zeit. Bedenkt euch wohl und übereilt euch nicht.« Das ist kein Fehler, dachte der Mann und legte seiner Frau die Hand auf den Mund. Das Bergfräulein aber verschwand. Die Lampe brannte wie vorher, und statt des Rosendufts zog wieder wie eine Wolke am Himmel der Öldampf durch die Stube.

So glücklich nun unsere guten Leute in der Hoffnung schon zum voraus waren und keinen Stern mehr am Himmel sahen, sondern lauter Bassgeigen; so waren sie jetzt doch recht übel dran, weil sie vor lauter Wunsch nicht wussten, was sie wünschen wollten, und nicht einmal das Herz hatten, recht daran zu denken oder davon zu sprechen, aus Furcht, es möchte für gewünscht passieren, ehe sie es genug überlegt hätten. Nun sagte die Frau: »Wir haben ja noch Zeit bis am Freitag.«

Des andern Abends, während die Kartoffeln zum Nachtessen in der Pfanne prasselten, standen beide, Mann und Frau, vergnügt an dem Feuer beisammen, sahen zu, wie die kleinen Feuerfünklein an der rußigen Pfanne hin und her züngelten, bald angingen, bald auslöschten, und waren, ohne ein Wort zu reden, vertieft in ihrem künftigen Glück.

Als sie aber die gerösteten Kartoffeln aus der Pfanne auf das Plättlein anrichteten und ihr der Geruch lieblich in die Nase stieg: – »Wenn wir jetzt nur ein gebratenes Würstlein dazu hätten«, sagte sie in aller Unschuld, und ohne an etwas anders zu denken, und – o weh, da war der erste Wunsch getan. – Schnell wie ein Blitz kommt und vergeht, kam es wieder wie Morgenrot und Rosenduft untereinander durch das Kamin herab, und auf den Kartoffeln lag die schönste Bratwurst. – Wie gewünscht, so geschehen. – Wer sollte sich über einen solchen Wunsch und seine Erfüllung nicht ärgern? Welcher Mann über solche Unvorsichtigkeit seiner Frau nicht unwillig werden? »Wenn dir doch nur die Wurst an der Nase angewachsen wäre«, sprach er in der ersten Überraschung, auch in aller Unschuld und ohne an etwas anders zu denken – und wie gewünscht, so geschehen. Kaum war das letzte Wort gesprochen, so saß die Wurst auf der Nase des guten Weibes fest, wie angewachsen im Mutterleib, und hing zu beiden Seiten hinab wie ein Husarenschnauzbart.

Nun war die Not der armen Eheleute erst recht groß.

Zwei Wünsche waren getan und vorüber, und noch waren sie um keinen Heller und um kein Weizenkorn, sondern nur um eine böse Bratwurst reicher. Noch war ein Wunsch zwar übrig. Aber was half nun aller Reichtum und alles Glück zu einer solchen Nasenzierrat der Hausfrau? Wollten sie wohl oder übel, so mussten sie die Bergfei bitten, mit unsichtbarer Hand Barbiersdienste zu leisten und Frau Lise wieder von der vermaledeiten Wurst zu befreien. Wie gebeten, so geschehen, und so war der dritte Wunsch auch vorüber, und die armen Eheleute sahen einander an, waren der nämliche Hans und die nämliche Lise nachher wie vorher, und die schöne Bergfei kam niemals wieder.

Merke: Wenn dir einmal die Bergfei also kommen sollte, so sei nicht geizig, sondern wünsche

Numero eins: Verstand, dass du wissen mögest, was du Numero zwei wünschen sollest, um glücklich zu werden. Und weil es leicht möglich wäre, dass du alsdann etwas wähltest, was ein törichter Mensch nicht hoch anschlägt, so bitte noch

Numero drei: um beständige Zufriedenheit und keine Reue.

Oder so: Alle Gelegenheit, glücklich zu werden, hilft nichts, wer den Verstand nicht hat, sie zu benutzen.

Das Märchen »Vom Fischer und seiner Frau« ist eine Parabel auf die wachsende Begehrlichkeit, die mit der Erfüllung der Wünsche einhergeht. Es ist aber auch ein Witz, der seine Wünsche so ins Maßlose übertreibt, dass sie alles Menschenmögliche übersteigen und nicht mehr logisch erfüllbar sind.

Der Butt, den der Fischer von der Angel lässt, mag als verwunschener Prinz ein gewaltiger Zauberer sein, der auf der Welt alles vermag, aber jemanden zu Gott machen, wie sollte er, da er doch auch nur ein Geschöpf Gottes ist, das vermögen. Es ist also ein Witz vom Aberwitz. (Dass es sich um einen Fisch handelt, mag in Konkordanz mit der christlichen Mythologie stehen, die Jesus im Zeichen der Fische sieht, und ihn und Petrus als großen Menschenangler.)

Es gibt viele Witze nach diesem Vorbild, in denen der Zauberer (Frosch, Prinz, Geist), der die Wünsche erfüllt, von der Maßlosigkeit des Wunsches überfordert ist. Manchmal ist aber auch nicht die Maßlosigkeit schuld, sondern die Schwäche des Zauberers. Solche Witze sind von der melancholischen Einsicht getragen, dass auch die Wünscheerfüller nicht mehr das sind, was sie mal waren. Sie sind in die Jahre gekommen.

Die folgende Geschichte ist auch von ihrem Sujet her in die Jahre gekommen, sodass man sie eigentlich (aber nur eigentlich) nicht mehr erzählen kann, jedenfalls in einem Kreise nicht, wo die meisten Zuhörer zu jung sind, um noch Johannes Mario Simmel zu kennen. Kann man ihn also nicht vor Freunden und Bekannten erzählen, die nicht mehr wissen, dass der Österreicher Johannes Mario Simmel ein Bestsellerautor der Sechzigerjahre war, der Illustrierte-Romane schrieb, die anschließend Bestseller wurden. Von *Es muss nicht immer Kaviar sein* (1960) bis zu *Auch wenn ich lache, muss ich weinen* (1993). Wer noch mehr wissen will, dem kann man sagen, dass er unter den Nachkriegsautoren, die Bestseller schrieben, nicht mit konservativ rückständigen Themen reüssierte, sondern als progressiver Autor galt, aber … das muss man zum Erzählen des Witzes nicht strapazieren.

Man braucht ihn für den Witz des Namens wegen, also spielt es keine Rolle, ihn über seinen Namen hinaus in den Witz einzuführen. Simmel gab es, Punktum, und der Beginn des Witzes ist sehr putzig und wäre es auch, wenn Simmel nicht Simmel heißen müsste. Wer das Bild des Autors vor Augen hat, findet es vielleicht noch putziger, dass er im Witz auftaucht. Simmel war ein bebrillter, schüchterner, zurückgezogen lebender Mann, eher unauffällig, die Öffentlichkeit kannte ihn kaum. Also legen wir los.

Auf einem Betriebsfest, wie sie kurz vor Weihnachten üblich waren (oder noch sind), wo man viel trinkt und sich viel wünscht und dabei die Krawatte und die Sitten lockert und mit der schon immer angehimmelten Sekretärin flirtet, nachdem man sich Mut angetrunken und angetanzt hat, oder den Chef anbaggert und anmacht, gibt es eine Attraktion:
Einer der Herren, vielleicht ein Abteilungsleiter der Versicherung, in der gefeiert wird, hat den Vogel abgeschossen. Mit einer Attraktion: Er hat einen dreißig Zentimeter großen Simmel mitgebracht, der tanzen und rezitieren kann, und der mitten unter den weihnachtsfröhlichen Gästen herumschwoft und den anderen zuprostet.
Er ist, wie gesagt, die Attraktion des Festes, alle rufen: »Hallo! Is ja toll. Mensch, dass es so was gibt.«
Ein Freund des Abteilungsleiters nimmt diesen zur Seite und fragt: »Sag mal, im Vertrauen, wo hast du denn den her, wo gibt's denn den? Wo kann man den kaufen?«
»Im Vertrauen«, antwortet der Simmel-Mitbringer dem Kollegen, »den gibt's nirgends zu kaufen. Aber am Waldrand im Erdinger Forst ist noch heute Abend ein Zauberer, der einem alle Wünsche erfüllt.« Er blickt auf seine Uhr: »Bis zwölf Uhr Mitternacht. Wenn du dich beeilst, triffst du ihn noch.«
Da das Fest, es ist schon nach zehn Uhr, allmählich aus dem Leim geht und dem Ende zuwankt, macht sich der

Freund des Abteilungsleiters davon, steigt ins Auto und fährt zum Waldesrand. Dort erwischt er tatsächlich noch den Zauberer und kann ihm seinen Wunsch vortragen …

An nächsten Tag treffen sich die beiden, und der Simmel-Besitzer fragt: »Na, wie war's? Wie ist es gelaufen?«

»Mensch«, sagt der andere, sichtlich enttäuscht, »das war so eine Pleite. Ich geh hin und wünsche mir von dem Zauberer eine Million, aber in kleinen Scheinen. Und was zaubert der mir aus seinem Hut? Eine Million kleine Schweine!«

»Ja, ja«, nickt sein Kollege zustimmend und sagt: »Der Alte ist wohl schon ziemlich schwerhörig. Oder glaubst du, dass ich mir einen dreißig Zentimeter großen Simmel gewünscht habe?!«

Ich habe diesen Witz einmal auf dem gemeinsamen Abend mit Eckart von Hirschhausen erzählt. Er mochte ihn gar nicht. Weil er so veraltet (wegen Simmel) ist. Und so voraussehbar.

Ich finde, genau das macht seinen surrealen Charme aus, der die erwünschte Verlängerung der Manneskraft im Witz durch die putzige, fast surreale Albernheit des Witzes erträglich macht, ja mitten in dem Potenzgedröhne männlicher Witze so etwas wie Leichtigkeit schafft und einen Monty-Python-Charme, wenn man sich den geplagten Zauberer vorstellt, wie er tapfer mit seiner Schwerhörigkeit kämpft. Oder anders gesagt: Ich mag den Witz und erzähle ihn nach wie vor. Auch weil er in mir (Simmel begann seine Erfolgsreihe 1960) die Erinnerung an das rauschend klägliche Büroweihnachtsfest in *The Apartment* hervorruft (der Film ist auch von 1960) und an viele eigene Betriebsweihnachtsfeiern in jenen Jahren, auf denen leider kein dreißig Zentimeter großer Simmel mitfeierte.

Die nächsten zwei Wunsch-Witze erzähle ich in je zwei Versionen, weil die Pointen auf verschiedene Weise gleich und auf gleiche Weise verschieden sind – und weil sich dadurch etwas übers Witzeerzählen erzählen lässt.

Der erste Witz ist ein Ehepaar-Witz, genauer ein Witz, den Männer gern über Ehefrauen erzählen, aber der Ehemann, von dem hier erzählt wird, ist, anders als andere Ehemänner, geradezu rührend von seiner Frau, ihrem Aussehen und ihren Chancen überzeugt, er spottet also nicht, trotz seiner vermutlichen Glatze und seines vermutlich dicken Bauchs, über ihr Aussehen, wie es der folgende tut, den ich hier rasch einschiebe.

Der Ehemann kommt spät nach Hause, will sich ins Haus schleichen, ist aber so ungeschickt, dass er polternd etwas umschmeißt. Es ist zwei Uhr vierzig. Die Ehefrau erscheint (früher mit Lockenwicklern, heute ohne Lockenwickler) in der Schlafzimmertür. Er erschrickt. Darauf entwickelt sich folgender Dialog:
Sie: »Was machst du für ein Gesicht?«
Er: »Du, wenn ich Gesichter machen könnte, hätte ich dir längst ein anderes gemacht.«
Punkt. Ende. Aus.

Nein, von dieser Ehemannbrutalität ist die Geschichte weit entfernt. Sie erzählt scheinbar deren Gegenteil. Aber nur scheinbar. Sie ist also hinterlistig und heimtückisch, während sie so lammfromm daherkommt.

Ein Mann fährt im Dunkeln, es regnet, über eine kurvige Landstraße im Harz oder im Schwarzwald. Plötzlich erfassen seine Scheinwerfer einen Frosch, der an die andere Straßenseite will. Der Mann bremst. Der hüpfende Frosch ist gerettet.

Er hüpft also ans Fenster und sagt, als der Mann seine Seite öffnet:

»Ich danke dir, weil du so tapfer für mich gebremst hast. Ich will dir zur Belohnung auch einen Wunsch erfüllen.«

Darauf sagt der Fahrer, indem er sein Fenster weiter öffnet:

»Ich habe eigentlich nur einen kleinen, bescheidenen Wunsch. Ich habe einen Hund. Den mag ich sehr. Und ich möchte, dass der an einer Pudelschau teilnimmt. An einem Hundewettbewerb. Er muss nicht gewinnen. Dabei sein ist alles.«

Dann hebt er den Hund dem Frosch entgegen. Der sieht, dass der Hund ein blindes Auge hat, ein Schlappohr, ein räudiges Fell, außerdem fehlt ihm ein Bein. Der Frosch schaut den Hund an, den Mann, dann sagt er:

»Du, diesen Wunsch kann ich dir unmöglich erfüllen. Es ist zu schwer. Das schaffe selbst ich nicht. Hast du nicht einen anderen, einen zweiten Wunsch?«

Der Mann überlegt kurz, nickt dann und sagt: »Hinten im Auto sitzt meine Frau. Ich hätte so gern, dass sie an einer Misswahl teilnimmt. An irgendeiner. Es muss nicht *Deutschland sucht das Supermodel* sein. Gar nicht. Dabei sein wäre für sie und mich alles.«

Der Frosch richtet seine Taschenlampe auf die Frau auf dem Rücksitz. Schaut sie lange an. Zögert dann. Und sagt:

»Darf ich den Hund noch mal sehen?«

Der Witz ist schön, schon allein, weil Frösche in Witzen und bei regnerischer Nacht eine Taschenlampe bei sich führen. Nun die Version Nummer zwei:

Ein Mann, ein Auto, es regnet, Nacht. Eine bergige Straße. Ein Frosch. Der Mann bremst. Alles wie gehabt. Der Frosch bedankt sich. Der Mann darf sich was wünschen.

Von nun an variiert der Witz:

Der Mann, ein begeisterter Rallyefahrer, sagt: »Ich wünsche mir, wenn du mich schon fragst und ich mir was wünschen darf, dass du eine sechsspurige Autobahn über den Atlantik schaffst. Das wäre das Höchste für mich.«
»Oh«, sagt der Frosch und kratzt sich hinterm Ohr, »das ist schwierig, das ist zu schwierig. Hast du nicht einen anderen Wunsch?«
Jetzt sagt der Mann wie schon in der anderen Version: »Ich hätte gern, dass meine Frau an einer Misswahl teilnimmt. Nicht gleich *Deutschland sucht das Supermodel*, sondern die Wahl einer Weinkönigin oder einer Miss Seidenstrumpf, einer Miss Büstenhalter, einer Miss Castrop-Rauxel oder Miss Oktoberfest. Und es genügt, wenn sie dabei sein darf. Sie muss nicht gewinnen.«
Der Frosch schaut sich, natürlich wieder mit Taschenlampe, die Frau im Fond an. Gründlich. Von oben bis unten. Noch einmal von rechts nach links. Dann fragt er:
»Wievielspurig soll die transatlantische Autobahn sein, die du dir wünschst?«

Welcher Witz ist besser? Das ist eine Güterabwägung, würde ein Jurist sagen. In der Autobahn-Version neigt der Frosch, nachdem er die Frau gesehen hat, wieder dem gigantomanischen

Projektwunsch zu, mit einer Tausende Kilometer langen Brücke den Ozean zu überspannen. Das ist gegenüber der armen Frau Gemahlin des Fahrers von einer gewaltigen Perfidie.

Trotzdem neige ich eher zu der Hund-Frau-Version. Da stehen zwar keine Milliarden und technische Wunderwerke und Ingenieurskünste gegen das Aussehen der Frau. Hier ist der »Rücktausch« von der Frau zum Wunsch bescheidener. Weniger spektakulär. Aber auch viel gemeiner und niederträchtiger. Während der Hund in seinen Gebrechen und seiner Kläglichkeit fast minutiös geschildert, also gemalt wird, baut sich, als der Frosch die Frau offenbar mit stummem Entsetzen betrachtet, in der Fantasie des Zuhörers ein grässliches Frauenbild auf. Wie muss die Arme aussehen, wenn der Hund schon die reine Erbärmlichkeit ist. Und was noch wichtiger ist: Das Bild entsteht ohne Worte in einem kleinen Zwischenraum des Witzes.

Diese und ähnliche Witze funktionieren, wollte man sie re-religionisieren, nach dem Schema: »Eher geht ein Kamel durch ein Nadelöhr, als dass ein Reicher in den Himmel kommt.«

Die beiden folgenden Geschichten haben die gleiche Pointe – obwohl sie aus völlig verschiedenen Sektoren des Witzeareals stammen. Der erste ist ein politisch-historischer Witz, der die Enttäuschung nach der Wiedervereinigung wiedergibt, der andere handelt von den sexuellen Wünschen und Nöten, die ein Handelsvertreter in der Provinz erleidet.

Beide haben sie scheinbar und auf den ersten Blick ganz bescheidene Wünsche zum Inhalt, aber das täuscht. Ich wiederhole hier den ersten kursorisch, so gut es für einen Witz geht.

Eine Fee hat eine geraume Zeit nach der Wiedervereinigung einen Polen, einen Ossi und einen Wessi gefragt, was sie sich wünschen. Sie hätten einen Wunsch frei.

Der Pole wünscht sich, dass vor jedem Haus in Polen ein Mercedes steht.

»Erfüllt«, sagt die Fee.

Der Ossi druckst und wünscht sich dann die Mauer wieder, was nach dem neuesten (wir schreiben Sommer 2011) Stand bei den Linken nicht mehr ganz so aberwitzig ist, wie es klang, als ich den Witz vor etwa zwanzig Jahren zum ersten Mal hörte.

Die Fee erfüllt auch diesen Wunsch.

Dann fragt sie den Wessi: »Und du? Was wünschst du dir?«

Der stellt ihr erst mal eine Gegenfrage: »Hat wirklich jeder Pole einen Mercedes?«

Als das die Fee bestätigt, stellt der Wessi noch eine Gegenfrage: »Und steht die Mauer wirklich wieder?«

Als die Fee auch das bejaht, sagt er: »Dann, ja dann, dann möchte ich einen kleinen Cappuccino.«

Ein winziger Wunsch am Ende des Witzes. Offenbar eine Anspielung auf die Cappuccino-Generation (Berlin-Prenzlauer Berg, Hamburg-Eppendorf, Frankfurt Bankenviertel), die schon alles hat. Wunschlos glücklich sozusagen. Wenn, ja wenn da nicht die ungeheuren Lasten und Bedrückungen der Wiedervereinigung wären. Die neuen Ostgrenzen, Orte des Schmuggels und des Diebstahls. Der Osten, immer noch ein Kummerland, eine Industriebrache, ein unendliches Groschengrab, aus dem immer noch die jungen Leute in den Westen abwandern. Blühende Landschaften? Von wegen! Die blühen nur, weil sie zu einem menschenarmen Biotop verkommen.

Der bescheidene Wunsch ist in Wahrheit ein gigantischer, schier unerfüllbar. Es ist ein Wenn-dann-Wunsch. Nur wenn die Mauer wieder steht und die anderen Nachbarn, Tschechen wie Polen, auf dem Standard der alten Bundesrepublik angekommen sind oder nicht mehr Autos schmuggeln können, nur dann wäre man mit einem kleinen Cappuccino zufrieden.

Die zweite Geschichte hat die gleiche Pointe, aber einen völlig anderen Verlauf. Sie ist eine traurige Alltagsgeschichte aus einem Vertreterleben, aus dem Leben eines Mannes, der Verkäufer in Vorträgen ausbildet, selber neue Produkte vorstellt, Verkaufsgespräche lehrt oder in Sachen Literatur mit Lesungen, Vorträgen unterwegs ist, von Ort zu Ort, von Marktplatz zu Marktplatz, von Buchhandlung zu Buchhandlung, von einer Messe zur nächsten Vertretertagung. Er will vorsorgen für die Nacht nach einem anstrengenden, entbehrungsreichen Tag. Also:

Ein Mann kommt in, sagen wir, Schweinfurt oder auch Erlangen oder auch Kassel zu einem Hotel und hat ein Zimmer reserviert. Er kommt am Vormittag an, trägt sich ein und sagt dem Portier:

»Ich möchte heute am späten Abend in meinem Zimmer eine Sexparty veranstalten. Besorgen Sie mir eine Domina mit einer achtschwänzigen Peitsche, sechs junge Sexsklavinnen, eine ordentliche Portion Kokain, Rasierklingen, Champagner, Handschellen und Fußfesseln sowie einen Sarg.«

Der Portier sagt: »Mein Herr, wie stellen Sie sich das vor? Wir sind hier in der Provinz! Wie soll ich das alles beschaffen?«

Der Gast sagt: »Das ist mir egal. Ich zahle gut. Besorgen Sie alles. Spätestens um 23 Uhr 30 bin ich zurück von meiner Arbeit und erwarte, dass alles so ist, wie ich es mir wünsche und bei Ihnen bestellt habe.«

Der Mann verlässt das Hotel, geht seiner schweren Arbeit nach, kommt um 23 Uhr 30 zurück, wo ihn der Portier erwartet.

»Mein Herr«, sagt er, »es ist fast alles nach Ihren

Wünschen arrangiert, wir haben sechs junge Sexsklavinnen, das Kokain, die Rasierklingen, den Champagner, den Sarg und auch die Domina. Leider waren in der Eile keine Handschellen und Fußfesseln zu bekommen.«

Der Mann sagt: »Das macht nichts. Ich habe es mir ohnehin anders überlegt. Ich möchte nur einen kleinen Cappuccino.«

Ist er ein armes Würstchen, das mit seiner Bestellung nur angeben wollte, ist ihm über den Tag der Mut ausgegangen und hat er nicht genug verdient, um sich diese Orgie à la Jörg Immendorff leisten zu können? Ist ihm eine Laus über die Leber gelaufen? Hat seine Frau ihm ihre plötzliche Ankunft per Handy angekündigt? Wir wissen es nicht! Wir lassen den Witz nur nach seiner überraschenden, ernüchternden Pointe in unserem Kopf Revue passieren. Mit Neugier und Schadenfreude. Wer übernimmt die Spesen, die das Hotel in der biederen Provinz im Voraus hatte? Und wer zahlt für die vielen Telefonate des Portiers? Oder, wie es in dem alten Karnevalslied heißt: »Wer soll das bezahlen?« Wir wissen es nicht, wollen es auch nicht wirklich wissen, sondern delektieren uns nur an dem Gefälle vom großsprecherischen Abenteuer ins bescheidene Nichts des »kleinen Cappuccinos«.

Hier ist niemand, wie der Wessi im ersten Cappuccino-Witz, wunschlos glücklich, weil die Welt nach seinem Willen und seiner Vorstellung geordnet ist, sondern jemand sieht ein, dass es für ihn leider bestenfalls für einen kleinen Cappuccino reicht.

Apropos: *Die Welt als Wille und Vorstellung*. Schopenhauer, der in seinem zweibändigen philosophischen Hauptwerk im ersten Band über theoretische Überlegungen zum Witz geschrieben hat (der Witz ein Missverhältnis zwischen dem, was man will, sich vorstellt, und dem, was man erreicht, der pessimistische

Philosoph ist ein Vorläufer von Freuds Libido-Theorie, nur dass sie hier als Wille zur Arterhaltung im Darwin'schen Sinne wirkt), erzählt im zweiten Band einige Witze von Wünschen.

Schillers Ballade *Die Bürgschaft* handelt ja von der unverbrüchlichen Treue zweier Freunde bis über den Tod, sodass der gerührte Tyrann sich am Schluss, nachdem sie ein todesmutiges Beispiel der Freundschaft geliefert haben, nur eines wünscht: teilzuhaben an ihrem edlen Freundschaftsbund. Er tut das mit den geflügelten Worten:

> Ich sei, gewährt mir die Bitte,
> In eurem Bunde der Dritte!

»Ich sei, gewährt mir die Bitte« ist eine besonders dringliche Wunschformel.

In Schopenhauers *Welt als Wille und Vorstellung* wird aus dem edlen Wunsch die schlichte Begierde einer »Ménage à trois«.

Theoretisch heißt das bei Schopenhauer so: »Das Lachen entsteht jedesmal (gemeint ist beim Witz) aus nichts anderem als aus der plötzlich wahrgenommenen Inkongruenz zwischen einem Begriff und den realen Objekten, die durch ihn, in irgendeiner Beziehung, gedacht worden waren, und es ist selbst eben nur der Ausdruck dieser Inkongruenz.«

Die Inkongruenz ist die der gedachten Sexorgie mit dem kleinen Cappuccino. Zum Beispiel.

Zurück zu Schillers *Bürgschaft* und dem daraus resultierenden Witz von Schopenhauer:

> Aber sehr originell und witzig war es, als einer an ein eben getrautes Ehepaar, dessen weibliche Hälfte ihm gefiel, die Schlussworte der Schiller'schen Ballade *Die Bürgschaft* (ich weiß nicht, wie laut) richtete: »Ich sei, gewährt mir die Bitte, / In eurem Bunde der Dritte!«

Wie gesagt, die Ménage à trois statt des edlen Schiller'schen Freundschaftsbundes.

Von dem großen Philosophen stammt übrigens die misogyne Definition der Frauen:

> Das niedrig gewachsene, schmalschultrige, breithüftige
> und kurzbeinige Geschlecht das schöne zu
> nennen – dies konnte nur der vom Geschlechtstrieb
> umnebelte männliche Intellekt fertigbringen.

Das ist eine »Die Trauben sind mir zu sauer«-Theorie, scheint mir, wenn ich an des großen Philosophen hagestolzige, einsame Lebensweise denke, der lieber mit einem Hund als mit einer Frau zusammenlebte. Und, so wird überliefert, sich seine Triebabfuhr im Freudenhaus holte. In seiner Witztheorie nennt er ebendiesen Ort »bescheidenen Wohnsitz stiller Freuden«. Er bezieht hier die Witztheorie des Horaz, der das Gemeine, Niedrige mit höchsten, edlen Worten bedenkt, um es komisch zu verschleiern.

Es ist eigentlich ganz einfach. Unsere Selbstbehauptung, unsere Selbstverwirklichung, unsere Selbstbestimmung beruht auf der Verwirklichung unserer Wünsche, Sehnsüchte und Triebe. Und unsere Gesellschaft, unser Zusammenleben, unsere Kultur beruht darauf, dass wir unsere Triebe, Begierden und Wünsche zügeln müssen. Unsere Lebensbahnen werden durch Wünsche gelenkt und durch Gebote und Verbote eingeschränkt und gebremst. Das ist unser Dilemma und gut für den Witz.

Die erste Witzbremse, die erste Anleitung zum Triebverzicht sind in der jüdisch-abendländischen Kultur die Zehn Gebote, die Moses in zwei Tafeln vom Berg Sinai zu seinem jüdischen, zu seinem auserwählten Volk gebracht hat. Schon darüber, dass wir gerne blasphemisch lachen – Blasphemie ist eine Ordnungsverletzung durch den Witz –, ist der Zusammenstoß zwischen Wunsch und Gebot eine ewig sprudelnde Quelle des Witzes – vom jüdischen Witz bis zu den Witzen Monty Pythons im Film, die die Gebote anachronistisch brechen.

Vor allem die Wunschverbote, die Sexualität und Eigentum betreffen, spielen im Witz die entscheidende Rolle. Das sechste Gebot, das da sagt, du sollst nicht ehebrechen, das neunte Gebot, das einem das Begehren deines Nächsten Haus verbietet, und das zehnte, dass man des Nächsten Weib, Knecht, Magd, Rind, Esel und alles, was sein ist, nicht begehren soll. Mägde und Knechte waren damals Sachen wie Gut und Haus und Acker – schon das zeigt geradezu, wie im Witz, wie archaisch und anachronistisch die Gebote geworden sind.

In weltlich verderbten Zeiten hat sich die Auslegung weitgehend verlagert. Etwa in dem Frage-und-Antwort-Spiel zweier Freunde.

Sagt der eine: »Du, wenn ich mit deiner Frau schlafe, bin ich dann blutsverwandt mit dir?«
Antwortet der andere: »Nein, aber quitt.«

Hier ist aus dem göttlichen Gebot längst ein Tauschwert geworden, der dem diplomatischen Brauch: »Do ut des«, also: Ich gebe, damit du gibst, gehorcht.

Neben den alttestamentarischen Wünsche-Verboten kommt die christliche Vorstellung von den sieben Todsünden dazu, von denen die meisten vom hemmungslosen Wünschen handeln. Deshalb seien sie, zur Erinnerung, hier kurz genannt, als da sind Hochmut, Geiz, Wollust, Zorn, Völlerei, Neid und Faulheit.

Neid und Begehren hängen eng zusammen, weshalb im Zusammenhang mit den Wünschen nach dem neunten und zehnten Gebot (ich rekapituliere: des Nächsten Haus soll man nicht und des Nächsten Frau darf man nicht begehren) zwei sprichwörtliche Einsichten oft für im Witz komischen, in der Wirklichkeit tragischen Verdruss sorgen.

Die eine ist die von den Kirschen in Nachbars Garten, die bekanntlich süßer schmecken und daher nach dem neunten Gebot geahndet werden. Die andere ist die US-amerikanische Wunscherfahrung, dass in des Nachbarn Garten das Gras grüner ist. Auch hier darf man den Begriff des grünen Grases weit und bildlich und metaphorisch fassen.

Wünsche im Witz durchbrechen also das Tabu des (gesellschaftlich notwendigen, kulturell wichtigen und durch immer schwächere Gesetzesregeln geschützten) Triebverzichts, der unterdrückten Wünsche, die sich in Traum und Witz flüchten, um sich wenigstens da artikulieren zu können.

Ein gutes Beispiel für die Verformung von Wünschen ist die für Vati und Ehemann bestimmte obligatorische Krawatte, die derselbe von Frau und Kindern gern zu Weihnachten geschenkt bekommt, zum Beispiel bei Loriots Weihnachtsfeier.

Es gibt eine krude Version dieses lammfrommen Wunsches, der eigentlich, jedenfalls in der Überflussgesellschaft, ein Nichtwunsch ist. Denn Papi wünscht sich alles Mögliche, zum Beispiel des Nächsten Weib und des Nächsten Haus, und als Allerletztes die neue blau-weiß gestreifte Krawatte. Hier koppelt sie sich mit einer Urangst (gegen die die moderne Medizin inzwischen Erbgutmanipulationen aufbietet), nämlich der, dass der Nachwuchs nicht vollkommen auf die Welt kommt.

Auf der Geburtsstation erwacht die Frau nach der Geburt ihres Kindes aus ihrer künstlich herbeigeführten Ohnmacht. Der Arzt kommt herein und sagt den Eltern mit besorgter Miene, sie müssten jetzt besonders tapfer sein, ihr Sohn habe gewisse Mängel und Fehler. Und als die Eltern ängstlich und verzweifelt fragen, ob ihm denn eine Hand, ein Arm, ein Bein fehle, sagt der Arzt:

»Leider fehlt ihm noch mehr, nämlich alles. Er besteht nur aus einem Kopf, der aber lebt und ist gesund und munter.«

Die Eltern schlucken tapfer und versprechen einander, das Kind, den Kopf, dennoch großzuziehen und lieb zu haben. Und sie tun es auch bis zum achtzehnten Lebensjahr, als sie der Arzt, der bei der Geburt dabei war, anruft und ihnen eröffnet: Durch eine glückliche Fügung habe eine andere Familie ein kerngesundes Baby geboren, dem nur eines fehle, nämlich der Kopf. Er könne nun aus ihrem Sohn und dem Körper des anderen Sohnes ein völlig gesundes, völlig über alle Gliedmaßen verfügendes Kind als Jüngling zusammenfügen. Die Eltern sollten den Sohn jedoch, damit der freudige Schock für ihn nicht zu groß würde, schonend auf das künftige Glück vorbereiten. Etwa, indem sie ihm für Weihnachten ein besonders großartiges Geschenk ankündigten.

Gesagt, getan. Die Eltern treten an das Bett ihres Sohnes, lächeln zärtlich und vielversprechend und sagen:

»Lieber Sohn, was glaubst du, wird dir der Weihnachtsmann zu deinem achtzehnten Geburtstag wohl bringen?« Sie warten und sehen ihn erwartungsvoll an.

»Oh Gott!«, sagt der Sohn. »Doch nicht schon wieder einen verdammten neuen Hut.«

Auf Englisch: »Oh no! Not another fucking hat!«

Dieser Witz, der mit dem Entsetzen so übertrieben scherzt, dass er den Schrecken ins Absurde hebt – was etwa die Komik der Monty-Python-Filme ausmacht –, beruht auf der praktischen und philosophischen Frage, was man jemandem zu Weihnachten schenkt, der nicht einmal einen Hals für die doch so hübsche Krawatte hat. Oder, wie der Berliner so treffend sagt: »Kiek mal aus'm Fenster, wenn de keen Kopp hast.«

Freud wie Schopenhauer haben in ihrer Witztheorie erkannt, dass es der Trieb ist, die Libido, der Wille zur Arterhaltung, der das Ich in der ihn begrenzenden Außenwelt regieren möchte und muss und sich an den Grenzen der Wirklichkeit dabei sozusagen eine blutige Nase holt – und das notwendigerweise. Schopenhauer führt dafür ein artiges und philosophisch sauber herausgearbeitetes Beispiel von der Unvereinbarkeit der Wünsche auch nur zweier Menschen an.

Sagt ein Philosoph zu einem anderen:
»Mein wünschenswertestes Ziel und größtes Glück ist es, allein durch die Weite der Natur zu wandern.«
Und der andere erwidert: »Mein größter Wunsch wäre, Sie dabei zu begleiten.«

Das ist nicht schrecklich komisch, dafür aber umso treffender. Es lässt sich verschärft als Sexwunsch erzählen, den weder Schopenhauer noch Freud ihrem Publikum hätten zumuten können.

Trifft ein Masochist einen Sadisten. Sagt der Masochist zu ihm: »Quäl mich!«
Schaut ihn der Sadist an und sagt dann grinsend: »Nein!«

Man kann sagen: Auch hier kann nur einer von beiden auf Wunscherfüllung hoffen. Glück ist als Zweisamkeit in dieser Konstellation nicht vorgesehen. Sexuelle Erfüllung auch nicht. Für die Wunschmaschinerie des Menschen, sein rastloses Triebwerk, hat mir die Fabel vom Wolf immer besonders eingeleuchtet, in der die Gier die Trieberfüllung verhindert.

Ein Wolf schwimmt mit einem Stück Fleisch im Maul über einen Fluss. Während er so schwimmt, gaukelt ihm die Sonne den Widerschein eines zweiten Stücks Fleisch in der Wasserspiegelung vor. Der Wolf schnappt danach, reißt also das Maul auf. Und verliert beides. Das Fleisch und das trügerische Spiegelbild.

Es ist, wenn man so will, ein Witz von der sich selbst auffressenden Gier und Lust. Wie oft das im wirklichen Leben und nicht nur in der Tierfabel passiert, dafür gibt es viele Beispiele, etwa vom »betrogenen Betrüger«, mit dem Lessing noch nicht den Ehemann meinte, der nicht ehebrechen und dabei des Nächsten Weib nicht begehren solle. Manchmal steht man, nicht nur im Witz, am Ende mit leeren Händen und leerem Maul da. Wobei diese Erkenntnis als Voraussicht oft zur moralischen Einsicht führt.

Am Schluss zum Thema Triebverzicht noch die eigentlich gar nicht so komische Geschichte vom Frosch und vom Skorpion, ein weiterer Froschwitz also, ein trauriger noch dazu.

Ein Frosch und ein Skorpion stehen am Ufer eines reißenden Flusses und wollen und müssen beide ans andere Ufer. Der Skorpion bittet den Frosch, ihn doch Huckepack ans andere Ufer mitzunehmen. Der Frosch schaut ihn misstrauisch an und sagt: »Damit du mich totstichst.«
Sagt der Skorpion: »Sei nicht albern, wie sollte ich dich totstechen. Dann müsste ich doch selber ertrinken.«
Das überzeugt den Frosch. Er sagt: »Steig auf!«, stürzt sich ins Wasser und rudert mit seinen Beinchen tapfer

und kräftig dem anderen Ufer zu. Mitten im Fluss sticht der Skorpion zu. Der todgeweihte Frosch sagt im Ertrinken: »Warum hast du das getan? Jetzt musst du mit mir ertrinken.«

»Ich weiß«, sagt der Skorpion bitter. »Aber ich konnte nicht anders. Das ist meine Natur.«

Jeder kennt, nicht nur in der Politik und Wirtschaft, viele Beispiele für diese unaufhaltsame Mordgier und die damit verbundene Lust am Untergang.

Ich könnte mir vorstellen, dass Freud der von ihm entdeckten Libido als unbändige Lebenskraft den Todestrieb deshalb hinzugesellt hat. Weil sie der kräftigen Lebenslust und Lebensgier von vornherein innewohnt.

ALLES, WAS DA KREUCHT UND FLEUCHT.
VON LÖWEN, AFFEN, PAPAGEIEN UND ELEFANTEN
UND UNSEREN GEFIEDERTEN FREUNDEN

Ich habe meine Frau geamselt.
Sie meinen wohl: gevögelt.
Nein. Erdrosselt.

Das ist ein pures Sprachspiel, sehr frei nach der Frühlingsweise
»Alle Vögel sind schon da«, die da weitergeht: »Amsel, Drossel,
Fink und Star«, sich auf »die ganze Vogelschar« reimt und den
Frühling begrüßt.
Doch kann man aus dem obigen Dialog schnell eine Kriminal-
geschichte machen. Von einem geistesgestörten Sexualtäter.
Also:

Kommt ein Mann zu einer Polizeistation und sagt zum
Beamten:
»Ich habe meine Frau geamselt.«
Der Beamte schaut ihn an: »Sie meinen wohl:
gevögelt.«
»Nein«, sagt der Mann, »erdrosselt.«

Sofort ergibt sich aus einem Sprachspiel ein Krimi, in dem ein
geistesgestörter Mörder sich selbst anzeigt. Der offenbar so verwirrt ist, dass er den Unterschied zwischen Vögeln, Amseln und
Drosseln nicht kennt. Ein Typ wie in Hitchcocks Film *Die Vögel*.
Mit einer offenkundigen Obsession.

Sprache also, die ein Verbrechen annonciert. Schon sind wir wieder bei Freud. Beim Unbewussten. Beim Tierwitz. Warum verwendet (soll man heute schon sagen: verwendete?) die deutsche Sprache das Verb »vögeln« für den Geschlechtsakt? Weil, so könnte man sagen, es die Vögel sind, die es ungeniert vor unser aller Augen treiben, so wie es ihnen die Natur eingibt. Schon bei Luther kommen sie vor, die Spatzen, die Sperlinge, die keinen Pflug ziehen und kein Joch tragen (also keiner Arbeit nachgehen) und: Gott im Himmel nährt sie doch.

»Der Sperling in der Hand«, so sagt das Sprichwort, »ist besser als die Taube auf dem Dach.« In Österreich, wo der Sperling Spatz heißt und Spatz gleichzeitig ein Synonym für das männliche Glied ist, heißt es in der Persiflage dieses Sprichworts, dass man besser das Kleine, Bescheidene in der Hand hat, also besitzt, als von dem Großen nur zu träumen.

Die Taube im Bett ist besser als die Schwerhörige
auf dem Dach.

Hier verrät die Taube ihr Brieftaubengeheimnis. Es ist natürlich wieder eine Bettgeschichte.
Und das Volkslied

Wenn ich ein Vöglein wär
und auch zwei Flügel hätt,
flög ich zu dir,
weil's aber nicht kann sein,
bleib ich allhier.

verändert sich in der Parodie zu dem Vers:

Wenn ich ein Vöglein wär
und auch zwei Flügel hätt,

flög ich zu dir,
weil's aber nicht kann sein,
vögel ich hier.

Auch hier wieder reißt sich die Sprache von der Leine, hechelt
von der Dressur zurück in die freie Natur, wie in dem Witz von
den drei Hunden in der Tierarztpraxis.

Sitzen drei Hunde in der Tierarztpraxis. Ein Blindenhund, ein Bernhardiner und ein Boxer.
»Warum bist du hier?«, fragen sie den Blindenhund.
»Ach«, sagt der, »neulich führe ich mein blindes
Herrchen auf der Straße, auf einmal sehe ich auf der
anderen Seite eine hinreißend rassige Hündin, sodass
ich mich nicht halten kann. Ich stürze also blindlings
über die Straße, um zu ihr zu kommen, reiße mein
Herrchen mit – und das wird von einem Auto
angefahren und schwer verletzt. Jetzt«, fährt der
Blindenhund traurig fort, »soll ich eingeschläfert
werden.«
»Ja«, sagt der Bernhardiner. »Auch mich hat es
überkommen. Ich bin mit meinem Fässchen
Benediktiner um den Hals im Gebirge, um einen im
Schnee Verschütteten zu retten. Unterwegs überkommt
mich der Durst, ich trinke das Fässchen leer – und der
halb Erfrorene ist ohne die Hilfe des rettenden
Getränks ganz erfroren. Jetzt geht es mir wie dir, auch
ich soll eingeschläfert werden.«
Der Boxer erzählt: »Neulich bin ich mit meiner Herrin
allein zu Hause. Da überkommt mich meine Natur.
Und besinnungslos vor Lust hechelnd, bespringe ich
meine überraschte Herrin.«
»Und jetzt sollst auch du eingeschläfert werden?«

»Nein«, sagt der Boxer, »ich bin nur zur Pediküre
meiner Krallen hier.«

So wird durch die »Pediküre« der bedrohliche Ausbruch der
Natur gleich wieder haustierhaft gezähmt.
Nicht nur Hunde, sondern vor allem Vögel können im Witz
sprechen. In Märchen und Sagen hört man vor allem die Vögel
Geheimes verraten, so wird Siegfried auch von einem Vogel ge-
raten, im Drachenblut zu baden, damit er unverwundbar werde.
Nicht zufällig ist der Heilige Geist eine Taube, die sich auf Maria
senkt, als der Erzengel Gabriel ihr prophezeit, dass sie etwas
Heiliges empfangen werde.
Als ich Jahre später eine Laudatio auf Vicco von Bülow zu halten hatte – er bekam in München den Erich-Kästner-Preis –,
habe ich die Geschichte aus Frank Elstners *Wetten, dass ..?*-Sen-
dung erzählt, als Beispiel für unfreiwillige Pannen bei Loriots
Benimmregel-Humor in den verklemmten Fünfzigerjahren, als
der Moderator Angst vor dem Plural von Vogel hatte und immer von »gefiederten Freunden« sprach.

Ruft der Kuckuck zum Hai: »Hi!«
Ruft der Hai zurück: »Kuckuck!«

Im Witz gibt es das Einfachste, Kindischste und das Elaborier-
teste.
Eine Frage in Zeiten der Love-Parades und Christopher Street
Days:

Was ist schrill, hat neun Tentakeln und schwimmt im
Ozean?
Antwort: Ein Tuntenfisch.

Und eine triste, traurige, unauffällige tierische Alternative:

Was ist grau, unscheinbar und stapft durch den Urwald?
Ein Irelefant!

Aua!, kann man da nur sagen. Oder schreibt man das: Irelevant?

Doch noch einmal zurück zu den Vögeln, zu den »gefiederten Freunden«. Wilhelm Busch, der Großvater und Großmeister des deutschen Humors, der eigentliche Erfinder des Comics (also der lustigen Bildgeschichte), hat sich als Dichter sehr ernsthaft mit lustigen Dingen auseinandergesetzt, besonders in der Gedichtesammlung *Kritik des Herzens* (1874), aber auch in den *Gesammelten Werken* (1923) und den Gedichten *Zu guter Letzt* (1904). Seinen Gedichten, die oft sehr komisch, noch öfter sehr tiefsinnig und immer humorvoll sind, war sehr zur Kränkung des Autors, der lieber ein großer Dichter als ein Bestseller und Publikumsliebling der Bildergeschichten sein wollte – so sind Künstler, sie verkennen sich selbst! –, kein allzu großer Erfolg beschieden. Umso »nachhaltiger«, um ein Modewort zu benutzen, sind sie heute.

Doch nun zu seinen Vogelgedichten: Das erste handelt vom Galgenhumor, von dem es heißt, »Humor ist, wenn man trotzdem lacht«, was zeitgemäß variiert bedeutet: »Tumor ist, wenn man trotzdem lacht«. So wie »Hunger ist der beste Koch« in der zeitgemäßen Travestie zu »Hummer ist der beste Koch« wird. Jedenfalls nicht Humor!

> Es sitzt ein Vogel auf dem Leim,
> Er flattert sehr und kann nicht heim.
> Ein schwarzer Kater schleicht herzu,
> Die Krallen scharf, die Augen gluh.
> Am Baum hinauf und immer höher
> Kommt er dem armen Vogel näher.

Der Vogel denkt: Weil das so ist
Und weil mich doch der Kater frißt,
So will ich keine Zeit verlieren,
Will noch ein wenig quinquilieren
Und lustig pfeifen wie zuvor.
Der Vogel, scheint mir, hat Humor.

Die letzte Zeile ist die bekannte Wilhelm-Busch-Quintessenz, »die Moral von der Geschicht«.

Im nächsten Gedicht geht es gleich um zwei Tiere, und es handelt von Künstlerstolz, Künstlereitelkeit und Künstlerselbstüberschätzung, also von dem, was uns alle, die wir schreiben, malen, dichten, deklamieren, antreibt. Es heißt *Fink und Frosch*.

Im Apfelbaume pfeift ein Fink
Sein: pinkepink!
Ein Laubfrosch klettert mühsam nach
Bis auf des Baumes Blätterdach
Und bläht sich auf und quackt: »Ja, ja!
Herr Nachbar, ick bin ooch noch da!«

Und wie der Vogel frisch und süß
Sein Frühlingslied erklingen ließ,
Gleich muss der Frosch in rauhen Tönen
Den Schusterbass dazwischen dröhnen.

»Juchheija, heija!« spricht der Fink.
»Fort flieg ich flink!«
Und schwingt sich in die Lüfte hoch.
»Wat!« ruft der Frosch, »dat kann ick ooch!«
Macht einen ungeschickten Satz,
Fällt auf den harten Gartenplatz,

Ist platt, wie man die Kuchen backt,
Und hat für ewig ausgequackt.

Auch hier ist die letzte Kurzstrophe »die Moral von der Geschicht«:

Wenn einer, der mit Mühe kaum
Geklettert ist auf einen Baum,
Schon meint, dass er ein Vogel wär,
So irrt sich der.

Der Frosch hat, so scheint es, in der Welt der schönen Künste
keine gute Presse.

Mein Lieblingsvogel bei Busch aber ist eine tragische Figur. Es
ist Hans Huckebein, der Unglücksrabe. Der wird in wilder Natur gefangen, in die spießige bürgerliche Zivilisation gebracht,
wo er kläglich scheitern muss – schon allein, weil er mit seinen
ungeschickten Füßen durch Tantchens Blaubeermarmelade
tappt und ihre frische weiße Wäsche befleckt.

Er endet böse – im Alkohol. Im Rausch hängt er sich auf. Kriti-
ker, die darin eine Kolonialparabel sehen wollten (der schwarze
Vogel in der musterhaft weißen Welt), haben sicher für das Zeitalter recht, in dem Busch auch von Fipps, dem Affen, schrieb,
der in Afrika gefangen und sozusagen nach Krähwinkel in
Deutschland verbracht wurde. Meine Lieblingszeilen aus *Hans
Huckebein* sind der Vers, in dem Huckebein sich verhängnisvoll
betrinkt.

Er hebt das Glas und schlürft den Rest,
Weil er nicht gern was übrig lässt.

So soll es sein, wenn das Ende naht.
Als was aber treten Tiere in Witzen denn auf? Welche Rolle,

welche Funktion, welche Aufgabe haben sie? Tiere sind zum Beispiel seit Darwin die nächsten Verwandten des Menschen, seine Ahnengalerie, sein Stammbaum. Sie sind schamlose Verwandte, die es vor aller Augen treiben, die einander beschnüffeln, sich, wenn man sie nur lässt, bespringen, schamlos Duftspuren setzen.

Tiere sind Hausgenossen und Freunde, Herr und Hund, Frauchen und Gassigeher. Tiere sind Dressurobjekte, Zähmungsbeispiele, wie Plisch und Plum bei Wilhelm Busch, tragische Ausbrecher aus der Zivilisation wie Hans Huckebein, der Unglücksrabe. Tiere sind heraldische Zeichen, Wappentiere, König der Löwen. Der Adler, der Doppeladler, der Vogel Greif. Der Pleitegeier, der »Kuckuck« als Kosename des Pfändungsadlers. Um mit Henri Nannen zu sprechen: Mancher startet als Adler und landet als Suppenhuhn. Oder: Mancher Löwe oder Bär wird zum Bettvorleger.

Tiere sind gefesselte Kraft, gefangene, eingesperrte Kreaturen, Rilkes »Panther« etwa. Tiere sind Fabelwesen. Sie bevölkern die Bibel wie die Märchen und Fabeln, die Comics wie die Zeichentrickfilme, sie sind Micky Maus und Donald Duck in Entenhausen, sie sind der Weiße Hai und Moby Dick, Schweinchen Schlau, die Maus in der Sendung, der stolze Schwan und das hässliche Entlein.

Tiere sind so menschlich, weil Menschen so tierisch sind. Männer sind Schweine und eitel wie ein Pfau, Frauen sind dumm wie eine Gans, Kinder sind Ferkel. Männer sauigeln, verlieren jede Beißhemmung, sind Herdentiere, Elefanten im Porzellanladen, Trampeltiere, haben einen Dackelblick, eine hündische Abhängigkeit. Es gibt Faultiere unter den Menschen, dumme Esel und schlaue Füchse, sie sind affengeil, saudumm, machen Eselsohren in Bücher, sind Schlangen oder scheue Rehe, schnatternde Backfische, fette Kühe, Hornviecher mit riesigen Geweihen und dumme Ochsen.

Die Welt ist ein Bestiarium, Gottes großer Zoo. In ihm leben große Tiere, hohe Tiere, Alphatiere, kleine Fische, Börsenhaie, Aasgeier, Kuckuckseier. Tiere werden zu Vergleichen benutzt und dienen als Munition für unsere Schimpfkanonaden. »Hier sieht es aus wie Sau« bedeutet »wie bei Hempels unterm Sofa«. Witze sind Schweinereien, Ferkeleien, Sauereien. Es gibt Tiere, die gibt's gar nicht, die sind dann Drachen, Hausdrachen, und bekommen Rosen oder Nelken als Drachenfutter.

Tiere spielen den sprichwörtlichen »lupus in fabula« (Terenz), den sprichwörtlichen Wolf in der Fabel, der unerwartet erscheint, wenn man von ihm spricht, wie der Teufel, der ungerufen kommt, wenn man ihn erwähnt. Er ist der böse Wolf im »Rotkäppchen«, der alles verschlingt, ein Nimmersatt, ein Vielfraß, der in der Fabel beim Durch-den-Fluss-Schwimmen noch den Bildschatten des Fleisches sieht und ihn auch noch schnappen will. Tiere in Fabeln verkörpern menschliche Listen, Laster und Tugenden. Die Schnecke die Langsamkeit. Der Löwe die Macht und die Tapferkeit. Der Fuchs die Schläue, der Hase die Schnelligkeit und die Ängstlichkeit, der Bär die gutmütige Tapsigkeit. Die Elster ist diebisch, der Igel gemütlich in sich ruhend. Niemand kann ihm etwas anhaben. So sind viele Tiere auch in Witzen wieder aufgetaucht. Und haben ihre Fabeleigenschaften mitgebracht. So als hätten sie in Goethes *Reineke Fuchs* mitgespielt, als satirisches Spiegelbild der Menschenwelt bei Hofe.

Das Wichtigste jedoch: Tiere im Witz können sprechen. Wie in Märchen und Fabeln. Sie verraten Geheimnisse, brechen Tabus, offenbaren sich. Auch hier könnte man wieder die »freudianische« Komponente sehen. Was wir sonst nicht hören können, hören wollen, artikuliert sich. Das Verdrängte. Das Unbewusste, das Vorbewusste (Tierische). Dazu passt das lateinamerikanische Sprichwort: »Man erschlägt den Fisch, der spricht.«

Manche Froschwitze sind in Wahrheit Hundewitze, Ehewitze oder Autofahrerwitze. Froschwitze könnten, wenn sie wollten, auf eine lange Märchentradition zurückblicken. Sie handeln von der Königstochter, die mit einem goldenen Ball spielt, der ihr in den Teich fällt. Sie verspricht einem Frosch die Ehe, wenn er ihr die güldene Kugel wiederbringt. Anschließend tut es ihr leid. Sie bereut ihr Versprechen, als der Frosch bei Hofe erscheint. Doch ihr Vater sagt: »Pacta sunt servanda.« Auch mündliche Absprachen gelten. Und so muss sie das eklige Tier küssen und zu sich ins Bett nehmen. Prompt verwandelt es sich in einen schönen Prinzen. Die psychoanalytische Deutung fällt nicht schwer. Junge Mädchen ekeln sich vor dem glitschigen, glibbrigen Tier, das ihnen dann doch Freude bereitet. Wie die meisten Tierwitze drehen sich auch Froschwitze um die Fragen: »Wer wen?«, »Wer oder was?«, »Tier oder nicht Tier?«, »Subjekt oder Objekt?«, »Herr oder Knecht?« Am genialsten hat dies Swift in *Gullivers Reisen* gezeigt, wo die Pferde die sauberen Herren und die Menschen die dreckigen Pferde sind. Dieser Subjekt-Objekt-Wechsel funktioniert aber auch im kürzesten Froschwitz:

Kommt ein Mann mit einer dicken Kröte auf dem Kopf zum Arzt.
»Wie ist denn das passiert?«, fragt der Arzt.
»Den habe ich mir eingetreten«, antwortet die Kröte.

Doch zunächst die »Ich bremse auch für Tiere«-Version, die eine grün angehauchte Ideologie transportiert. Der Gedanke an Frosch-Wege und Igel-Straßen in Industriegebieten steht als Verkehrzeichen vor dem Witz.
Ich weiß, dass Nationen sich Schimpfnamen, Kosenamen,

»Nicknames« einhandeln, die mit ihren Hauptnahrungsmitteln zu tun haben. So hießen wir Deutschen »Krauts« und werden von den Türken »Kartoffeln« genannt. Eigentlich könnte auch Hanswurst zur deutschen Typologie gehören. Die Italiener heißen »Spaghettis« oder hießen früher »Makkaronis«, die Hamburger »Fischköpfe«, na und so weiter. In Amerika gelten die Franzosen als »Froschfresser«, werden auch kurz einfach »Frogs« genannt. Darauf beruht der folgende Bildwitz, den ich dem Zeichner George Grosz verdanke.

Da steht eine Prinzessin vor einem Mann, der ein Krönchen auf dem blonden Haupt trägt. Er sitzt auf einem Brett mit vier Rädern, beinlos – das war noch vor der Zeit der elegant bewegten Rollstühle voller Elektronik. Der Invalide musste das Brett wahrscheinlich dadurch bewegen, dass er sich mit den Händen über den Boden schob, um ins Rollen zu kommen. So sahen früher Kriegsinvaliden aus. Meist hatten ihnen Kaiser und Vaterland noch einen Leierkasten, eine Drehorgel geschenkt. Das hübsche junge Mädchen starrt auf den beinlosen Prinzen auf dem Brett, und der sagt: »Gell, jetzt tut's dir leid, dass du so gerne Froschschenkel gegessen hast.«

Froschwitze haben für mich etwas sehr Poetisches. Durch die Liebe, durch den Kuss verwandelt sich ein plumpes, glupschäugiges, breitmauliges, quakendes, glitschiges Tier in einen strahlend schönen Prinzen. Das ist das Märchen der Liebe. Die alles verwandelt und verzaubert.
Hier eine drastische Variante, am besten auf Bayerisch zu erzählen, ein Sturz von der Liebe in die rüde Praxis männlicher Sexualwünsche.

Auf einer schönen bunten Wiese tänzelt eine Prinzessin an das Ufer eines Seerosenteichs, schön wie von Monet gemalt. Da sieht sie auf einem Blatt einen grünen Frosch sitzen. Die Prinzessin fragt ihn mit errötendem Blick: »Bist du der Frosch, der sich in einen Prinzen verwandelt, wenn man ihn küsst?« »Na, dös is mei Bruader! Mir musst scho einen blasen!«

Da gilt es, dem Mädchen zu sagen: Sei kein Frosch!

Was der Frosch für die Prinzessin, ist der Herr für den Hund. Ist das ein Hundewitz? Die beiden sind offenbar finanziell auf den Hund gekommen. Die Geschichte geht so:

Ein Mann kommt mit seinem Hund in eine New Yorker Bar. Dort gesteht er dem Barmann, dass er Durst, aber kein Geld hat. Dafür aber einen Hund, der sprechen kann. Der Barmann zuckt die Achseln. »Ach wissen Sie, sprechende Hunde!« Er macht eine wegwerfende Handbewegung.
»Geben Sie mir eine Chance! Mein Hund spricht, und Sie spendieren mir einen doppelten Manhattan!«
Der Barkeeper zuckt die Achseln. »Legen Sie schon los«, sagt er.
Darauf der Mann zu seinem Hund in bestem Amerikanisch: »What is on the top of a house?«
Der Hund schaut ihn an und antwortet: »Ruff!« Das klingt wie »Roof«, und das ist die richtige Antwort, denn an der Spitze des Hauses ist das Dach.
»Ruff! Ruff«, äfft der Barmann ärgerlich den Hund nach. »Jeder Hund macht ›Ruff‹. Hören Sie auf! Dafür gibt's keinen Drink.«
»Bitte geben Sie mir noch eine Chance«, sagt der Mann

und nimmt das Schweigen des Barkeepers für ein Einverständnis. Also fragt er den Hund: »If your skin is wet and you don't dry it, it gets …?«

»Raff«, kläfft der Hund. Und es ist die richtige Antwort, denn eine Haut, die man nicht trocknet, wenn sie nass ist, wird rau, also »rough«.

Der Barkeeper schüttelt leicht angemistet den Kopf.

»Ruff! Raff! Das soll Sprechen sein? Das ist Bellen. Das kann jeder Hund. Ziehen Sie mit Ihrem Köter Leine!«

»Bitte! Ich habe Durst! Noch eine letzte Chance! Bitte.«

»Okay«, seufzt der Barkeeper. »Okay. Aber dann ist Sense. Danach ist wirklich Schluss!«

Der Mann stellt schnell seine Frage an seinen Hund. Eine hochgestochene Frage. Intellektuell anspruchsvoll. »Listen, Harro! Who is the most famous chorus composer of the twentieth century?«

Der Hund antwortet schnell und präzise: »Orff«, gurgelt es aus ihm heraus.

Der Barkeeper ist jetzt ernsthaft verärgert. »Ruff! Raff! Orff! Ich hab die Schnauze voll von Ihrem Hund und dessen Gebelle. Ruff! Raff! Orff! Raus mit euch beiden! Ihr Hund bellt wie jeder Hund.«

Die beiden ziehen kleinlaut ab, mit eingezogenen Schultern. Als sie vor der Tür sind, sagt der Hund leise zu seinem Herrchen: »Should I've better said Strawinsky?« Hätte ich vielleicht eher Strawinsky antworten sollen?

Der Witz hat Atmosphäre, durch ihn kringeln sich der Durst des Herrchens und die Langeweile eines Vorabends in einer Bar, wo die Flaschen mit den begehrten Getränken hinterm Tresen im Dämmer stehen. Zum Greifen nahe und für den nicht zu kriegen, der kein Geld hat. Aber hat er nicht einen Hund, der nicht nur über Sprache, sondern auch über Bildung verfügt, ein intellektuelles Unikat von Hund? Ist der Witz nicht in Wahrheit eine traurige Geschichte vom verkannten Genie? Vom Künstler, der sich unter Wert verkauft, der von seinem Impresario, von seinem Manager falsch präsentiert wird? Einem Impresario, der sowieso nur an seinen eigenen Vorteil, an seine Bedürfnisse denkt, statt für seinen Hund wenigstens eine Wurst zu besorgen. Mich jedenfalls erinnert die Geschichte an die von Beethovens verkannter Putzfrau, die der verärgerte Maestro, der oft aufgrund seiner Trunksucht und Krankheit schlecht gelaunt ist und seine Putzfrau ob der Unordnung in seiner Wohnung (er war wieder einmal kurz vorher umgezogen) anschnauzt und rausschmeißen will:

»Ich habe nichts von Ihnen! Nichts! Keinerlei Nutzen und Vorteile für meine Arbeit.«
»Nichts von mir? Dass ich nicht lache!«, antwortet sie empört und lacht: »Ha, ha, ha, haah! Ha, ha, ha, haah!« – (G G G Es!) das Schicksalsmotiv, den heroischen Anfangsakkord der Fünften.

Doch zurück zu den Hunden.

Wieder sind es durstige Männer, die mit ihren Kötern spazieren gehen. In New York, am Strand. Sie sind lange gelaufen und haben Durst. Weit und breit kein Gasthaus in Sicht. Sie traben immer weiter. Endlich sehen sie eine Kneipe, gehen darauf zu. Sehen ein Schild: Hunde verboten! So ein Pech. Sie haben Durst. Und sie haben je einen Hund. Da hat der eine eine Idee. Er setzt sich eine Sonnenbrille auf, zieht den Hut ins Gesicht, lässt sich von seinem Hund gleichsam per Leine in den Gastraum ziehen.

Der Ober sieht ihn und seinen Hund und sagt: »Tut mir leid! Aber Hunden ist der Zutritt zu unserem Restaurant verboten.«

Darauf der Mann: »Verzeihung, aber sehen Sie nicht, dass das mein Blindenhund ist? Ohne ihn kann ich nirgends hin!«

»Oh Verzeihung! Oh Entschuldigung!«, sagt der Ober, »das habe ich übersehen.« Und er weist dem Mann mit Hund einen Tisch beim Eingang zu.

Der Zweite hat das von draußen beobachtet. Also setzt er sich auch die Sonnenbrille auf und betritt mit seinem Hund das Lokal.

»Hunde verboten!«, schallt es ihm entgegen.

»Entschuldigung, das ist mein Blindenhund!«

Der Ober schnaubt ihn verächtlich an. »Blindenhund. Dass ich nicht lache! Dieser kleine Pinscher! Dieser Chihuahua!«

Darauf der vermeintliche Blinde entrüstet, ja empört: »Was! Die haben mir einen Chihuahua gegeben!?«

What, they gave me a Chihuahua!?

Man sieht durch die geheuchelte Empörung eines düpierten armen Blinden die jüdische Pointe blinzeln. So bin ich betrogen worden! So hat man mich armen Blinden übers Ohr gehauen!

Auch der folgende Witz führt in die Tristesse einer Bar, die abgedunkelt ist, die Domäne einsamer Männer, die bestenfalls einen Hund mit sich führen, die armen Hunde! Ich verdanke diesen Witz Marcel Reif, der ihn mir erzählte, als wir uns die Zeit in den Warteschleifen bei der *5-Millionen-SKL-Show* während der Aufzeichnung vertrieben. Allerdings, um fit und wach zu bleiben, bei Kaffee und Sprudel. Witze, will ich damit sagen, sind auch Pausenfüller für Männer, die zusammen hinter einer

Bühne in irgendeiner Kantine warten. Auch diese Pausen sind Übertragungsorte für Witze.

Wieder kommt ein Herrchen mit Hund in eine abgedunkelte Bar, in der es noch leer ist. Er ist aus dem Regen, aus dem tristen Nachmittag, dem Vorabend hierher geflüchtet in die Hemingway-Stimmung einer Kneipe. Zwei Männer. Barkeeper und Gast. Und ein Hund.

Der Mann setzt den Hund auf den Tresen. Bestellt seinen Drink, für den Hund Wasser in einer Blechschale. Er entschuldigt sich beim Kellner.

»Ich muss den Hund auf den Tresen setzen. Er hat nämlich keine Beine!«

»Oh«, sagt der Kellner, und um so etwas wie Anteilnahme zu zeigen, fragt er: »Wie heißt denn Ihr Hund?«

»Och«, sagt der Mann, »der hat gar keinen Namen. Der würde ohnehin nicht kommen können, wenn ich ihn rufe.«

»Verstehe«, sagt der Kellner voller Verständnis. Und dann, nach einer Pause: »Was machen Sie denn so?« Pause. »Ich meine, mit Ihrem Hund?«

»Ich? Mit meinem Hund? Um die Häuser ziehen!«

Solche Witze haben für mich eine unverwechselbare Stimmung, eine ganz eigene (ernste) Atmosphäre, eine Beckett'sche Trostlosigkeit. Sie sind, obwohl ausgedacht, irgendwie wahr. Und die Doppelbedeutung von »ziehen« hat eine gruselige Komponente, wie ein Sack oder eine Kiste, die kratzend ohne Räder über den Boden geschleift wird. Der Hund hat seine beste Eigenschaft verloren, das schnelle »Geläuf«. Es ist ein Witz wie von Beckett. Endspiel.

In dem folgenden Witz, in dem sogar der Hund fehlt, herrschen die gleiche Tristesse und Langeweile, wenn auch die eines Sonntagsspaziergangs mit Familie. Und es gibt eine ähnliche knappe Pointe, die buchstäblich sitzt und stimmt. Wie die Faust aufs Auge! Aber deutlich und doppeldeutig.

Ein Ehepaar geht mit seiner Tochter am Sonntag zum Waldspaziergang. Gesittet und gut angezogen geht man spazieren. Das Mädchen ist achtzehn. Sie hat zum ersten Mal ihren Freund dabei, ihren »Verlobten«, wie man damals sagte.
Man geht, offenbar stundenlang. Auf einmal sind die Tochter und ihr Freund verschwunden. Sie sind zurückgeblieben. Die Frau fragt ängstlich ihren Mann:
»Wo stecken die Kinder? Was machen die?«
Knurrt der Mann: »Was werden die schon machen? Nachkommen!«

Der folgende Witz spielt bei einem Impresario. Der ist genervt und gelangweilt, weil er an dem Tag schon viele Möchtegern-Artisten, die sich um ein Engagement bemühten, abgewimmelt hat. Die Zeiten sind schlecht.

Der nächste Klient betritt sein Büro.
»Was kann ich für Sie tun? Was können Sie?«, fragt der Impresario.
»Ich kann Klavier spielen. Virtuos. Schnell. Doppelt so schnell wie der beste Pianist der Welt. Chopin!«
»Ach, wissen Sie«, sagt der Agent. »Chopin. Klassische Musik. Das geht im Moment nicht so gut. Ist nicht gefragt.«
»Aber ich stehe dabei auf dem Kopf und balanciere

sechs Bälle mit den Füßen, während ich unten mit den Händen spiele.«

»Ach, wissen Sie«, winkt der Agent wieder ab. »Bälle balancieren! Das ist im Moment auch nicht gefragt. Ich glaube …«

Da unterbricht ihn der Künstler und ruft: »Aber ich bin ein Hund!«

Die folgende Geschichte ist ein Blindenhund-Witz.

Ein Herr kommt mit seinem Blindenhund in die Gemischtwarenabteilung eines großen Kaufhauses. Er stellt sich hin und beginnt, seinen Hund an der Leine kräftig herumzuschleudern. Immer im Kreis.

Der Abteilungsleiter eilt herbei: »Was machen Sie denn mit Ihrem armen Hund?«

Darauf der Blinde: »Na, man wird sich doch wohl noch mal umschauen dürfen?«

Hunde sind Opfer der Launen und Gebrechen ihrer Herren. Die nächste Geschichte ist eine aus dem Baltikum, wo die adeligen Korffs, die Nimrods des Nordens, große Jäger vor dem Herrn, wohnen. Ihr baltisches Idiom ist inzwischen Historie, doch in den Sechzigerjahren gab es noch viele Kollegen, die es beherrschten, in der *Zeit* Freunde der Chefredakteurin, Gräfin Dönhoff. Haug von Kuenheim etwa.

Doch jetzt zum Hund:

Ein Besucher kommt zum Baron Korff. Er wird vom Dienstmädchen in die Halle geführt. Sie bittet ihn zu warten. Er setzt sich, bekommt einen Tee, ein Jagdhund des Hauses legt sich ihm zu Füßen. Döst vor sich hin. Zufällig entfährt ihm ein Wind, als der Baron den

Raum betritt und der Hund wie in Panik gejagt den Raum verlässt.

Der Baron droht dem Gast neckisch mit dem Finger.

»Ich weiß, welches Malheurchen Ihnen widerfahren ist. Immer wenn einem von uns das vor Gästen passiert, rufen wir zornig ›Hasso!‹ und verpassen dem Hund einen Tritt.«

Ein anderer Witz erzählt sich im Singsang der Balten besonders gut:

Party bei Baron Korff. Es geht hoch her. Es wird viel gegessen, viel getrunken, viel gelacht, derb, versteht sich, und viel einander zugeprostet. Gegen Mitternacht tritt der Diener mit besorgter Miene zu dem Hausherrn.

»Herr Baron, ich muss Ihnen melden, leider ist der Kaviar ausjejangen. Alle.«

Der Baron schaut ihn kurz an, überlegt und sagt dann: »Macht nix, mischen Sie Schrotkugeln unter die Reste. Die Jäste sind jetzt so besoffen, die merken das nicht mehr.«

Am nächsten Mittag treffen sich zwei Gäste.

»Merkwürdijes Fest beim Baron Korff.«

»Ja«, sagt der andere, »sehr feucht, sehr merkwürdig.«

»Ja«, nimmt der andere langsam den Gesprächsfaden wieder auf. »Und der Kaviar – und der Kaviar.«

»Ja«, ergänzt gedankenvoll wieder der andere. »Ja, der Kaviar. Heute morjen, beim Stiefelanziehen, habe ich meinen Hund erschossen.«

Blähwitze, muss man sagen, haben immer etwas Derb-Befreien-des, vor allem wenn sie an die naturnahe Unbefangenheit der grob herzlichen Herrschaften und ihre grenzenlose Gastfreundschaft erinnern.

Alle diese Witze haben mit Fäkalischem zu tun, das sich über Hund und Herrchen seinen Weg bahnte, als die gute alte Zeit in die hygienische Moderne mit ihren abgeschirmten Klosetts überging.

Doch deftig ist auch der älteste Hundewitz, der meines Wissens in Deutschland überliefert ist. In dem Zusammenhang ist immer von Martin Luther die Rede, der mit seiner Bibelübersetzung eine neue deutsche Sprache geschaffen hat: bildkräftig und deftig, klangreich und kein Blatt vor den Mund nehmend. Der sogenannte Volksmund zitiert gern aus dem Stegreif einen Ausspruch des Dr. Martin Luther, der, nach dem Mittagessen oder dem Abendbrot, seinen Gästen zurief: »Warum rülpset und furzet ihr nicht! Hat es euch nicht geschmacket?«

Das ist die treudeutsche, altdeutsche behagliche Art, wie sie auch Goethe in »Auerbachs Keller« im *Faust* festgehalten hat. Man sitzt im eigenen Dunst. Da wird getrunken und geschweinigelt und gesungen, bis man zufrieden sagt: »Uns ist so kannibalisch wohl als wie fünftausend Sauen!« Und so geht auch die Hunde-Fabel Luthers, der sich die Frage stellt, warum alle Hunde einander bei der Begrüßung und beim Kennenlernen am After schnuppern und sich selbst dort beriechen.

Luthers Antwort, echt antipapistisch. Der Papst habe einem von ihnen eine geheime Botschaft in einer Bulle zugesteckt und der habe sie in seinem Gedärm verborgen. Nun würden alle anderen Hunde sich gegenseitig beschnüffeln und versuchen, die geheime Botschaft zu finden.

Bei Goethe versteckt sich der Teufel in einem Hund und knurrt und fletscht die Zähne, sobald etwas Frommes, Gottesfürchtiges passiert oder gesagt wird, der Teufel fürchtet das Weihwasser. Schließlich verbirgt sich im Hund Mephisto: Das also war des Pudels Kern.

Das rustikal Altdeutsche, wo man seinen Gefühlen und dem Druck von Bauch und Blase freien Lauf lässt, kommt auch in dem altfränkischen Diplomatenwitz über die greise Queen Victoria zum Ausdruck.

> Empfang des Diplomatischen Korps bei Ihrer Majestät der Königin. Sie hält eine Begrüßungsrede. Da passiert ihr ein Malheur, es entfährt ihr, deutlich hörbar, ein Wind.
> Galant springt der französische Botschafter auf und ruft der Königin zu: »Excusez-moi, Madame, ich bedaure sehr!«
> Die Königin spricht weiter. Es passiert ihr das gleiche Malheur.
> Diesmal springt der italienische Gesandte auf und nimmt mit einem »Scusi!« und einer Verbeugung alle Schuld auf sich.

Wie im Witz so gang und gäbe und sozusagen strukturbildend für den Witzverlauf, passiert ihr das Missgeschick, sie ist schon sehr alt, ein drittes Mal.

> Zackig springt der Botschafter des Deutschen Kaiserreichs auf, schlägt die Hacken knallend zusammen, beugt sich ebenso zackig in Richtung Königin und sagt: »Dieser und die folgenden drei gehen zulasten des Deutschen Kaiserreichs!«

Vielleicht hat dieser Witz von anno Tobak einst an Biertischen dröhnendes Gelächter hervorgerufen. Zeigte er doch, mit welcher Selbstironie der Deutsche über seinen etwas polternden Charme zu scherzen und zu witzeln versteht.
Hier an diese Stelle passt eine Anekdote über Marilyn Monroe,

die sie wohl auf dem Set von *Some Like It Hot* ihren Kollegen und ihrem Regisseur Billy Wilder erzählt hat.

> Marilyn war damals mit Arthur Miller verheiratet. Er machte mit ihr seiner alten jüdischen Mutter, die beengt in Brooklyn lebte, einen Anstandsbesuch. Und Marilyn musste mal. Das Klo war neben dem Living Room, die Monroe genierte sich wegen der Geräusche, die sie produzieren würde. Also drehte sie den Wasserhahn weit auf, um einen »Klangteppich« zu schaffen.
> Als ihr Sohn das nächste Mal auf Besuch kam, sagte ihm seine Mutter anerkennend: »Eins muss man dieser Frau lassen. Sie brunzt wie ein Pferd!«

Mit »brunzen« hat mir Wilder diese Geschichte in die Wiener Sprache seiner und meiner Kindheit übersetzt.
Gerade natürliche Geräusche, die man zu verheimlichen, zu verstecken und zu verbergen sucht, brechen sich im Witz Bahn – wie Wildbäche bei starken Regenfällen. Aber das wäre im Fall der Monroe eine wirklich schamlose und unpassende Übertreibung.

Ein Mensch, der schlecht lebt wie der Hund dank des Menschen, lebt in der Redensart »wie ein Hund«, führt »ein Hundeleben« – »Es möchte kein Hund so länger leben!« (Goethe). Vom Ende des Sozialismus gibt es einen Witz, der in den drei ehemaligen sozialistischen Ländern Polen, Ungarn und Rumänien spielt. Er spiegelt ganz genau die Unterschiede des Lebens in diesen Staaten.

> Treffen sich nach dem Ende der sozialistischen Diktaturen drei Hunde.

Sagt der polnische Hund: »Ich hatte nichts zu fressen, aber ich durfte bellen.«

Sagt der ungarische Hund: »Ich hatte genug zu fressen, aber bellen durfte ich nicht.«

Der rumänische Hund schaut sie traurig an: »Was ist Bellen? Was ist Fressen?«

So ein Witz verkürzt die Wahrheit auf eingängige Bilder: In Polen, mit dem aufrührerischen Geist der Bevölkerung und dem Widerstand der Kirche und der Gewerkschaften, war die Versorgungslage desaströs, aber es gab eine gewisse Freiheit der Meinungsäußerung, die sich die anarchisch und freiheitlich gestimmten Menschen einfach leisteten, aller Repression zum Trotz.

Ungarn schlug die Revolution von 1956 blutig nieder, Kádár aber versuchte, das Volk mit dem sogenannten Gulaschkommunismus stillzuhalten.

Die Geschichte im Sozialismus Rumäniens ist auch eine Blamage für westliche Fehleinschätzung. Das Land, das sich unter Ceauşescu von der sowjetischen Kandare außenpolitisch löste, also blockfrei war und damit zu den Lieblingsstaaten des Westens gehörte, war im Innern der repressivste Staat mit der schärfsten Geheimpolizei und dem größten wirtschaftlichen Elend. Davor verschloss der Westen geflissentlich und anbiedernd seine Augen.

Es gibt Witze, die beruhen ganz und gar auf realistischen Gegebenheiten. Sie spielen in unserem banalen Leben, im Restaurant, in der Bar, im Club, im Bierbeisl. Andere spielen geradewegs mit dem Gegenteil. Ihre Wirklichkeit ist surreal, unwirklich, unwahrscheinlich, geradezu abstrus konstruiert. Sie sind verrückt, verrücken die Realität, um zu ihrer pointierten Wahrheit, zu ihrem pointierten Elend zu kommen. Zum tragikomischen Schluss. Also:

Ein Häftling, der zu einer lebenslangen Haft verurteilt worden ist, kommt nach zwölf Jahren frei. Er erblickt das Licht der Freiheit mit einer großen Hoffnung, einer glänzenden Perspektive. Es ist ihm nämlich gelungen, in den vielen Jahren seiner Haft einer Fliege, die im Witz ein für Insekten unglaublich langes Leben hat, das Klavierspielen beizubringen. Ebenso hat in seiner Einzelzelle wundersamerweise die ganzen zwölf Jahre ein Konzertflügel von Bechstein gestanden. So geht's eben zu in Witzen. Diese Fliege kann virtuos Klavier spielen, Liszt, Chopin, Rachmaninow.

Jetzt ist er also frei und sie mit ihm. Er zieht sich fein an, grauer Anzug, scheitelt sein Haar und macht sich auf den Weg zu einem berühmten Impresario. Er wartet zwei Stunden im Wartezimmer, das natürlich wegen des Rufs des Impresarios gut gefüllt ist. Die Fliege sitzt geduldig auf seinem Jackenrevers. Ihre Stunde wird kommen.

Endlich ist der Mann dran. Er wird zum Impresario ins Zimmer geleitet. Der ist nach einem langen, anstrengenden Arbeitstag schon ziemlich nervös und gereizt und etwas fahrig.

»Ja, und Sie?«, sagt er und geht im Zimmer auf und ab. »Was haben Sie mir zu bieten?«

»Ja«, fängt der Mann an, »ich war viele Jahre im Gefängnis, genau gesagt zwölf Jahre, und habe dort …«

»Aha«, unterbricht ihn der Impresario. »Entschuldigung, auf Ihrem Revers sitzt eine Fliege.« Der Impresario drückt impulsiv auf die Fliege. Fliege tot! »So, jetzt können Sie fortfahren.«

So kann die Zukunft mit einem jähen Schlag beendet sein. Wie Künstler ihre Hoffnung auf Impresarios setzen, so versuchen Tüftler, ihre Erfindungen beim Patentamt schützen zu lassen, um später richtig Kohle damit zu verdienen.

Es gibt Patentamt-Witze, wo Erfinder abgeschieden von der Welt und siegesgewiss das Farbfernsehen, das Handy oder den Dosenöffner neu erfunden haben, ohne zu wissen – die armen eremitischen Narren –, dass das, was sie erfunden haben, schon längst erfunden worden ist.

Jetzt aber zu einem Mann, der etwas gegen Fliegen erfunden hat. Ein todsicheres Pulver.

Er kommt zum Patentamt. Ein freundlicher, verständnisvoller Patentbeamter empfängt ihn, verschränkt die Hände ineinander, lehnt sich zurück und fragt:

»Nun, was haben Sie uns denn Schönes, Neues und Überraschendes zu bieten?«

Der Mann klappt seine Aktentasche auf und entnimmt ihr eine blecherne Streudose.

»Ich habe hier«, erläutert er, »ein absolut todsicheres und umweltverträgliches Fliegenpulver. Hier!« Er schüttelt die Büchse, ein feiner Pulverstrahl fällt auf eine von dem Mann vorsorglich auf dem Demonstrationstisch ausgefaltete Zeitung.

»Also«, fährt der Mann fort. »Sie haben eine Fliege. Sie fangen sie mit der Hand.« Der Mann stellt das pantomimisch dar. »So etwa. Dann nehmen Sie die Fliege vorsorglich zwischen zwei Finger. So!« Er demonstriert das. »Drücken die Fliege leicht, bis ihr die Augen vorquellen.« Er zeigt das mit Fingerdruck zwischen Zeigefinger und Daumen, und er versucht, Glupschaugen zu machen.

»Wenn Sie so weit sind, dass die Augen hervorstehen, nehmen Sie die Streudose.« Er nimmt sie. »Und streuen ihr leicht eine Prise Pulver in die Augen. So.« Er zeigt es. »Und, was soll ich Ihnen sagen! Schon ist die Fliege tot!«

Der Patentbeamte guckt ihn an. »Gut«, sagt er. »Aber ich hab da eine Frage! Wenn Sie die Fliege so zwischen zwei Fingern haben«, er wiederholt das Spiel des Mannes zwischen seinem Daumen und Zeigefinger, »dann können Sie doch gleich kräftig zudrücken.« Er drückt Daumen und Zeigefinger zusammen. »Dann ist die Fliege doch auch tot.«

Der Mann nickt. »Sie haben recht.«

Bei Wilhelm Busch werden Fliegen mit der Klatsche auf dem Babykopf totgeklatscht. Es gibt bei ihm den Bienenstaat und den der Ameisen. Und Joachim Ringelnatz hat diesen kleinen emsigen Tieren ein witzig-philosophisches Gedicht gewidmet. Es heißt »Die Ameisen«.

In Hamburg lebten zwei Ameisen,
Die wollten nach Australien reisen.
Bei Altona auf der Chaussee,
Da taten ihnen die Beine weh
Und da verzichteten sie weise
Dann auf den letzten Teil der Reise.

So will man oft und kann doch nicht
Und leistet dann recht gern Verzicht.

Es ist »die Moral von der Geschicht«, die dieses Gedicht so melancholisch weise macht. Oder, wie es bei Wilhelm Busch heißt:

Bescheidenheit ist das Vergnügen
An Dingen, welche wir nicht kriegen.

AFFE UNTER AFFEN
ODER: DARWIN, BREHM UND BUSCH

Der Mensch, die »Krone der Schöpfung«, und der Mensch als »Ebenbild Gottes« rangierte nach der jüdischen und der christlichen Religion vor allen anderen Lebewesen. Auf Gottes Geheiß, als dessen edelstes Geschöpf, machte er sich die Erde untertan.

Der erste Zacken fiel den Erdbewohnern, die sich als Mittelpunkt der Schöpfung wähnten, durch Kopernikus und Galilei aus der Krone. Auf einmal drehte sich nicht mehr alles um die Erde, nicht mehr alles um sie. Zu Beginn der Neuzeit war der Egozentrismus des Menschen zum Witz geworden. Auch wenn er es nicht gleich kapierte.

Darwin sorgte für den zweiten Schlag ins Kontor. Die Menschen waren auf einmal keine Sonderanfertigung Gottes mehr, der sie nach seinem Bilde geformt hatte, sondern Tiere unter Tieren, Primaten unter Primaten. Wir stammen vom Affen ab. Und statt Gott hat uns die Evolution so geschaffen, wie wir sind, durch die »natürliche Zuchtwahl«. Durch ein brutales, gnadenloses Auswahlprinzip: den »Kampf ums Dasein«. Den Kampf, in dem der Stärkere überlebt. »The survival of the fittest.« Auch das war ein schwer zu ertragender Witz, wir lebten nicht mehr von

Gottes Gnaden, nicht mal unsere Herrscher, die sich heute noch, wenn auch ein wenig kleinlaut, darauf berufen. Der Souverän, das Volk hat gewählt.

Den dritten Schlag bereitete Freud unserem Selbstverständnis. Auch unsere Seele, unser »Ich« war auf einmal nicht mehr aus sich selbst geboren und autark, sondern ein Produkt von Erbanlagen, Umwelt, Erziehung, Zeitumständen, kurzum: Wir waren auch in dieser Hinsicht in unserem Selbstvertrauen und Souveränitätsglauben ein Witz. Auch hier wird das Animalische zum entscheidenden Trieb, zur entscheidenden Antriebskraft. Instinkte, wie bei Darwin, beherrschen den Menschen.

Darwins Erkenntnis von der tierischen Natur des Menschen fiel in die Zeit, als Wilhelm Busch seine Gedichte und Bildergeschichten schuf. Und es gibt ein Gedicht von ihm, das die Evolution zum Menschen in der Regression zum grunzenden, auf allen vieren kriechenden Tier beschreibt, nachdem die damalige Darwin-Debatte auf Biertische und Weinabende heruntergekommen war.

Sie stritten sich beim Wein herum,
Was das nun wieder wäre;
Das mit dem Darwin wär gar zu dumm
Und wider die menschliche Ehre.

Sie tranken manchen Humpen aus,
Sie stolperten aus den Türen,
Sie grunzten vernehmlich und kamen zu Haus
Gekrochen auf allen vieren.

Tierwitze handeln, wie Busch beweist, auch von der Rückverwandlung des Menschen in ein Tier. Circe, die Odysseus' Gefährten zu Schweinen verwandelt. Einer der schrecklichsten Witze von vermenschlichten Tieren und vertierten Menschen ist 1726, lange vor Darwin, erschienen und noch länger vor Freud. Scheinbar – und das ist ein geheimer Witz dieses großen Werkes – ein Kinderbuch, aber in Wahrheit von abgrundtiefer misanthropischer Einsicht, darin den finstersten Märchen, in denen Menschen mit Tieren zusammenstoßen, ähnlich – eine literarische Schreckenskammer der verächtlichen tierischen Seiten des Menschen.

Solche Geschichten vertierter Menschen und vermenschlichter Tiere gibt es zuhauf – oft sind es Märchen und Sagen, immer mythologische Überlieferungen ihr Ursprung, es gibt den Satyr mit dem Bocksleib, den Teufel mit dem Pferdefuß, wobei der Satyr mit seinem menschlichen Oberbau (dem Oberkörper und Kopf mit Bockshörnern) wie eine vorweggenommene Spiegelung des Freud'schen Seelenmodells später psychologische Erkenntnisse zu reflektieren scheint.

Shakespeares *Sommernachtstraum* ist so ein albtraumartiger Witz, wo sich die edle Titania in einen Esel verliebt. Und Wilhelm Hauffs Geschichte von dem jungen Engländer, der eine Gesellschaft verzückt und dessen Onkel alle warnt, dem Neffen nur ja nicht die Krawatte zu lockern. Und als sie diese Warnung in den Wind schlagen, erleben sie den Ausbruch des Affen aus seiner zivilisatorischen Zähmung und Fessel. Kafkas *Bericht für eine Akademie* zeigt einen Affen, der die Zähmung und Zerstörung seiner Urnatur artig vor einer »Akademie« vorträgt (ein böses, nachhallendes Echo auf Swift wie auf Hauff). Es gibt Kafkas Geschichte *Die Verwandlung*, in der der Held als Käfer, als Insekt aufwacht. Es gibt die Künstlergeschichte von Josephine, der Sängerin, die unter Mäusen spielt – Mäuse, die Kafka sich als Tiervolk für die Juden ausgedacht hat. Wir finden sie in dem kruden und bösen Comic von Art Spiegelman, *Maus*, wieder. Hier wird eine furchtbare Tendenz deutlich, denn was man zu Tieren macht, darf man ja auch vertilgen, auslöschen. Wie im Märchen von *Rotkäppchen und dem bösen Wolf*: »Aber Großmutter, warum hast du einen so großen Mund?« Antwort: »Damit ich dich besser fressen kann.« Fressen und gefressen werden, das ist die große Botschaft dieser Tierparabeln.

Auch das Phänomen der unaufhaltsam in Panik sich selbst vernichtenden Massen, der Massenhysterie, der Massenflucht, die einer Stampede wilder Rinderherden gleicht, wird so satirisch wiedergegeben. In Eugène Ionescos Stück *Die Nashörner*.

Wie sehr sich Freud in seiner Seelentheorie von Darwins Muster speiste, zeigt sein Regress auf die Urhorde, die an heutige Affenfamilien erinnert. Dort ist er, noch vor dem griechischen Mythos von Ödipus, dem Vatermord der herrsch- und eifersüchtigen Söhne begegnet.

Als Darwins Theorie Schulstoff wurde, kursierte der folgende Witz:

Der Sohn kommt aus der Schule und sagt zu
seinem Vater:
»Du Vater, der Lehrer hat gesagt, dass wir vom
Affen abstammen!«
Darauf der Vater erbost: »Du vielleicht!
Ich bestimmt nicht!«

Die blinde Empörung ist tiefer, als es auf den ersten Blick scheint. Wilhelm Busch kennt eine ganze Reihe solcher Kolonisations- und Tiergeschichten. Die vielleicht deutlichste ist die von Fipps, dem Affen, der in Afrika hinterlistig gefangen wird, um nach Europa verschifft zu werden, und sich dort mit seinem tierisch unschuldig-schuldigen Wesen rächt. Als Busch seine Tierbild-Geschichten *Fipps der Affe*, *Hans Huckebein der Unglücksrabe* und *Schnurrdiburr oder die Bienen* schrieb, war er sicher nicht nur mit Darwins »Kampf ums Dasein«-Thesen und Darwins Evolutionstheorie bekannt geworden, sondern auch mit *Brehms Tierleben*.

Alfred Brehm war 1863 Direktor des Zoologischen Gartens in Hamburg geworden und hatte das Berliner Aquarium erschaffen und bevölkert, er schrieb von 1864 bis 1869 sein berühmtes *Brehms Tierleben*, das bald darauf die »Tierbibel des deutschen Volks« genannt werden sollte. So wie Wilhelm Buschs Bildergeschichten-Sammlung, könnte man in einer Analogie sagen, zur »Humorbibel der Deutschen« wurde. Beides jedenfalls Volksbücher von immenser Wirkung, wobei Busch von Brehm wie von Darwin sehr beeindruckt war, wie auch von den »Zoologischen Gärten«, die damals in Europa aufkamen. Sie spiegelten die Kolonialwelt und waren, so wie Gewürze, Erze und Edelhölzer, ein Ausdruck des kolonialen Zeitalters. »Kolonialwarengeschäfte« hießen in meiner Kindheit Geschäfte, in denen es Zimt und Koriander, Pfeffer und Vanille gab.

Bei *Zimt* muss ich an einen Witz denken, der mir in der *Zeit* sehr übel genommen wurde, als Erhard Kortmann ihn auf seiner Witzseite abdruckte. Ich bekam, wie damals (1970) üblich, für diesen Witz, den Kortmann als abdruckenswürdig erachtete, eine Flasche Scotch als Naturalienhonorar. Und ziemlich viel Ärger mit »der Gräfin«, der Chefredakteurin. Hätte es damals schon die Phrase »menschenverachtend« gegeben, hätte ich sie zu hören bekommen. So blieb es bei einem Rüffel, den ich mit einem Gläschen aus der gewonnen Whiskyflasche hinunterspülte. Ich fühlte mich verkannt. Nicht über ein Leiden hatte ich mich lustig machen wollen, sondern nur über ein surreales Verb erfreuen, das dabei herauskam. Die Geschichte ging so:

Was ist der Unterschied zwischen einem Epileptiker und einem Grießbrei?
Antwort: Der Grießbrei liegt in Zucker und Zimt. Der Epileptiker liegt im Zimmer und zuckt.

Ach, der zimmende Grießbrei. Kein Fall für den Doktor, eher ein Verwandter des Wackelpuddings. Kolonialware!

Und da dieser Witz wirklich an den Zimt-Haaren herbeigezogen ist, möchte ich gleich noch einen Tierwitz an den Haaren herbeiziehen, bei dem das An-den-Haaren-Herbeiziehen zum Prinzip wird.

An der Dresdner Uni sind Examensprüfungen in Zoologie. Alle Studenten haben sich nur auf die Würmer vorbereitet, die, so weiß man seit Jahren, ein Steckenpferd des Professors sind, auf dem er bei Prüfungen gern herumreitet. Sein Spezialgebiet.
Die Prüfung beginnt. Der erste Prüfling kommt herein. Zu seinem Entsetzen fragt ihn der Professor nach Singvögeln. »Was wissen Sie von Singvögeln?« Schwitzend und stotternd beginnt der Student: »Die Singvögel verlassen im Herbst Mitteleuropa und kommen im Frühling zurück. Sie ernähren sich von Würmern …« Und er fährt flüssig fort: »Die Würmer zerfallen in die Gruppen der Faden-, Band- und Spulwürmer …«
Der zweite Student kommt in die Prüfung. Auch er wird mit einer unerwarteten Frage konfrontiert.
»Was wissen Sie von Elefanten?«
»Äh«, beginnt der Student, »der Elefant lebt in Afrika und in, äh, Indien. Der, äh, Elefant ist groß und hat einen Rüssel. Der Rüssel sieht aus wie ein großer Wurm …« Und von nun an flüssig: »Die Würmer zerfallen in Spul-, Faden- und Bandwürmer …«
Schließlich erwischt es den dritten im Examen: »Was wissen Sie von Löwen?«
»Von Löwen«, stottert der. »Der Löwe lebt in der

Wüste. Die Wüste liegt im Süden. Im Süden ist es
wärmer. Die Wärmer zerfallen in die Spulwürmer, die
Fadenwürmer und die Bandwürmer …«

Warum es im Witz immer drei Studenten sind, die ins Examen kommen, drei Gruppen, in die die Würmer zerfallen? Fragen Sie mich was Leichteres! Es hängt aber mit der unheiligen
Dreifaltigkeit der Witzstruktur zusammen – siehe Bergson! Der
Witz »arbeitet« da ähnlich wie das dialektische Denken, das
auch über These und Antithese zur Synthese kommt: auch ein
Dreierschritt. Deshalb kennt der Witz Faden-, Band- und Spulwürmer. *Brehms Tierleben* aber kennt Rund- oder Fadenwürmer, Spulwürmer, dann noch Hakenwürmer, Saitenwürmer,
den Peitschenwurm und den Kappenwurm. Und bestimmt gibt
es noch viel mehr.
Rolf Hochhuth war es übrigens, der bei Bertelsmann Wilhelm
Buschs *Gesammelte Werke* wieder als Volksausgabe in zwei Bän-
den herausgab. Eingeleitet übrigens mit einem Essay von Theodor Heuss, dem ersten Präsidenten der Bundesrepublik.
Aber zurück zum Zoo. Zurück zu Busch. Seine berühmtesten
Tiere hat er alphabetisch geordnet und bebildert. In seinem *Na-
turgeschichtlichen Alphabet – für größere Kinder und solche, die
es werden wollen*, das unvorstellbare Popularität erlangte und zu
einem Lexikon geflügelter Worte und Witze wurde.
Es geht von A bis Z auf folgende Weise:

> A   Im Ameisenhaufen wimmelt es,
>   Der Aff frisst nie Verschimmeltes.

Bis zum Z.

> Z   Die Zwiebel ist des Juden Speise,
>   Das Zebra trifft man stellenweise.

Manche Tiere in diesem Alphabet sind dem Zoo entsprungen, andere der freien Natur, bei anderen wiederum gesellen sich Menschen dazu beim Trinken und Flirten, schließlich gibt es Fabelwesen, die durch menschliche Eigenschaften geplagt und bestimmt werden. Nehmen wir als Beispiel nur das E:

E   Der Esel ist ein dummes Tier,
    Der Elefant kann nichts dafür.

Auf dem entsprechenden Bild sehen wir einen bebrillten Elefanten als Lehrer, der dem armen Esel mit dem Rohrstock das ABC einzuprügeln versucht.

Noch zu meiner Gymnasialzeit gab es eine Unzahl ebenfalls alphabetisch geordneter pubertärer Ferkeleien nach diesem großen Vorbild. Das war sozusagen die entfesselte Unterwelt. Ich wähle die Buchstaben P und Q als Beispiel, weil sie einen gewissen Rest vom Geist des Originals ins Sauigeln von Schülern (männlichen natürlich) hinübergerettet haben. Also P und Q:

P   Den Puma fängt man mit der Falle,
    Der Puff ist keine Lesehalle.

Q   Die Qualle durch das Weltmeer segelt,
    Es quietscht, wenn man im Wasser vögelt.

Leider gibt es die entsprechenden Busch-Bilder dazu nicht. Mir jedenfalls sind sie nicht bekannt. Dafür gibt es viele begabte und fast kongeniale Nachahmer. Robert Gernhardt zum Beispiel und Hans Traxler. Karl Valentin hat den *Maskenball der Tiere* besungen, mit anschließendem Festmahl. Allerdings geht es bei ihm nicht »alphabetisch« zu. Auch hier zwei Beispiele:

Der Feuersalamander
rutscht übers Stiegenglander.

Das reimt sich nur im Bayerischen, weil dort das »Treppenge-
länder« auch »Stiegenglander« heißt und einen komischen
Reim ergibt.

Der Rabe, der Rabe
fraß d'Suppn mit der Gabe.

Das reimt sich überhaupt nicht – und das ist umso komischer.
Die »Gabe«, das ist die Gabel, und die würde sich nur reimen,
wenn der Rabe »Rabel« hieße.

VON LÖWEN UND STIEREN

Witze kommen und gehen, wie aus dem Nichts tauchen sie wieder auf, manchmal neu gewandet, auf Zeitgeist umgeschminkt.
Andere verschwinden, so zum Beispiel die Witze von den Tieren, die durch eine Art Insektizid bekämpft werden, auch wenn
es sich nicht um Insekten, sondern etwa um Löwen oder Tiger
handelt.
Sie spielen in Zügen, und vielleicht sind sie aus der Zeit gefallen,
weil man bei schnellen Zügen die Fenster nicht mehr öffnen
kann, wer weiß. Vielleicht auch, weil sie auf dem Feld der surrealen Witze gefallen sind, die einst mit der abstrakten Malerei
gemeinsam blühten. Mag sein. Hier ein Witz, der aus zwei Bei-
spielen besteht respektive zwei Pointen hat.

In einem Zugabteil sieht ein Mann, wie ein Reisender, der kurz vorher zugestiegen war, seinen Koffer aus dem Netz holt, ihn öffnet, ihm eine Tüte entnimmt, den Koffer wieder schließt und ins Gepäcknetz hochhievt. Dann zieht er das Fenster runter, öffnet die Tüte und streut mit der rechten Hand Pulver aus dem Fenster. Der Mitreisende schaut ihm erstaunt bis entgeistert zu: »Was machen Sie denn da?«

Der Streuende: »Ich streue ein Pulver aus dem Fenster.«

Der andere: »Wozu das?«

Der Tütenmann: »Es ist gut gegen Löwen!«

Der andere (der Zug fährt gerade durchs schottische Hochland): »Aber hier gibt's doch gar keine Löwen!«

Der Löwenbekämpfer: »Das macht nichts. Ist auch nicht das richtige Pulver!«

Der gleiche Zug, die gleichen Reisenden, die gleiche Tüte. Wieder staunt der eine, dass der andere das Abteilfenster runterzieht und Pulver aus dem Fenster streut. Wieder fragt der eine: »Was machen Sie denn da?«

Wieder bekommt er die Antwort, das Pulver sei gut gegen Löwen. Wieder sagt der andere verblüfft: »Aber hier gibt's doch gar keine Löwen!«

Diesmal antwortet der Löwenbändiger stolz: »Da können Sie mal sehen, wie das Pulver schon gewirkt hat!«

Oder er könnte auch antworten und tat es, wenn so mancher damals anderen den Witz erzählte:

»Da können Sie mal sehen, wie das Pulver wirkt.«

Das Pulver ist mit den Löwen aus den Highlands verschwunden und hat die Witze mit verschwinden lassen. Vielleicht auch deshalb, weil sich die Reiseabenteuer in neue Regionen erweitert haben. Wir werden darauf zurückkommen.

Hier aber mache ich schon einmal einen Abstecher, nach Kanada zum Beispiel, wo es nicht nur all die schönen rot-schwarz karierten Holzfällerhemden gab (die gerade, wir schreiben den Sommer 2011, wieder, wenn auch bunter gemustert, in Mode sind). Und der Witz spielt ohne Löwen und ohne Bären, und gefällt wird der schier unendliche kanadische Nutzwald von den tüchtigen Holzfällern.

Bewerbungsbüro am Rande der kanadischen Wälder. Unter den kräftigen, baumstarken Kerlen steht auch ein eher schmächtiges kleines Männlein, die Axt geschultert auf seinen schmalen Schultern.

»Was wollen Sie denn hier?«, fragt der zuständige Förster den Schmächtling.

»Ich bin Holzfäller«, antwortet der.

Der Forstbeamte sagt: »Entschuldigung, dass ich da lache.«

Das Kerlchen: »Darf ich Ihnen eine Probe meiner Arbeit geben?«

Er darf. Die beiden gehen zu einem nahe gelegenen Waldstück.

»Nun legen Sie mal los! Zeigen Sie, was Sie können!« Der Kleine legt die Axt an und schlägt blitzschnell mit gezielten, kräftigen Hieben los. Die Bäume fallen zuhauf.

Der Förster staunt nicht schlecht. »Das ist ja fantastisch!«, sagt er. »Wo haben Sie denn bisher gearbeitet?«

»In der Sahara.«

»In der Sahara?«, fragt der Förster. »Da gibt's doch gar keine Bäume.«

»Jetzt nicht mehr«, sagt der kleine Mann stolz.

An dieser Stelle drängt sich wieder ein Löwe in die Szenerie, diesmal wirklich in Afrika, und er ist der bedrohliche Gegner in einer Abenteuergeschichte. Diese wird auf einer Party erzählt, wie das so üblich ist, wenn man von Ferien und Abenteuerreisen zurückkehrt und mit Freunden, Bekannten und Verwandten Erlebnisse austauscht. Früher hieß das Jägerlatein und gehörte zur eisernen Ration der Witzeerzähler bei Schrot und Korn am Kamin. Man saß zwischen den Geweihen der Hirsche und auf dem Fell des Löwen, das man laut Sprichwort bekanntlich nicht verteilen darf, bevor man den Löwen erlegt hat.

»Wer wen?« So hießen sehr frei nach Lenin solche Jagdgeschichten, und der folgende Erzähler, der weder ein Nimrod noch ein Hemingway war, berichtet von einer Löwenjagd, bei der er der Gejagte ist.

»Ich bin von meiner Reisegruppe abgekommen«, erzählt der Mann. »Es ist glühend heiß, ich halte Ausschau nach den anderen, als ich plötzlich sehe, wie ein Löwe aus dem Nichts auftaucht. Er hat mich offenkundig gewittert, als Beute, und hält in weiten Sätzen auf mich zu. Ich laufe entsetzt weg, die Angst gibt mir ungeahnte Kräfte, ich laufe ja um mein Leben. Trotzdem kommt der Löwe näher und näher. Ich blicke mich verzweifelt im Laufen nach allen Seiten um. Da, im letzten Moment sehe ich eine Palme. Ich stürze auf sie zu. Die Angst, wie gesagt, gibt mir ungeahnte Kräfte; ich klettere hoch und höher, bin auf einmal unter der Palmenkrone. Der Löwe hechelt unten. Ich bin gerettet!«

Breites, hörbares Aufatmen in der Zuhörerrunde, bis einer skeptisch einwirft: »Du sag mal, in der Wüste gibt es aber doch gar keine Palmen.«
Der Erzähler schaut ihn kurz an: »Du glaubst gar nicht, wie scheißegal mir das in diesem Augenblick war!«

Eine andere Geschichte:

Sie handelt von zwei Freunden, die sonst ständig, was im Handyzeitalter nicht schwer, eher lästig ist, in Kontakt stehen. Doch auf einmal kann der eine den anderen nicht erreichen. Vierzehn Tage lang nicht. Endlich meldet sich der lang Verschollene wieder. »Wo warst du denn?«, fragt ihn sein Freund. »Ich habe dich einfach vierzehn Tage nicht erreichen können. Nie bist du ans Telefon gegangen. Nie hast du meine SMS beantwortet.«

(Den letzten Satz habe ich jetzt eingefügt, um den Witz à jour zu bringen, um ihn auch für die unmittelbare Gegenwart glaubhaft und aktuell zu machen. Ich gebe zu, es geschieht nicht ohne Gewalt, ich habe den Witz in den Achtzigerjahren zum ersten Mal gehört, von einer illustren Kollegin, mit der ich mit oder ohne Handy seit Jahrzehnten nicht mehr Kontakt hatte. Mit dem Löwenwitz ist sie aus meinem Leben gewandert. Jedenfalls telefonisch.) Doch zurück zu den Freunden, zurück in den Witz.

»Ich war in Afrika. Auf Löwenjagd«, sagt der eine.
»Auf Löwenjagd in Afrika, das ist ja toll«, sagt der andere.
»Ja«, sagt der eine stolz, »vierzehn Tage!«
»Vierzehn Tage«, echot der andere, »Toll! Wie viele Löwen hast du denn geschossen?«

»Keinen«, antwortet der eine.

»Keinen? Das ist aber nicht viel«, sagt der andere enttäuscht.

»Bei Löwen schon«, antwortet der eine.

Der Löwe, kann man an dieser Stelle nur als Kenner der fabelgerechten und heraldischen Tradition der Tierhierarchie feststellen, ist der König der Tiere. Ohne Zweifel. Mit einer auch geschlechtlich klar gegliederten Ordnung. Er, der Mann, der Herr, erkennbar an seiner gewaltigen Mähne. Sie, umspielt von Löwenkindern, die »mater familiae«, wie es sein soll. Ich habe inzwischen auf friedlichen Safaris Löwenfamilien gesehen, in meinem Fall war es am Rand einer Flugpiste, wo man nur noch mit der Kamera wild auf die wilden Tiere schießt, die in paradiesischer Friedlichkeit um einen herum grasen, flüchten und jagen.

Die Löwenfamilie liegt meist träge und satt in der Savanne. Alle ruhen mächtig und nur mit sich selbst beschäftigt in sich selbst. Der Löwe scheint meist wohlig ermattet und satt zu sein, nur manchmal fährt er sich träge blinzelnd mit der Zunge über die satte Schnauze. Ein Bild selbstzufriedener Macht. Das Auge fantasiert sich fast automatisch Zepter und Krone hinzu.

Sie haben eine lange Kulturgeschichte, die Löwen. Schon im Kolosseum (»Ave Caesar, morituri te salutant!« – Heil dir, Caesar, die Todgeweihten begrüßen dich!) sind sie auf Gladiatoren (glänzend besetzt mit Russell Crowe) zugestürzt. In Witzen beten sie, nach der Christianisierung, vorher noch: »Komm Herr Jesu, sei unser Gast und segne, was du uns bescheret hast.« Den ersten Löwenkampf in Rom gab es allerdings schon 94 vor Christus. Kaiser Hadrian tötete im Zirkus mehrmals, so ist es überliefert, hundert Löwen. Das ist viel mehr als keiner.

In der Mythologie gibt es Daniel in der Löwengrube und Patrokles und den Löwen. Der biedere Amateur Zettel ist so kühn, in

Shakespeares *Sommernachtstraum* zu bitten: »Lasst mich den Löwen auch spielen.«

Was der Löwe in der römischen Arena war, ist der Stier in der spanischen Corrida, dem Stierkampf. Fast muss man auch hier schon statt »ist« »war« sagen, wenn man vom Kampfstier spricht. An dieser Stelle sei gestanden, dass ich ein »afficionado« (Liebhaber) war. Natürlich redete ich mich auf Hemingway, García Lorca und Ähnliche heraus und habe, darauf angesprochen, immer die herausragende Rolle des Stierkampfs in den Grafik-Reihen der beiden großen spanischen Zeichner und Maler Goya und Picasso hervorgehoben. Beide haben gewaltige Bilder der »Tauromaquia« (ursprünglich ein Lehrbuch für Torreros) geschaffen. Auch diese kulturgeschichtliche Festschreibung wird den Stierkampf nicht lange retten, auch nicht als Touristenattraktion. Zu sehr sind die Tierschützer und die katalanischen Antizentralisten dem »urspanischen« Stierkampf abhold. Dazu kommt, dass der Fußball (ich erwähne nur den FC Barcelona und Real Madrid, beide die Königstiger oder Löwen oder Stiere des Weltfußballs) die Tauromaquia aus der Gunst der Fans verdrängt hat. Aus »Afficionados« sind längst Barca-Fans und Anhänger der »Königlichen« (Madrid) geworden.

Deshalb möchte ich an dieser Stelle, auch in einem Witz, des Stierkampfs gedenken.

Wenn man also weiß, dass Hadrian leicht mit hundert Löwen fertig wurde, dann ist der Stierkampf, der ein ritterliches Spiel Mann gegen Tier sein soll, der durch den »Matador« nach einem strengen Ritual zum Tod des Tieres führt, eigentlich auch dazu gedacht, dass der Stier keine Chancengleichheit gegen den Stierkämpfer hat. Wirklich nicht! Es ist ja auch nicht so, dass die Zuchtrinder in Argentinien oder in Nordamerika gegen die Cowboys und im Süden gegen die Gauchos irgendeine Chance hätten. Tiere sind dazu da, gefressen zu werden. Auch beim Stierkampf.

Um den Stierkampf ranken sich trotzdem lauter melancholische Mythen und Legenden, die sich auch in der gastronomischen Praxis niederschlagen. So wie früher in barbarischen Zeiten der Sieger das Herz des Feindes zu verspeisen pflegte (die Belege verlieren sich in vorzeitlichem Dunkel), so gab es in der Tat auf der Speisekarte von Restaurants, die nahe bei Stierkampfarenen lagen, als Spezialität und Rarität Stierhoden, denen man, wie kann es anders sein, eine magische Kraft und einen magischen Einfluss auf die Manneskraft zuschrieb – eine Art vorsintflutliches Viagra oder auch eine Art Drachenblut, in dem Siegfried zumindest gebadet hat. Aber mythologischer Scherz beiseite und Witz herbei.

> In einem Restaurant bestellt ein Gast nach einer Corrida Stierhoden. Als er sie serviert bekommt und der Ober die Haube hebt, ist der Gast erstaunt über die Winzigkeit des vorliegenden Gerichts. Er schaut den Ober fragend an, und der zuckt bedauernd die Achseln:
> »Nicht immer gewinnt der Torero, mein Herr!«

Mir scheint das ein schönes Pendant zu der Geschichte, dass null Löwen schon eine beachtliche Menge darstellen. »No siempre gana el torero.« Oder auch: Wer zuletzt lacht, lacht am besten.

DAS TIER MIT ZWEI RÜCKEN

In Shakespeares *Othello* findet sich das »Tier mit zwei Rücken«, es ist ein Sprachbild für die sexuelle Vereinigung, vor allem wenn sie nicht durch die Ehe »geheiligt« ist, also tierische Lust bleibt. So das christlich-abendländische Verständnis, das Jago mit dem Tiervergleich herausfordert. Othello treibt es mit Desdemona – »unzüchtig«, wie alle, auch ihr Vater, meinen, denn von der heimlichen Hochzeit weiß niemand –, und Jago brüllt es mit Rodrigo durch die Gassen des nächtlichen Venedigs, um den venezianischen Senator aufzuscheuchen. »Ein alter schwarzer Schafbock bespringt Euer weißes Lämmchen!« Es ist noch dazu ein Schwarzer, ein Mohr, also ruft Jago dem Vater zu: »Ihr wollt einen Berberhengst über Eure Tochter kommen lassen; Ihr wollt Enkel, die Euch anwiehern, wollt Rennpferde zu Vettern und Zelter zu Neffen haben? ... Ich bin einer, Herr«, ruft Jago laut die Schande in die venezianische Nacht, dem Vater von unten hinauf zum Balkon zu, »der Euch zu melden kommt, dass Eure Tochter und der Mohr jetzt dabei sind, das Tier mit zwei Rücken zu machen.« Eine geile Bestie also, gekuppelt aus Schwarz und Weiß noch dazu!

Die Sache geht gut aus. Am Anfang. Umso schlimmer das Drama am Ende. Der Schwarze ist aus königlichem Geblüt, er muss als Feldherr für Venedig gleich nach Zypern, um für den Stadtstaat zu siegen, und vor dem Dogen von Venedig und dem zornbebenden Vater schildert er, dass alles mit gesittet rechten Dingen zuging. Nicht durch Geilheit oder Hexenkunst und Zaubertrank hat er sich Desdemona ins Bett »gehext«, sondern durch anrührende Erzählungen ihr Herz gewonnen – und sie, wichtig und entscheidend, auch geheiratet. Nix mehr von Tier im Bett! Das soll erst der böse Jago später auf Zypern in Othello wachrufen, zur bösen mörderischen Eifersucht erwecken.

In den Niederungen des Witzes geht es zwar anders zu als in der hohen Tragödie. Aber auch da soll man den Kindern bei der Erziehung nichts niedrig Tierisches zur Aufklärung vorsetzen. Von Bienen und Schmetterlingen soll schönstenfalls die Rede sein, um die Heranwachsenden über die Liebe aufzuklären. Noch heute gibt es bei Verliebten jedenfalls im Kitsch und im Schlager die verblödende Redensart von den »Schmetterlingen im Bauch«. Hier der Witz:

Der Schulmeister in Schwaben sagt den Eltern bei einem Elternabend, es wäre Zeit, die lieben kleinen Erstklässler aufzuklären. Aber bitte behutsam! Mit Feingefühl. Schmetterlinge bieten sich an, Bienen in Blumenkelchen dito. Damit könne man den Kindern Fortpflanzung und Vermehrung nahebringen, auf das Schönste, Zarteste vermitteln.

Da kommt er bei dem Bauern von der Rauhen Alb gerade an den Rechten. Der beherzigt den Rat und knöpft sich an einem Sonntagvormittag den kleinen Sohn vor. Nimmt ihn sich aufklärerisch zur Brust.

»Hör mal«, sagt er zu dem Filius, »du hasch doch sicher scho gsehn, wie der Hahn unsere Hennen bspringt.«

»Ja, Vatter, des han i gsehn.«

»Und vielleicht au, wenn die Sau zum Eber gführt wird.«

»Ja, Vatter, gsehn hab i das und au ghört, wie die dabei quietscht und grunzt.«

»Dann hascht du vielleicht au gsehen, was der Knecht und die Magd treiben, wenn er ihr hälinga (heimlich) ins Heu nachsteigt.«

»Ja freilich, Vatter, han i des ausspioniert.«

»Ja, sigst mei Sohn, und genauso machets die Biene und die Schmetterling!«

Eine Antiklimax nennt man so etwas, einen Aufstieg vom Gro-
ben, Animalischen ins blumig Zarte. Man könnte auch sagen,
dass der Albbauer als Vater mit der Tür ins Haus fällt. Anders
wär's auch schwer in unmittelbarer Nähe zur animalischen
Kreatürlichkeit.

Wie singt Eartha Kitt in ihrem Song »Let's Fall in Love«, der
ähnliche Beispiele bemüht und dem sie in den keuschen Fünfzigerjahren ihre rauchig unkeusche, aufreizende Anmach-Stimme
lieh? Schon damals ein vortrefflicher Schlag unter die Gürtellinie für Menschen mit Schmetterlingen im Bauch.

> Birds do it
> Bees do it
> Even educated fleas do it
> Let's do it
> Let's fall in love
>
> In Spain, the best upper sets do it
> Lithuanians and Letts do it
> Let's do it
> Let's fall in love
>
> The Dutch in ol Amsterdam do it
> No to mention the Finns
> Folks in Siam do it
> Think of Siamese twins
> Some Argentines, without means, do it
> People say in Boston, even beans do it
> Let's do it
> Let's fall in love
>
> Romantic sponges, they say, do it
> Oysters, down in Oyster Bay, do it

Let's do it
Let's fall in love

Cold Cape Cod clams, 'gainst their wish, do it
Even lazy jellyfish do it
Let's do it
Let's fall in love

Electric eels, I might add, do it
Though it shocks 'em I know
Why ask if shad do it
Waiter, bring me shad roe
In shallow shoals, English soles do it
Goldfish, in the privacy of bowls, do it
Let's do it
Let's fall in love, let's fall in love

Für mich habe ich Eartha Kitts Song von Bienen, Schnecken und Schmetterlingen so übersetzt:

Vögel tun es
Bienen tun es
Marienkäfer zwischen Schienen tun es
Tun wir's doch auch

In Spanien die besten Kreise tun es
In Litauen sogar die Greise tun es
Tun wir's doch auch

Der Herzog von Amsterdam macht es
Des Tages und des Nachtes
Von den Finnen gar nicht zu reden
Oder auch von den Schweden

Die siamesischen Zwillinge tun es
In New York sogar Drillinge tun es
Argentinier ohne Zweifel tun es
Die Bürger in Boston weiß der Teufel tun es
Tun wir's doch auch

Romantische Schwämme tun es
Austern noch in der Klemme tun es
Schnecken in ihrem Haus tun es
Fette Quallen für Applaus tun es
Elektrisierte Aale tun es
Sogar faule Wale tun es
Ohne Frage tun es auch Piloten
Denn sie wären sonst Idioten
Tun wir's doch auch

Goldfische in ihren Gläsern tun es
Spinnen heimlich unter Gräsern tun es
Der Adler im Nest tut es
Der Kellner beim Fest tut es
Der geteilte Wurm tut es
Auch der Jäger im Sturm tut es
Tun wir's doch auch

Dass es in der Umgebung eines Bauernhofs, wo manches »Kike-
riki« und manches Wiehern und Blöken zu hören ist, natürli-
cher, also ungezwungener zugeht, gilt auch für andere Verrich-
tungen, die mir als Kind als »kleines Geschäft« oder »großes
Geschäft« nahegebracht wurden, jedenfalls wenn ich es anmel-
den wollte, während meine Mutter sagte, sie gehe dahin, »wohin
auch der Kaiser zu Fuß geht«.
Wie es der Goldfisch bei Eartha Kitt in der Privatsphäre des
Goldfischglases tut, so findet in der Stadt auch das große wie das

kleine Geschäft in der Abgeschiedenheit des »Closetts« statt, während man sich in ländlicher Natur durchaus in der Nähe des ungenierten Getiers erleichtert.

Es gibt den Witz von dem Mafiaboss, der mit seinen rauen Sitten zu einer Ostküstenlady in ihre Prunkvilla eingeladen ist und einen langen Fußmarsch durch den weiten Park zu absolvieren hat. Als er eintritt, begrüßt sie ihn mit den Worten, dass er sich gewiss zuerst die Hände waschen wolle nach dem Fußweg.
»Thanks!«, sagt er. »Aber das habe ich schon unten bei der letzten Eiche erledigt.«

So wie das Landleben löst auch der Alkohol die strengen Sitten. Wer es nicht glaubt und nicht weiß, kann es jährlich auf der Wiesn beim Oktoberfest erleben, wo sich die Männer augenzwinkernd nach der vierten Maß zurufen, ob jemand mitkomme, um »eine Stange Wasser in die Ecke« zu stellen. Dröhnendes Gelächter, nur nicht unter Sitzpinklern.

In der nächsten Geschichte, sie spielt in Tübingen am Neckar, hat ein Korpsstudent mit seinen Verbindungsbrüdern bis in den hellen Tag hinein gefeiert, gesungen und gezecht. Jetzt steigt er frohgemut die Hügelstraße vom Verbindungshaus zum Neckar runter, zur Neckarbrücke mitten in der Stadt. Er ist übermüdet, gut gelaunt und immer noch ziemlich abgefüllt. Also überkommt es ihn mitten auf der Brücke, er zieht blank und pinkelt in hohem Bogen in den Fluss.
Auf der Brücke herrscht schon reger Verkehr. Und eine feine ältere Dame sieht das und sagt echauffiert, geradezu bebend vor Entrüstung:

»Das ist aber ein starkes Stück!«
Worauf der Student mit gekränktem Stolz bemerkt:
»Und über die Länge sagen Sie gar nichts?«

Elefanten prahlen im Unterschied zu Studenten nicht, wie die nächste Geschichte zeigt. Sie spielt im Zoo.

> Eine Nonne steht mit ihrer Mädchenklasse im Zoo bei dem Elefanten, als auf einmal zwischen den Beinen sein Glied sichtbar wird. Ein Mädchen sieht das und zeigt aufgeregt auf das von ihr noch nie bei einem Elefanten Gesehene.
> »Schwester! Schwester!«, ruft sie. »Schauen Sie mal, was ist das?«
> Die Lehrerin, die sie beschwichtigen will, sagt schnell: »Ach, das ist nichts.«
> Worauf sich ihr ein zufällig in der Nähe stehender Besucher zuwendet und sagt: »Nichts?! Sie sind aber verwöhnt!«

GROSS UND KLEIN – MÜCKE UND ELEFANT

Die Anatomie, besonders der Rüssel des Elefanten, ist dem Witz stets eine Pointe wert. Davon handelt die Geschichte vom Elefanten und vom Kamel, die einander erstmalig begegnen, sich gegenseitig neugierig mustern, um dann das folgende Gespräch miteinander zu führen:

»Komisch ist das schon«, sagt der Elefant zum Kamel,
als er dessen zwei Höcker eindringlich gemustert hat.
»Du hast ja den Busen auf dem Rücken!«
Darauf erwidert das Kamel angemistet: »Du musst
gerade hupen!«

Den folgenden Elefantenwitz verdanke ich Lutz Röhrich, und
zwar seinem Buch *Der Witz. Seine Formen und Funktionen*.
Röhrich, damals Professor in Freiburg, ist Herausgeber des
Handbuchs des Volksliedes und Mitherausgeber der *Enzyklopä-
die des Märchens*, hat also genau den idealen Ansatz für das Verständnis des Witzes als »Volksgut«, als »Volksmund«, als »Märchen« und »Volkslied« – all das verweist auf die mündliche
Überlieferung des Witzes, die, unbeschadet der Tatsache, dass
das Internet inzwischen Witze en masse gesammelt hat, immer
noch eine der wichtigsten spontanen Traditionen und Tradie-
rung des Witzes ist: Er entsteht und verbreitet sich wie ein »Lauf-
feuer«. Und so verschwindet er auch.
Der folgende Witz spielt auf einer oder nach einer Safari und
handelt ebenfalls von dem Missverständnis der Funktion des
Rüssels bei Mensch und Elefant.

Auf der Safari gibt es einen Unfall. Einem der Männer
ist ein wichtiger Teil seines Körpers abhanden
gekommen. (So erzählt ihn Röhrig 1977. Wir würden
heute sagen: Er hat bei einem Unfall sein Glied, seinen
Penis verloren.) Ein Chirurg ist zur Hand. Er verpflanzt
dem Mann anstelle seines verlorenen Glieds einen
Elefantenrüssel. Die Operation gelingt.
Die Safariteilnehmer begegnen einander Monate später
in der Heimat. Als der Chirurg seinen Patienten sieht,
fragt er ihn, ob er mit dem Resultat der Operation
zufrieden sei.

»Ja«, antwortet ihm der Patient, »eigentlich sehr. Die Sache wird nur etwas unangenehm, wenn ich zu einer Party eingeladen werde, und es stehen Schüsselchen mit Erdnüssen auf dem Tisch.«

Das Schöne an Witzen ist, dass ihnen neben ihrer Pointe alles andere gleichgültig, wurscht und schnurzpiepe ist, etwa: Wie läuft der Mann? Wie trägt er seine Hose? Was sagt seine Frau? Alles egal!

Röhrig erzählt noch mehr Elefantenwitze, die sich auf »groß und klein« im Verhältnis Rüssel zu Glied beziehen, aber das Verhältnis auf den Kopf stellen. Sie handeln von Liebesbeziehungen zwischen Maus und Elefant. Dabei aber ist, verkehrte Welt, »*die* Maus« der Mäuserich und »*der* Elefant« die Frau, also die Elefantenkuh.

Also erscheint der Mäuserich mit dem Elefantenmädchen beim Standesamt.

»Ihr wollt heiraten?« Der Standesbeamte staunt nicht schlecht.

»Was heißt wollen«, fährt ihn der Mäuserich an. »Wir müssen!«

Im anderen Witz müssen die beiden nicht. Es ist sozusagen eine echte Liebesheirat.

Ein Mäuserich und eine Elefantendame haben geheiratet. Nach einiger Zeit haben sie sich darauf geeinigt, dass es Zeit für Nachwuchs wäre. Sie gehen zu einem Apfelbaum, den der Mäuserich besteigt, um sich auf die Elefantenfrau herunterlassen zu können. Er gleitet vorsichtig auf seine Gattin und beginnt mit dem Zeugungsakt.

Plötzlich fällt der Elefantin ein Apfel auf den Kopf, und sie schreit laut: »Aua!«

Darauf der Mäuserich: »Tut mir leid, Schatz, aber beim ersten Mal tut es immer etwas weh.«

Vielleicht hätte ich wegen des Aua-Schreis lieber eine Kokospalme gewählt. Aber das Entscheidende des Witzes ist, dass seine Pointe in zwei Richtungen zündet. Einmal handelt sie von der falschen oder missverstandenen Kausalität, der Verwechslung von Ursache und Wirkung. Der Mäuserich hält sich für fähig und potent genug, den Schmerz bei der Elefantin ausgelöst zu haben.

Diese Ursache-und-Wirkung-Verwechslung gibt es auch bei einem Witz, der in der Zeit des Seekriegs auf dem Atlantik spielt. Im Zweiten Weltkrieg. Als die amerikanischen Waffenlieferungen England in die Lage versetzten, Deutschland 1940/41 zu trotzen. Aus der Zeit des U-Boot-Kriegs, der schließlich die USA in den Krieg hineinzog (was Roosevelt damit auch beabsichtigte, während er formal auf den Kriegsunwillen seines Landes vor Pearl Harbor Rücksicht nehmen musste). Also:

Auf einem Handelsschiff, das mit einer Kriegsgerätelieferung auf dem Weg von Amerika nach Europa ist, langweilen sich an Deck ein Papagei, ein Esel und ein Affe auf der langen Atlantiküberfahrt.

Sagt der Affe: »Lass uns zum Zeitvertreib Verstecken spielen.«

»Wie geht das?«, fragt der Papagei.

»Also, du hältst dir die Augen zu. Und zählst bis zehn. Dann machst du die Augen auf. Und dann wirst du schon sehen, dass du uns beide nicht siehst. Und uns suchen musst.«

Der Papagei schließt seine Augen und zählt: »Eins,

zwei, drei, vier …« Als er bei »zehn« ist, fährt das Schiff auf eine deutsche Mine (oder bekommt einen Torpedotreffer) und wird durch eine heftige Explosion zerrissen.

Kurz darauf treiben Affe, Papagei und Esel auf Wrackteilen durch den Ozean. Als der Papagei, der sich mit zersaustem Gefieder an eine Planke geklammert hat, den Affen sieht, der ebenfalls auf einem Wrackstück herumtreibt, ruft er ihm empört zu: »Scheißspiel!«

Überflüssig zu sagen, dass er das Zählen von eins bis zehn für einen Countdown hält. Grimms Märchen vom *Tapferen Schneiderlein* beruht auf solchen Missverständnissen von Ursache und Wirkung. Zum Beispiel wenn er den Käse als Stein anpreist, stark wie Raimund Harmstorf mit der in der Hand zerquetschten Kartoffel.

Auch der berühmteste Irrenwitz der Fünfzigerjahre beruht auf einem logischen Kurzschluss.

Zwei Irre betrachten den Regenbogen. Sagt der eine zum anderen: »Dafür haben sie Geld! Aber uns studieren lassen ist nicht!«

Irrenwitze funktionierten damals auch mit der Größe der Elefanten.

Wie kann man vier Elefanten in einem roten VW unterbringen?
Ganz normal: zwei vorne, zwei hinten.
Woran erkennt man, dass die vier Elefanten zusammen ins Kino gegangen sind?
Daran, dass ein roter VW vor dem Kino steht.

Warum sind Elefanten grau?
Grau macht schlank.

Genug des Spiels, zurück zum Mäuserich, der sein Eindringen in die Elefantin als Auslöser ihres Aua-Schreis betrachtet.
Er sagt also connaisseurhaft: »Das ist immer so beim ersten Mal.« Er spielt den Erfahrenen, ihr, der vorher Unberührten, Unerfahrenen gegenüber. Der Mann hatte sich damals vor der Ehe schon die Hörner abgestoßen, sollte es jedenfalls, die Frau war unbescholten, unerfahren. Für sie war es das erste Mal.
Auch im schwäbischen Pfarrhauswitz jener Jahre spiegelt sich wider, wie unbeleckt (wenn das Wort erlaubt ist) beide in die Hochzeitsnacht gingen. Ganz anders als der weltläufige, welterfahrene Mäusemann, der vor der Hochzeitsnacht Bescheid weiß.
Hier zwei Pfarrhauswitze. In beiden hat die Pfarrerstochter den Vikar geheiratet.

Die Mutter im Pfarrhaus ist am Morgen nach der Hochzeitsnacht besorgt, sie will wissen, wie es ihrer Tochter ergangen ist, ob die Ehe glücklich begonnen habe. Sie nimmt also die Tochter, als sich die beiden am nächsten Morgen allein begegnen, ins Gebet.
»Wir war's?«, fragt die Mama.
»Wie soll's gewesen sein?« Die Tochter zuckt die Achseln.
»Ja, ich meine«, sagt die Mutter, »hat er denn nicht … Ich meine, ist er denn nicht mit dir … Ich meine, ich bin deine Mutter, mir kannst du, mir musst du alles sagen. Hat er nichts mit dir gemacht?«
»Doch, doch«, sagt die Tochter, »doch, doch. Mitten in der Nacht ist er ganz aufgeregt geworden und hat an mir herumgesucht und ist immer nervöser geworden

und hat vor sich hin gemurmelt: ›Nach Aussagen
meines Freundes muss sich doch, verdammt noch mal,
hier irgendwo eine Öffnung befinden.‹«

Der zweite Witz geht ganz ähnlich.

Wieder erforscht die Mutter am nächsten Morgen die
Tochter, wieder reagiert die eher achselzuckend und
gleichgültig auf die Frage: »Wie war's?«
Und die Mutter bohrt weiter: »War denn gar nichts? Ist
denn gar nichts passiert?«
Bis die Tochter schließlich sagt: »Doch, doch. Mitten in
der Nacht hat er mich am Kinn gekrault und unter den
Achselhöhlen gekitzelt und hat dann stolz ausgerufen:
›Gell, ich bin ein Wilder!‹«

Ich kehre zurück zum Elefanten. Und zu einer Frage aus der
Zeit, bevor Oswalt Kolle die Deutschen darüber aufgeklärt hat,
was sich so im Bett abspielt.

Woran erkennen Sie, ob in Ihrem Bett
ein Elefant schläft?
Antwort: Er trägt auf seinem Schlafanzug
ein großes E!

Und was groß und klein anlangt, beschreibt auch die folgende
Begegnung im Wald:

Treffen sich zwei Tiere im Wald, die sich noch nie
gesehen haben.
»Wer bist du denn?«, fragt das eine Tier.
»Ich? Ich bin ein Wolfshund«, antwortet das andere.
»Wolfshund? Wie geht denn das?«, fragt das eine Tier.

»Ganz einfach«, antwortet das andere, »Vater Wolf,
Mutter Hund! Aber wer bist denn du?«
»Ich? Ich bin ein Ameisenbär«, antwortet das eine.
»Ameisenbär?«, sagt das andere. Pause – und dann:
»Das glaub ich nicht.«

Diesen Witz erzählte ich in einer Runde. Worauf mir am
nächsten Tag eine Frau erzählte, sie habe dann weitere mögliche Tiere für diesen Witz gesucht, ihrem Mann und ihr sei
noch der Ochsenfrosch eingefallen. Wir überlegten eine Weile
und sagten dann: »Der allerdings kommt nur als Adoptivvater
infrage.«

Auch die von Kindern früher so geliebten Kaninchen
müssen lernen, woher sie kommen. Da gibt es
zumindest zwei Möglichkeiten.

In der Kaninchenschule ist Aufklärungsunterricht
angesagt. Sagt am Ende der Stunde ein Kaninchen:
»Ach, und was ist mit dem Zylinder?«

Für Begriffsstutzige und jüngere Menschen hier eine Erklärung:
Früher gab es Kabarettvorstellungen, etwa im Hamburger
Hansa-Theater am Steindamm, in denen Zauberer im Frack Kaninchen aus dem Zylinder zauberten.
So weit die Märchen- und Sagenwelt der guten alten Zeit. Die
häufigste Redensart von Elefanten neben der, wie er sich im Porzellanladen verhält, ist die: »Aus einer Mücke einen Elefanten
machen.« Von gutartigen Menschen dagegen heißt es, dass sie
keiner Fliege was zuleide tun könnten. Im Übrigen ist auch dies
ein Witz der Natur, dass eine Mücke (oder Fliege) einem Elefanten schwer zusetzen, ein Elefant aber kaum einer Mücke etwas
zuleide tun kann.

Zum Schluss noch eine Frage, die nur im Englischen funktioniert, da wir im Deutschen nicht mit Füßen messen:

Why does an elephant have four feet?
Antwort: It's better than six inches.

PAPAGEI UND KAKADU
ODER: DER WITZ ALS TOURETTE-SYNDROM

Alfred Brehm kann sich in seinem gegen Ende des 19. Jahrhunderts erschienenen zehnbändigen *Tierleben* in Band 4 (»Vögel 1«) – kolorierte Ausgabe – gar nicht einkriegen, wenn er unter den »Hochvögeln« zur »Ersten Ordnung«, den Papageien kommt, von denen es 25 »Sippen« gibt, von den Kurzschwanzpapageien über die Kakadus, die Nachtpapageien, über die Araras oder Langschwanzpapageien bis zu den Sittichen und Pinselzungenpapageien. Nachdem Brehm für die Gesamtheit des Federviehs den Kernsatz aufgestellt hat: »Den Vogel erkennt man an seinen Federn«, stellt er für den Papagei fest: »Die Papageien sind befiederte Affen« – also fliegende und sprechende Primaten, die nächste Verwandtschaft und beste Gesellschaft des Menschen. Sie bewohnen alle Erdteile – nur nicht Europa, waren also in einer noch eurozentrierten Welt Exoten für den Menschen. Es gibt von ihnen 355 Arten (nach einer geschätzten Zählung des Jahres 1868).
Gilt der Affe als das Spiegelbild und Zerrbild des Menschen, der Hund als sein ältester Hausgenosse und Jagdgefährte, das Pferd noch in der Pferdestärke, den PS der Motoren, als Transportmittel, so ist der Papagei ein Luxusgeschöpf, das der Mensch brauchte, als er noch »keine Ansprache« hatte: weder Telefon

noch Handy, noch Radio, noch Kino oder Fernsehen. Das Gefieder des Tieres schien so bunt und prächtig, dass Diktatoren aller Couleur nicht nur in Afrika und Südamerika papageienhafte Uniformen trugen. Der Papagei war treu, monogam, häuslich, weil er als flugfaul galt, er war langlebig, überlebte oft sein Herrchen oder Frauchen, er war nicht immer ein angenehmer Genosse, weil er launisch sein kann, jähzornig, wütend und eifersüchtig. So hat man ihn vor sich, wenn man an die europäische Zivilisation des 19. Jahrhunderts denkt, er sitzt auf einer blitzenden Messingschaukel in Räumen mit schweren samtenen Vorhängen, unter Nippes, bildet die bevorzugte Gesellschaft von spleenigen Engländern, von Sonderlingen und Einzelgängern, Witwern und Witwen, alten Jungfern, von Hagestolzen, die außer mit ihm noch kaum ein »betreutes Wohnen« kannten.

Der Papagei ist possierlich und voll unfreiwilliger Komik, Brehm verewigt besonders hervorragende Exemplare und Unikate der Gattung in seinen Büchern, zum Beispiel den Jako »einer hochstehenden Dame«, der lange in Ostindien gelebt hatte und Holländisch sprach, bevor er in drei Sprachen schwatzen konnte und sich fordernd für seine Bedürfnisse zu Wort meldete, etwa wenn er Durst hatte: »Papchen will Klukkluk machen.« Oder Hunger: »Papchen will was zu fressen haben.« Wurde seinem Verlangen nicht gleich nachgegeben, legte er nach: »Papchen will und muss aber was zu fressen haben.« Den Morgen begrüßte er mit »Bonjour«, den Abend beendete er mit »Bonsoir«. Er pfiff wunderbar und fromm die Melodie: »Ich dank dir schon durch deinen Sohn«, sagte: »Das Papchen muss mal singen«, und trug dann die melancholisch-philosophische Einsicht vor: »Ohne Lieb und ohne Wein, / Können wir doch leben.« Ein wunderbarer Lebensgefährte also, der sich allerdings in Wut die Federn ausriss, und als man ihn daraufhin badete, um das zu verhindern, schrie und kreischte und bettelte er: »Papchen doch nicht nass machen.«

Er war treu bis zum Tod, den er erlitt, nachdem er an einen alten Verwandten des Hauses, der kindisch geworden war und ihn kindisch liebte, verschenkt worden war und alle anderen sich tränenreich von ihm verabschiedet hatten.

Welch ein Leben, welch eine Freundschaft, welch eine Gesellschaft! Allerdings macht Brehm eine Einschränkung seiner Wertschätzung und weist auf die haltlose Gossensprache hin, auf das Fluchen, die vulgären Ausdrücke und Verwünschungen, die der Papagei ausstoßen konnte und die das böse Herz der meisten Papageienwitze werden sollte.

Brehm nennt als Grund dafür die »Erziehung« des Vogels: »Die ersten Lehrmeister des Papageis pflegten die Matrosen zu sein, welche später oft in den Bediensteten des Hauses entsprechende Hilfe finden.«

So kam der sprechende Vogel über die viktorianische in die josephinische, napoleonische, wilhelminische Welt: »Es braucht kaum hervorgehoben zu werden, dass in solcher Schule der Wortschatz des Papageis nicht immer mit dem edelsten und feinsten bereichert wird.« Da geht es den Papageien wie den Menschen: »Leider kommen später auch dem wohlerzogensten Vogel oft genug alte Worte wieder in Erinnerung, und mitten unter seine hübschen Sätze und Redensarten mischt er die rohesten und die gemeinsten.«

Beim Menschen würden wir das vulgäre Ausbrechen in einer zwanghaften Fehlentwicklung durch den Überdruck der Erziehung zu Sitte und Anstand Tourette-Syndrom nennen, Gilles-de-la-Tourette-Syndrom (nach dem Pariser Neurologen, Georges Gilles de la Tourette, 1857–1904). Seine Entdeckung fällt also in die Zeit Freuds. Und viele Witze, nicht nur die über Papageien, sind »gezähmte«, also »kultivierte« Ausbrüche dieser »maladie des tics«, die vor allem Kinder und Heranwachsende als Neurose überfällt, sich im »wilden Zucken, Augenzwinkern, Mundverzerren, Zungenschnalzen« manifestiert. Ist das nicht eine treffliche, nur leichte Übertreibung der Haltungen, der Gestik und Mimik beim Witzeerzählen? Und nun kommt die Hauptsache: Das Tourette-Syndrom äußert sich vor allem sprachlich, in der »Koprolalie«, die der *Pschyrembel* (das klinische Wörterbuch) als »zwanghaften Gebrauch vulgärer Ausdrücke (häufig aus dem Bereich der Fäkalsprache)« definiert.

So ließen sich weite Teile des Witzes definieren, viele Papageienwitze natürlich darunter. Ich habe sie an meinem Sohn als befreiende Begleiterscheinung der Erziehung zur »Stubenreinheit« und Sauberkeit erlebt, als sich der Vierjährige einmal mit ein paar Kindergartenspielkameraden unbeobachtet und unbelauscht wähnte. Da stießen die Kleinen fröhlich krähend das Wort »Kacki-Wurst« aus und konnten sich nicht halten vor wieherndem Gelächter. Es war für ihn die Geburtsstunde des befreienden Witzes, ein Ausbruch aus einer unterdrückten sprachlichen Artikulation, die mir das Freud'sche Prinzip des Witzes, die Ventilfunktion des Gelächters nach dem Druckablassen des Verbotenen und Unterdrückten, wieder einmal veranschaulichte.

Das Tourette-Syndrom steht hoch in Mode, allein zwei Spielfilme handeln 2011 als Tragikomödien davon.

Daher, bevor ich zu den Papageien komme, die nicht immer das Gewünschte, Dressierte sprachlich apportieren wollen, noch ein Witz, den ich Eckart von Hirschhausen verdanke, der ihn einmal bei einem gemeinsamen Witzeabend zum Besten gab.

Ein Porschefahrer findet keinen Parkplatz und stellt sich auf einen, der für Behinderte gekennzeichnet ist. (Das gilt als besonders abscheuliches, rücksichtsloses, ja verbrecherisches Verhalten in unserer Gesellschaft.) Sofort ist eine Politesse zur Stelle, schaut den drahtigen, sportiven Porschefahrer an, sobald er aus dem Auto gestiegen ist, und sagt streng:

»Sind Sie behindert?«

»Natürlich, Tourette-Syndrom, du geile fette Nutte!«

Im zeitlos ewigen Viktorianismus der Papageienwitze spielt die folgende Geschichte:

Da hat eine feingliedrige ältere Lady einen Papagei geerbt. Nehmen wir an, von ihrem raubeinigen Oheim, einem angeheirateten Seebären a. D., der einen guten Tropfen unter Männern mit drastischen Geschichten und Ausdrücken zu schätzen wusste. Jedenfalls muss die Dame, die aktiv in der Kirchengemeinde ihrer Heimatstadt tätig ist, feststellen, dass ihr bunt gefiederter Vogel mit dem harten, krummen, kräftigen Schnabel nicht nur redet, wie ihm dieser gewachsen ist, sondern kräftig flucht, was das Zeug hält. Blasphemisch, grob, fäkalisch, sexistisch. Wie in einer Spelunke am Hafen. Sie geht zu ihrem Pfarrer und erzählt ihm ihren Kummer, verbunden mit der Frage: »Was kann ich dagegen tun? Er ist doch sonst ein so liebes Tier!«

Der Geistliche weiß Rat. Hat er doch selbst einen Papagei, der bei ihm aufgewachsen ist und sich nur fromm und in guten Worten und Gebeten äußert. Es handelt sich dazu noch um eine Papageienlady. »Wie wär's, wenn Sie mir Ihren Papagei brächten? Wir tun die zwei zusammen. Und ich bin sicher, dann wird sich der wohltuende Einfluss meines frommen Papageis auf Ihr verrohtes Exemplar durchsetzen!«

Gesagt, getan. Am nächsten Morgen bringt die Dame ihren Papagei ins Pfarrhaus und kurz darauf in die Voliere.

Der Papagei beäugt die Betschwester und kommt dann

schnell zur Sache: »How about a little dig?« – Wie wär's mit einem kleinen Fick?
Der fromme Papagei des Pfarrers plustert sich auf und sagt dann fröhlich:
»Klar. Was denkst du, worum ich die ganze Zeit gebetet habe?«

Auch der folgende Witz handelt scheinheilig von einem frommen Papagei:

Ein Pfarrer kauft sich zu seiner Gesellschaft einen Papagei.
»Sagt der auch bestimmt nichts Unanständiges?«, fragt er den Vorbesitzer, während er den Vogel beäugt.
»Ganz bestimmt nicht!«, beteuert der. »Er ist ein frommes Tier! Sehen Sie die Schnur an seinem Bein? Wenn Sie an der Schnur ziehen, sagt er das Vaterunser auf. Und wenn Sie die Schnur ziehen, die am anderen Bein befestigt ist, spricht er den 23. Psalm.«
»Wunderbar!«, sagt der Pfarrer. »Was aber geschieht, wenn ich an beiden Schnüren ziehe?«
»Ach du blöder Scheißer!«, krächzt da der Papagei. »Wenn du Blödmann an beiden Schnüren ziehst, dann falle ich auf den Arsch!«

Papageienwitze sind geradezu prädestiniert, die Bigotterie und Doppelmoral drastisch darzustellen. Wozu sonst auch können diese Tiere reden, wie ihnen der Schnabel gewachsen ist?

In der nächsten Geschichte hat eine junge, wohlerzogene hübsche Dame einen Papagei als Stubengenossen. Jeden Abend, bevor sie zu Bett geht und bevor sie sich auszieht, schließt sie einen roten

Samtvorhang um den hohen Käfig. Und zieht ihn am nächsten Morgen, nachdem sie sich angezogen hat, wieder auf. So geht das Tag um Tag.

Eines Tages jedoch lernt sie einen jungen Mann kennen und lieben, der nur tagsüber für sie Zeit hat. Vielleicht, aber darüber schweigt sich die Geschichte aus, ist er verheiratet.

Er kommt also manchmal am Vormittag, manchmal am Nachmittag, schließlich des Öfteren sowohl am Vormittag wie auch am Nachmittag. Jedes Mal, wenn er seine Freundin zu Hause besucht, geht die vor wie beim abendlichen Zubettgehen. Sie zieht die samtene Gardine um den Papagei zu.

Als das immer öfter passiert, seufzt der Papagei, als es gegen elf Uhr vormittags wieder so weit ist:

»Again! What a short fucking day!«

Auf Deutsch funktioniert er erst in der jüngsten Phase der Anglizismen, wo der Papagei nicht mehr wie früher »Was für ein kurzer Scheißtag!« gestöhnt und geflucht hätte, sondern durchaus in der Lage ist zu sagen: »Was für ein kurzer verfickter Tag!«

Papageien fungieren in manchen Witzen für ihre Besitzer auch als Alarmanlagen, die gewünschte und unerwünschte Besucher aufgeregt kreischend begrüßen. Wie zum Beispiel in dem folgenden Einbrecherwitz:

Des Nachts dringt ein Einbrecher in eine Villa ein.
Plötzlich kreischt im Dunkel eine Stimme auf.
»Jesus und ich sehen dich!«
Der Einbrecher richtet seine Taschenlampe in Richtung Geschrei, sieht einen Papagei und fragt:
»Wie heißt denn du?«
»Lazarus«, sagt der Papagei.

»Das ist aber ein dämlicher Name für einen Papagei«,
sagt der Einbrecher.
»Nicht so dämlich wie Jesus für einen Pitbull!«

Der Witz bedient eine gemeine Schadenfreude, die auch dadurch kaum gemindert wird, dass die Strafe, die den Einbrecher
gleich durch einen Biss ereilen wird, so weiß der Zuhörer ohne
Worte, gerecht ist. Es ist sozusagen eine akustische und heimtü-
ckische Variante des Schilds: »Vorsicht, bissiger Hund!«
Papageien aber können nicht nur durch ihre Vulgarität für Ungemach sorgen. So gibt es aus seligen DDR-Zeiten und unseli-
gen Stasizeiten die folgende Papageiengeschichte:

Kommt ein Mann zur örtlichen Kreisdienststelle und
sagt: »Ich möchte melden, dass mir mein Papagei
entflogen ist.« Schnauzt ihn der Stasioffizier an: »Und
was ham wir damit zu tun? Das hier ist kein Fundbüro,
sondern das Amt für Staatssicherheit!«
»Eben, eben«, sagt der Mann. »Ich möchte Ihnen nur
sagen, dass ich die politischen Ansichten meines
Papageis in keinster Weise teile.«

Papageien werden alt, sehr, sehr alt. Da kann es schon sein, dass
sich im Laufe ihres Lebens die Welt verändert, sowohl was die
Sprache, die Moral als auch die politischen Verhältnisse betrifft.
Davon erzählt die wahre (wenigstens in britischen Zeitungen
als wahr tradierte) Geschichte des Papageis von Winston
Churchill, des eisernen Kriegspremiers Großbritanniens während des Zweiten Weltkriegs (von ihm wurde übrigens der Begriff »Eiserner Vorhang« geprägt, der sich nach 1945 über Europa senkte).
Churchill also hatte sich 1937 einen Papagei zugelegt, den er
»Charlie« nannte, obwohl es sich um eine Papageiendame han-

delte. In den harten Kriegszeiten, als Churchill zuerst ganz allein gegen Nazideutschland dastand, weil Hitler Europa durch die »Blitzkriege« fast vollständig unter seine Herrschaft gebracht hatte, war ihm »Charlie« offensichtlich ein wichtiger Gefährte, der ihm Kraft und Mut spendete. Dazu hatte Churchill dem Vogel die aufmunternden Flüche »Fuck the Nazis!«, »Fuck Hitler!« beigebracht, sodass der Vogel – auch in Gesellschaft – Churchills unverblümte Überzeugung gültig und knapp zum Ausdruck bringen konnte.

Der große britische Staatsmann, ungebrochen auch in seinen letzten Rollstuhl-Jahren, starb 1965. Seine Devise »No sports. Always cigars and whisky« überlebte ihn. Für seine Kriegserinnerungen hat er immerhin den Nobelpreis für Literatur im Jahr 1953 erhalten.

Sein Papagei überlebte ihn. Wenn man den Quellen glauben darf, lebt er immer noch. Und flucht noch immer in Churchills unverwechselbarem Tonfall: »Fuck Hitler!«, »Fuck the Nazis!« Kein Witz, aber doch sehr witzig, auch als lebendiger, ungebrochener Anachronismus.

Hier noch eine Eiergeschichte aus der Churchill-Zeit, aus der Nachkriegszeit. Wir alle wissen, was Kuckuckseier sind, wortwörtlich und übertragen. Da gibt es den folgenden Witz über die Besatzungszeit, in der, vor allem im amerikanisch besetzten Teil Deutschlands und Berlins, Besatzungskinder nicht selten durch ihre Hautfarbe verrieten, dass ihre Väter dunkelhäutige Soldaten waren. Hier also der Witz, der letzte in der großen Familie der Tierwitze:

Zwei Berliner Hühner stehen vor einem Haufen Eierbriketts. Sagt das eine Huhn: »Kiek mal, lauter Besatzungskinder!«

Witze sind Zeitzeugen. Wer diese Witze liest, kann rekapitulieren, dass es in den kalten Nachkriegswintern nichts zu heizen gab – und wenn überhaupt, dann nur aus Kohlenstaub zusammengepresste Eierbriketts.

SIGMUND FREUD
UND DIE FÜNFZIGERJAHRE

Anfang der Fünfzigerjahre, ich war gerade in den Westen gekommen, kaufte ich mir in Tübingen, schon weil sie erschwinglich waren, ein paar Taschenbücher, von denen ich in der DDR hatte läuten hören, mit denen ich aber nichts Inhaltliches verband. Zuerst erwarb ich von Kurt Tucholsky, dessen Glossen und Texte in zwei rororo-Büchern erschienen waren, *Panter, Tiger & Co.* und *ro ro Tucholsky – Zwischen gestern und morgen.* Bei beiden konnte man lachen lernen, indem einem das Lachen verging. Zum ersten Mal war ich bewusst mit einem Satiriker der Weimarer Republik bekannt geworden, dessen Bücher die Nazis verbrannt, den sie ins Exil und in den Selbstmord getrieben hatten.

Dann entdeckte ich, dass von Sigmund Freud bei Fischer als Taschenbuch vier Bände erschienen waren: *Zur Psychopathologie des Alltagslebens, Totem und Tabu,* aber vor allem interessierten mich *Die Traumdeutung* und *Der Witz und seine Beziehung zum Unbewussten.* Die Lektüre dieser Bücher hat mich befreit und gefesselt zugleich. Freud hat in diesen Schriften, die man wohl als seine populärwissenschaftlichen bezeichnen kann, gezeigt, dass wir eine Ahnung davon bekommen können, wie unsere Seele, unser geheimes Innenleben, unser psychischer Apparat aussehen kann. Es war eine Art Röntgenaufnahme (oder, wenn es das schon gegeben hätte, was aber lange nicht der Fall war: eine Tomografie), die an sichtbar gemachten Symptomen zeigt, was in uns vorgeht, was uns im Inneren bewegt. Uns prägen doch von Anfang an, spätestens seit der Geburt, Geschichten von Kämpfen, erlittenen Demütigungen, bestandenen Siegen, verletzten Gefühlen.

Es geht zu wie auf einem Schlachtfeld, auf dem das Verdrängte in einem scheinbaren Totenreich gebunkert wird, aber an den Gefängnistüren rüttelt, nachts aufwacht und sein Gespensterleben in unser nur halb schlafendes Bewusstsein drängt.

Dieses Bewusstsein hat während seiner Schlachten zur Ich-Werdung bei all den Niederlagen, Fluchten und bei allem Versteckspielen eine Art Himmel über sich errichtet, in dem die Gerichte sitzen, die Religionen herrschen, die Könige befehlen. Freud hat es unser Über-Ich genannt, es ist gleichzeitig aus persönlichen wie aus sozialen Erfahrungen entstanden, es soll die Wiederkehr der Metzeleien und Schlachten mit dem Unbewussten, das gegen Konvention, Sitte, Gesetz und Erziehung ständig rebelliert hat, verhindern. Es sind sozusagen die Gesetzestafeln, die Zehn Gebote, die Moses vom Berg Sinai herabgeholt hat. Man kann sich unsere Seele auch als eine Stadtlandschaft vorstellen, und diese Landschaft habe ich in Schnitzlers *Reigen* wie in Kafkas bedrohlichen Landschaften im *Prozess* und im *Schloss* wiederentdeckt. Im hoch gelegenen Schloss hausen unerreichbare Instanzen, die der Landvermesser K. vergeblich aufsuchen will. Landvermesser, dieser Beruf erinnert schon an Schnitzlers Satz »Unsere Seele ist ein weites Land«. Weit, dunkel, unergründlich, bedrohlich, scheinbar von Willkür geleitet, bedroht diese Instanzenwelt das Ich bei seinem Versuch, sich zwischen unten und oben mit wohlgezogenen Grenzen und mit heroisch geführten Kämpfen zu behaupten. In Schnitzlers *Reigen* und seiner *Traumnovelle* geht es um diese drei Regionen. Das Über-Ich, das gnadenlos vom hohen Ross herab urteilt – die Landschaft der Gerichte und Schlösser ist mit gebietenden Reitern bestückt, so schien es mir damals. Unten im Dunkeln der Nacht und des Unbewussten wälzt sich das Es in seinen Exzessen und Räuschen, wie in Kaschemmen. Mir tat sich immer auch das Bild auf von dem Stein, den wir im Frühjahr über dem Erdboden lüften und erschrocken sehen, was da an Gewürm herumkreucht, weiß und madig. Das mag ein sehr persönliches Bild meiner Angstvorstellungen und Angsterfahrungen gewesen sein.

Am Tag aber, wenn wir vernünftig, gezähmt, sauber angezogen und frisch gewaschen und gekämmt unseren Verpflichtungen in Beruf und Familie nachgehen, ist die Welt geordnet wie in Chaplin-Stummfilmen.

Worin hat nun Freud die Signale erkannt, die unsere Seele aus der mühsam gebändigten Lava, die unter dem Ich tobt, und der Strenge, die über dem Ich mit Kälte herrscht, manchmal aussendet, weil sie den Überdruck im Ich-Kessel nicht mehr ertragen kann? Freud war Seelenarzt, der die Hysterie erforscht und behandelt hat. Sie war für ihn die Krankheit, die ausbricht, wenn sich das System nicht mehr mühsam im Gleichgewicht mit seinen verschlossenen Türen und gesicherten Kerkern halten kann. Aber auch sonst herrscht Überdruck. Er äußert sich im Traum, wenn wir unseren Tag verarbeiten und damit stets auch an die Pforte unserer persönlichen und kulturellen Geschichte stoßen. Das Ich sucht sich zu beschützen, muss aber wie ein Überdruckkessel ab und zu Dampf ablassen, wohl oder übel. Der Druck der Instanzen und der Ordnung von oben und der gewünschte Ausbruch aus den Ketten von unten lassen nie nach. Freud erläutert in seiner *Psychopathologie des Alltagslebens*, wie Fehlleistungen und Versprecher diese Triebabfuhr leisten. Denn das gesamte Innere ist von einem rastlosen Maschinchen in Gang gesetzt: dem Lustprinzip, das wie ein Perpetuum mobile, oder zumindest wie ein zweites Herz rastlos tätig ist.

Ein Beispiel für diese Fehlleistungen, für diese Versprecher:

Da sitzt eine Herrenrunde in einer Kneipe.
Männer nach der Arbeit, die sich bei Bier und
Stammtisch noch von der Arbeit und vor der Familie

erholen. Einer steht auf (die Geschichte spielt wohl in England) und erbietet sich, eine Runde Fritten zu holen. Er kommt zurück und sagt zu seinen Kumpels: »Stellt euch vor, was mir eben passiert ist. Ich bin zu der Bedienung gegangen, die einen besonders aufreizenden Busen hat, den sie auch noch hochgeschnürt hatte, dass ich zu ihr sagte: ›Ich möchte ein paar Portionen Titten!‹ Titten! Stellt euch vor! Titten statt Fritten!« Darauf sagte sein Kumpel: »Das ist eine typische Freud'sche Fehlleistung, ein Freud'scher Versprecher. Das ist mir neulich auch passiert. Ich saß zu Hause mit meiner Frau beim Frühstück und wollte ihr sagen: ›Könntest du mir, Darling, bitte Marmelade und Butter herüberreichen?‹ Und sagte stattdessen: ›Du, ich kann dein dummes Gesicht und deine unfrisierten Haare nicht mehr aushalten, du Schlampe!‹«

Der Druck war offensichtlich wirklich groß.

In den Fünfzigerjahren, als ich Freuds Witzbuch und die *Psychopathologie des Alltagslebens* las, gab es unendlich viele Psychiaterwitze. Immer war die Tatsache gegenwärtig, dass die Patientin auf der Couch liegt und der Psychiater unbeweglich aufrecht sitzt und ihr abgewandt zuhört. Also entstand in den Witzen oft eine zweideutige Situation. Die Fünfzigerjahre waren eine Zeit der sexuellen Obsessionen durch Triebunterdrückung und der Übersexualisierung des Frauenbilds. Es war auch die Zeit der psychologischen Tests. Also gab es zum Beispiel folgende Geschichte:

Der Psychiater und sein männlicher Patient vor einer Tafel. Der Psychiater malt ein Dreieck und fragt den

Mann: »Woran denken Sie?« Der Mann antwortet:
»An Sex.« Der Psychiater malt ein Quadrat und fragt:
»Woran denken Sie?« Der Patient: »An Sex.« Der
Psychiater malt einen Kreis. »Und jetzt?« Der Patient
antwortet stupide: »An Sex.«
Die eine gebräuchliche Pointe dazu war damals, dass
der Psychiater sagt:
»Sagen Sie mal, Sie können doch nicht immer an Sex
denken!« Darauf der Patient empört: »Sie sind es doch,
der die Schweinereien an die Tafel malt!«

Die andere Pointe, die ebenfalls auf eine Obsession hindeutet:

Der Psychiater malt ein Dreieck, ein Quadrat und
einen Kreis, und der Patient antwortet ebenso stupide:
»An Sex«, oder: »An Frauen.« Darauf der Psychiater:
»Hören Sie mal, da besteht doch überhaupt kein
Zusammenhang.« Darauf der Patient: »Ich brauche
keinen Zusammenhang. Ich denke immer an Sex.«

Schon zu Lebzeiten hatte Karl Kraus über die Psychoanalyse ge-
spottet: »Die Psychoanalyse ist die Krankheit, für deren Therapie sie sich hält.«

Dazu passt die Geschichte vom Bettnässer, dem sein Freund rät,
sich doch psychiatrisch behandeln zu lassen gegen das Bettnäs-
sen. Zwei Monate später trifft er den Bettnässer und fragt:

»Hat die Therapie angeschlagen?«
»Na klar«, antwortet der andere.
»Das heißt, du machst nicht mehr ins Bett?«
»Doch, doch«, sagt der andere, »aber ich schäme
mich nicht mehr.«

Auch zur Sitz- und Liegeposition zwischen Psychiater und Patientin gibt es eine Geschichte:

> Die Patientin sagt zum Psychiater erstaunt:
> »Aber Herr Doktor, was machen Sie denn da?«
> Worauf der Psychiater antwortet: »Genau genommen dürfte ich nicht einmal neben Ihnen liegen.«

Das waren schlüpfrige Witze damals, wie aus einem Überdruckkessel. Es reichte schon aus, wenn jemand als Beruf »Frauenarzt« angab. Den letzten Ausläufer dieser Gesinnung habe ich in einer Rede des Baden-Württembergischen Ministerpräsidenten Günther Oettinger entdeckt, der zum Geburtstag eines befreundeten Staatssekretärs dessen gute Gestalt und gutes Aussehen hervorhob und ihn folgendermaßen rühmte: »Damit hättest du sogar Frauenarzt werden können.«
Das wäre im Jahr 2011 kein Brüller mehr.

Freuds größte sexualhistorische Entdeckung, die vom Ödipuskomplex und vom Penisneid der Frauen (davon hört man in letzter Zeit seltener), hat folgenden Witz hervorgebracht:

> Ein Schwarzwald-Bauernsohn kommt von einer psychiatrischen Untersuchung zu seiner Mutter zurück und sagt:
> »Oh Muttr, der Doktor hat g'seit, ich hab ein Ödipuskomplex.«
> Darauf die Mutter: »Ach was, Ödipus, Schnödipus! Hauptsach, du hast dei Muttr liab!«

Und zu »Penisneid und übersexualisierte Werbung« gab es den folgenden Pepito-Witz:

Der zehnjährige Pepito hat einen übergroßen Penis
an die Tafel gemalt. Die Lehrerin betritt die Klasse
und fragt: »Wer war das?!« Schließlich steht Pepito auf
und sagt: »Ich.« Die Lehrerin: »Du kommst in der
Pause mit ins Lehrerzimmer.«
Als er nach der Pause das Lehrerzimmer verlässt,
warten seine Kumpels schadenfroh, aber auch ängstlich
vor der Tür. »Und?«, fragen sie. Darauf antwortet
Pepito, während er sich langsam die Hose zuknöpft
und grinst:
»Das ist der Wert von guter Werbung.«

Psychiaterwitze handeln gern auch von der Kostspieligkeit der
psychoanalytischen Behandlung:

Ein Patient kommt in die schicke Villenpraxis eines
kalifornischen Psychiaters in Beverly Hills und betritt
einen eleganten Vorraum mit zwei Türen. Über einer
Tür steht »Introvertiert«, über der anderen
»Extrovertiert«. Der Patient überlegt kurz und geht
dann durch die eine Tür. Wieder steht er in einem
elegant eingerichteten Raum mit zwei Hochglanz-Lack-
türen. »Vaterkomplex« steht auf der einen,
»Mutterkomplex« auf der anderen. Wieder überlegt er
und schreitet durch eine Tür. Und wieder landet er in
einem Raum, der zur Entscheidung auffordert.
»Manisch-depressiv« steht auf der einen Tür,
»Sadistisch-aggressiv« auf der anderen. Beim
neuerlichen Durchschreiten landet er wieder vor zwei
Türen. Auf der einen steht »Monatseinkommen über
10 000 Dollar«, auf der anderen »Monatseinkommen
unter 10 000 Dollar«. Er geht durch die Tür »unter
10 000 Dollar« und steht wieder auf der Straße.

Aber die Herrschaft der »langen Kerls« und Phallokraten ging zu Ende, als die Trias von Penizillin, Antibabypille und der daraus resultierenden Emanzipation die Herren der Schöpfung zu solchen der Erschöpfung machte. Auch dazu gibt es Witze. Etwa den ultimativen Witz, der das Ende sämtlicher Penisneid-Fantasien ausdrückt:

Fragt der Mann nach dem Sex seine Partnerin mit einem selbstzufriedenen Unterton: »Möchtest du nicht auch manchmal ein Mann sein?«
Antwortet sie: »Nein, und du?«

Wenn jemand einen Witz in Gesellschaft erzählt, sollte das bei den Zuhörern ein Lachen auslösen. Am besten nach einer ganz kurzen Verzögerung, dann aber umso explosiver. Befreiend sollte es sein, weil der Lachende den Kurzschluss, die Pointe, die überraschende Wende verstanden hat, weil er sich im Lachen mit dem einverstanden zeigen darf und will, zumindest für den befreienden Moment, wo beide, Witzeerzähler und Witzezuhörer, durchschauen, dass es dem Witz durchaus ernst ist und dass sich das in einem Lachen offenbart.

Wenn man über Witze spricht, gibt es wenig zu lachen, denn Witze handeln, löst man sie aus ihrer lustigen Zuspitzung, befreit man sie von ihrer komischen Wirkung, von ernsten, traurigen, verheimlichten, unterdrückten, verschwiegenen Dingen. Davon, dass wir manches nur aussprechen, wenn es seine unangenehme Wahrheit für einen Augenblick im Lachen offenbart und verliert. Das Lachen befähigt uns geradezu explosionsartig, die Bitternis und Schwere des Lebens zu vergessen. Es ist wie das Niesen, das uns von einer Verstopfung der Nase erlöst. Oder wie ein Ventil, durch das wir, während wir lachen, den Überdruck loswerden. Der Witz funktioniert oft genug wie eine Erkenntnis, die, lange unterdrückt, ans Licht will. Heraus mit der Wahrheit! Oder wie es Leute gern als Reaktion auf schlecht empfundene Witze ausdrücken: »Witz komm raus! Du bist umzingelt.«

Sigmund Freud, der Schöpfer der Psychoanalyse, die uns mit dem Seelenleben, mit der inneren Verarbeitung des äußeren

Lebens vertraut gemacht hat, in dem wir nur manchmal – im Traum, im Schlaf und in kranken Phasen – wissen, wie es bei uns einzeln, aber auch kollektiv im Keller aussieht, dort, wo selten Licht hineinfällt, zitiert in seiner Arbeit *Der Witz und seine Beziehung zum Unbewußten* (diese Witztheorie und Komikanalyse erschien 1905 bei K. Fischer) und stimmt dessen These zu, dass der Witz etwas Verborgenes und Verstecktes hervorholen müsse. Man könnte ergänzen: etwas, das wir gern verschweigen würden, besser: notgedrungen verschweigen sollten, wenn es sich im Witz nicht offenbaren dürfte.

Freud gibt dafür ein Beispiel, indem er folgende Geschichte erzählt:

> Ein junger Mann, der bisher in der Fremde ein heiteres Leben geführt hat, besucht nach längerer Abwesenheit einen hier wohnenden Freund, der nun mit Überraschung den Ehering an der Hand des Besuchers bemerkt. »Was?«, ruft er aus. »Sie sind verheiratet!« »Ja«, lautet die Antwort: »Trauring, aber wahr.«

Freud analysiert diesen Witz so: »Der Witz ist vortrefflich; in dem Wort ›Trauring‹ kommen die beiden Komponenten, das Wort ›Ehering‹ in ›Trauring‹ verwandelt und der Satz ›Traurig, aber wahr‹ zusammen.« Ein Wortspiel, das es dem Lachenden ermöglicht, die bittere Erkenntnis zu verarbeiten, dass die Ehe aller Erfahrung nach auf die Dauer kein Honigschlecken, kein immerwährender Honeymoon ist, wie wir, schon um des Zusammenhalts der Gesellschaft wegen, normalerweise unterstellen müssen. Ehe und Eheglück, das ist anscheinend ein Synonym. Jedenfalls ist es der tragende Boden, auf dem unser Zusammenleben beruht. Eigentlich hätte der Freund beim Anblick des Rings am Finger sagen müssen: »Was? Du bist verheiratet? Du glücklicher Mensch!« Dass die Ehe in der bürgerlichen Gesellschaft die notwendigste Institution für den Zusammenhalt der Familie und als Folge wichtig für die Zukunft jeder Gesellschaft ist, dabei aber ihr vorgebliches, ihr offiziell postuliertes Glück auch durch Zwänge, durch Triebunterdrückung behaupten muss, macht dieser Witz schlagartig deutlich. Und Freud bereitet ihn durch die Erzählung auch vor, indem er von einem Mann berichtet, der »ein heiteres Leben geführt« habe, also offenbar ein freies, ungebundenes Leben, frei von Haushaltssorgen, Ehekrächen, Kindergeschrei, Eifersuchtsszenen, kurz: heiter. Das, was Schiller in dem der Ehe zugeordneten Satz kurzschließt: »Der Wahn ist kurz, die Reu ist lang.«

Im Sommer 2011 wurde eine große Hochzeit im englischen Königshaus gefeiert. William Mountbatten-Windsor und Catherine Middleton gaben sich das Jawort – ein Fahnenmeer, herrliche Kleider, Schmuck, Blumen. Ja, ein Blumenmeer, so wünschen es sich alle Eheleute. So als sollte schon allein die Trauung für das Traurige, das folgt, durch Überfluss überzeugen. Und ganz nebenbei: Neben all dem Geschwafel und Gestammel vom königlichen Glück, sozusagen nüchtern, erfahren wir: Im Falle einer Scheidung verliert die Braut Kate Middleton als Ehefrau des Prinzen sämtliche Rechte an ihren Kindern. Traurig, aber wahr. Da ihr Mann der Sohn von Lady Di ist, die auch schon eine Jahrhunderthochzeit feiern durfte, wissen wir, dass solche »Witze« im englischen Königshaus durchaus üblich sind.

Der Bildungsbürger wusste das schon lange, während er Latein büffelte, indem er lernte:

Was heißt Ehe?
Die Auflösung: »Errare humanum est.«
E-h-e. Irren ist menschlich.

Heute gibt es eine zeitgenössische Variante zu »Trauring, aber wahr«. Sie ist in dem Dialog enthalten, den zwei Freunde führen.

Fragt der eine: »Was reizt dich noch an deiner Frau?«
Der andere antwortet: »Jedes Wort!«

Der Zwang, der gesellschaftliche Druck, den die Ehe und die Familie auf die beiden Hauptteilnehmer ausüben, hat sich auch durch die liberalen Scheidungsgesetze, vor denen selbst Königshäuser nicht zurückschrecken, nicht geändert. Auch wenn das Dauergebot »… bis dass der Tod euch scheidet« nicht mehr gilt. Um Oscar Wilde zu zitieren: »Ehen werden im Himmel geschieden!«
Von dem moralischen Druck, der auf Ehe und Familie noch immer lastet, erzählt der Witz von dem Ehepaar, beide neunzig Jahre alt, das zum Anwalt kommt, um sich scheiden zu lassen.

Sagt der Anwalt: »Was? Ihr habt gewartet, bis ihr neunzig seid? Warum wollt ihr euch denn jetzt um Gottes willen noch scheiden lassen?«
Darauf die Antwort der beiden: »Wir wollten warten, bis unsere Kinder gestorben sind.«

Hier findet der Satz »… bis dass der Tod euch scheidet« ein eher komisches Echo.
Die berechnende Niedertracht – oder positiv ausgedrückt: der gesunde Egoismus –, oder neutral formuliert: das ökonomische Zweckbündnis Ehe, findet in der folgenden Geschichte eine pointierte Entschlüsselung:

Ein 70-Jähriger fragt voll Bewunderung und Neid seinen gleichaltrigen Freund, wie es ihm denn gelungen sei, eine so reizende, bezaubernde 25-jährige Schöne als seine Frau zu gewinnen.

Die Antwort: »Indem ich ihr vorgelogen habe, ich sei schon neunzig.«

Auch über Johannes Heesters und seine Frau Simone, die durch 45 Jahre getrennt und als ewiges Paar vereint waren, gibt es einen einschlägigen Witz, sozusagen »sub specie aeternitatis« (unter dem Gesichtspunkt der Ewigkeit), und der geht so:

Es klingelt beim Ehepaar Heesters. Er öffnet die Tür.
Der Tod steht davor. Heesters sieht den Tod, dreht sich um und ruft in die Wohnung: »Simone, es ist für dich!«

Einen Vorläufer dieser Geschichte, ohne die Methusalem-Komponente, hat schon Freud überliefert.

Sagt einer der Ehepartner (wahrscheinlich die Frau):
»Wenn einer von uns beiden stirbt, ziehe ich nach Paris.«

Es ist der gesunde Optimismus, der hier in der Zweierbeziehung herrscht. Im Lachen, das der Witz auslöst, lockert sich für einen Augenblick das Korsett gesellschaftlicher Zwänge und moralischer Übereinkünfte. Der Witz wird zum lachenden Stoßseufzer, zum Blitzableiter. Eike Christian Hirsch (der im NDR jahrelang Witze vortrug und analysierte) hat sein Buch über Witze treffend *Der Witzableiter* genannt.

Was leitet der Witz ab? Und was lässt sich am Witz ableiten? Dass Witze im Grunde meist tieftraurige Zustände dokumentieren, lässt sich aus nichts leichter schließen als daraus, dass politische Witze geradezu zwanghaft entstehen, je größer der politische Druck ist.

Bert Brecht schreibt in seinen *Flüchtlingsgesprächen*: »In einem Land leben, wo es keinen Humor gibt, ist unerträglich, aber noch unerträglicher ist es in einem Land, wo man Humor braucht.« Das ist eine Variante der Brecht'schen Einsicht aus sogenannten heroischen Zeiten, sprich den Zeiten des Zweiten Weltkriegs, die sich in folgendem Dialog ausdrückt. »Unglücklich das Land, das keine Helden hat.« Mit der Antwort: »Unglücklich das Land, das Helden braucht.«

In politisch unfreien Systemen gedeihen die waghalsigsten und besten Witze, weil der Witzeerzähler Kopf und Kragen riskiert und dem Witzezuhörer deutlich macht, dass es in dem System, in dem er lebt, buchstäblich um Kopf und Kragen geht. Auch Gottesstaaten auf Erden sind Diktaturen, die den Witz mit Feuer und Schwert bekämpfen, der deshalb geradezu zwangsläufig in rigorosen religiösen Systemen entsteht. Dass man dem dänischen Mohammed-Karikaturisten einen Preis für »Pressefreiheit« verlieh, zeigt, wie ernst so etwas zu nehmen ist.

Witze erzeugen Solidarität unter Gleichgesinnten, ein Augenzwinkern, ein Einverständnis zwischen Unterdrückten. Wir befreien uns, während wir sonst nur ohnmächtig die Faust in der Tasche zu ballen wagen. Die Wahrheit kommt im Witz ans Licht, verborgen im Lachen zwar, aber in einem Funken, der auf andere überspringt.

Als Beispiele für religiöse Witze hier nur zwei, die beim Kruzifix-Streit in Schulen und der darauffolgenden Jurisdiktion des Bundesverfassungsgerichts aufkamen. Es ist noch gar nicht so lange her, da hätte man Kopf und Kragen, zumindest Ansehen und Karriere im christlichen Abendland riskiert, hätte man sie erzählt. Dabei zielen sie gar nicht auf die Religion, sondern auf die Vermarktung von etwas Heiligem durch das Profane. Der erste:

Warum breitet Christus am Kreuz seine Arme aus?
Antwort: Weil er zu den beiden Schächern sagt:
»Kommt näher, kommt näher, sonst passen wir drei
nicht zusammen auf ein Foto.«

Dieser Witz profanisiert. Aus Ostern werden die Osterfeierlichkeiten.
Der zweite riskiert einen Freud'schen Kurzschluss, als ließe sich das zu einem Symbol gewordene Kreuz wieder in Fleisch gewordene Wahrheit zurückverwandeln. Als werde das Geistige rematerialisiert. Auch hier ist es wieder eine Frage:

Was wäre passiert, wenn Christus nicht am Kreuz
gestorben, sondern geviertelt worden wäre?
Antwort: Dann hingen in allen Kirchen und
bayerischen Schulstuben Mobiles.

Ich hätte mich nicht getraut, diesen Witz zu erzählen, bevor ich die Pensionsgrenze und unsere moderne westliche Welt das »Anything goes« überschritten hätten. Ich fürchte immer noch, damit religiöse Gefühle zu verletzen. Trotzdem drängt es mich ab und zu ganz unwiderstehlich, gerade diesen Witz zu erzählen.
Wir alle werden zu Sauberkeit, zu Vernunft, zu äußerlicher Reinheit erzogen und möchten uns doch manchmal wie ein Kind, das von einem Spaziergang mit den Eltern ausbüxt, in den Sonntagskleidern beschmaddern und beschmuddeln. Wir sind davon auch durch Strafe nicht abzuhalten. Und auch oft nicht durch Belohnung. Wie ein Hund, der sich von der Leine reißt und ungezügelt und ungebremst seinen Trieben und seiner Jagdleidenschaft nachgibt. Witze sind wie Hunde, die sich von der Leine reißen, wenn wir keine Kinder mehr, sondern sauber gewordene Erwachsene geworden sind.

POLITIK IM WITZ

Es ist eine Binsenwahrheit, dass der politische Witz unter politischem Druck am besten gedeiht. Den Titel der Fernseh-Dauersoap könnte man einfach abwandeln in *Gute Zeiten, schlechte Witze (GZSW)* oder, umgekehrt, *Schlechte Zeiten, gute Witze (SZGW)*. Und Brechts Kalenderspruch »Glücklich das Land, das keine Helden braucht« ohne Weiteres zu der Variante umformen: »Glücklich das Land, das keine Witze braucht.« Wie gesagt, eine Binsenwahrheit, die aber doch die Freud'sche Witztheorie stützt. Je größer der Druck, desto stärker die Witze. Wie im Falle Moral und Sexualität, dem anderen großen Spielplatz des Witzes, gilt auch hier: Wenn der Druck zum Überdruck wird, muss er pfeifend entweichen. Das Pfeifen im Walde wird im Witz zum Lachen im Walde, selbst wenn man sich dazu verstecken muss. Oder um ein falsches Bild zu wählen: wenn man dazu in den Keller muss. Das Verbotene, Tabuisierte, Verdrängte ist auch in der Politik der stärkste Witz-Druck. Wer nichts zu lachen hat, braucht den Witz.

Mark Twain, der große amerikanische Humorist und Erzähler, hat einmal die sicher weise Feststellung getroffen, dass im Himmel nicht gelacht würde. Die brauchen das dort nicht, weil sie ohne Lachen vollkommen zufrieden sind.

Ich hatte, um es zynisch zu sagen, was meine Wahrnehmung des Witzes bis zum achtzehnten Lebensjahr betrifft, ein Riesenglück. Ich lebte in zwei unmittelbar aufeinanderfolgenden Diktaturen, den schrecklichsten, blutigsten, mörderischsten der europäischen Geschichte: in der Kriegs- und KZ-Diktatur Hitlers und anschließend in der Diktatur des Gulag, des stalinistischen Terrors, der Schauprozesse, der Menschenverschleppungen und Vertreibungen – was für ein furchtbar fruchtbarer Boden für die grausigsten Witze, für das sardonische Todesgrinsen zweier Menschenschlächter namens Adolf Hitler und Josef Wissarionowitsch Stalin, die alle umbrachten, die ihnen widersprachen, ihnen im Wege waren, ihr Missfallen erregten. Sie verwüsteten die Erde, von der sie meinten, sie müsse ihnen untertan sein.

Auch wenn man nur Witze erzählte, konnte man umgebracht werden: wegen Volksverhetzung, Wehrkraftzersetzung, Sabotage, Beleidigung und Verleumdung des jeweiligen Führers. Auch das Lachen, das sie provozierten, konnte lebensbedrohlich, lebensgefährlich für diejenigen sein, die den Despoten witzig oder komisch kommen wollten. Todesstrafe, Straflager, Volksgerichtshof, Schauprozess, Dachau, Sibirien, Auschwitz, Bautzen.

1951 hätte mich ein gefährlicher Witz, ein Ausbruch unfreiwilliger Komik, beinahe zerstört. Man konnte damit konfrontiert werden wie mit dem Anschlag eines Selbstmordattentäters, wie mit einem Tretminenfeld im Kriegsgebiet. Der Zeichner der rührend komischen »Vater und Sohn«-Bildergeschichten E. O. Plauen wurde von einem Nachbarn denunziert und beging vor Prozessbeginn Selbstmord. Eine junge Studentin in der DDR wurde, weil sie Stalin auf einem Plakat mit einem zusätzlichen Schnurrbart verunziert hatte, zu mehreren Jahren Haft in Bautzen verurteilt, Jahre später büßten Mediziner in Jena für ein Kabarettprogramm bei einer Uni-Veranstaltung mit ihrer Karriere und ihrem Fortkommen – es ließen sich Tausende größerer und kleinerer Geschichten erzählen, die alle auf die Pointe hinauslaufen: »Witz komm raus! Du bist umzingelt!« Allerdings anders, als dieser billige Kalauer auf einen schlechten Witz ursprünglich gemeint war. Hier hatte das Umzingeltsein einen schrecklichen, ja grausigen Sinn.

Nun zu meiner kleinen, eher unbedeutenden Geschichte, die ich erzähle, weil sie sich so, mit aller unfreiwilligen Komik, ereignet hat. Und die auch hätte schiefgehen können, schrecklich schief.

Eines Tages 1951, also ein Jahr vor dem Abitur meiner Klasse, wurden wir in die Aula zusammengetrommelt. Ich weiß nicht mehr, ob es eine Feierstunde war oder was sonst, jedenfalls sang ich mit im Schulchor, wahrscheinlich das Lied der FDJ: »Bau auf, bau auf, bau auf, bau auf, / Freie Deutsche Jugend, bau auf! / Für eine bessre Zukunft / Richten wir die Heimat auf!« Auf der Bühne wurde anschließend von einem neuen Schulleiter, er war jünger als die meisten unserer Lehrer, die aus alten Studienratsgenerationen stammten, ein Stalinplakat hochgehalten. Es war das Plakat, auf dem unter Stalin, dem »besten Freund des deutschen Volkes«, meist der gnädig verzeihende Satz als Parole stand: »Die Hitlers kommen und gehen, das deutsche Volk, der deutsche Staat aber bleiben bestehen.« Stalin selbst sollte erst zwei Jahre später gehen. Sein System aber herrschte mit Aufweichungen und Variationen noch fast vierzig Jahre.

Der Schulleiter hielt das Plakat mit anklägerischem Pathos in die Höhe und sagte mit sich fast überschlagender Stimme, indem er auf die leeren Augenhöhlen des »besten Freundes des deutschen Volkes« zeigte, die ausgekratzt waren, irgendeine frevlerische Hand eines verkommenen Schülers habe die Augen Stalins ausgekratzt. Das war nicht schön! Ob er das religiös getönte Wort »frevlerisch« gebrauchte, vermag ich heute nicht mehr zu sagen. »Freveln« hat ja immer etwas mit Gotteslästerung, Heiligenbeschmutzung, Majestätsbeleidigung zu tun, dem »Frevler« droht eine unerbittlich strenge Strafe. Und diesen Frevler wollte er vor den versammelten Schülern der Karl-Marx-Oberschule, die heute wieder Carolinum heißt, und vor ihren Klassenlehrern ermitteln, zumindest dazu aufrufen, sich zu stellen, sich selbst anzuzeigen.

Dann geschah etwas Unvorhergesehenes. Ein Klassenkamerad von mir, dessen Namen ich nicht mehr weiß, weil er kurz darauf von der Schule abging, abzugehen hatte – dieser Mitschüler also, schnäuzte sich und gab dabei ein furchtbar trötendes, ja röhrendes Geräusch von sich. Alle Schüler benutzten dieses Geräusch als Ventil, um in hemmungsloses Gelächter ausbrechen zu können.

Vorne stand der Schulleiter, hielt das Corpus Delicti, das geschändete Stalinbild, noch in den Händen – um ihn herum aber konnte sich eine Horde undisziplinierter Schüler vor Lachen nicht halten. Panik ergriff den Lehrkörper. Man war sich, ohne sich verständigen zu müssen, der explosiven Situation sofort bewusst. Eilig sammelten die Lehrer die Schäfchen ihrer Klasse und führten sie in ihre Klassenräume zurück. Dort wurden die Schüler sich selber überlassen, ihre Erzieher hatten es eilig, über den bedrohlichen Vorfall zu konferieren, zu überlegen, was nach diesem Desaster zu tun wäre.

Später erfuhren wir, dass der Schüler, der mit der Nase trompetet hatte, sofort vom Schulunterricht suspendiert wurde. Er hatte übrigens Glück. Sein Vater, ein Arzt an einer Bernburger Klinik, ließ von einem Kollegen bescheinigen, dass der Sohn eine Nasenscheidewandverengung habe, das komische Geräusch also nicht in böser, noch dazu antistalinistischer Absicht oder gar trotzkistisch-titoistischer Subversion erzeugt habe. Die Sache also, der bös-unfreiwillige Witz, verlief sozusagen im Sande. Dass sie die Biografie der Familie des Nasentäters veränderte, die schnellstmöglich nach dem Westen floh, fiel damals in den unruhigen Nachkriegsjahren nicht weiter auf. Damals konnte immer Schlimmes passieren. Selbst durch einen unfreiwilligen Witz. Lachen war gefährlich.

Die Geschichte ist eine Lappalie. Sie hat nicht einmal eine Pointe. Und hätte sie eine, wäre zu überlegen, wie politische Pointen aus anderen, inzwischen stark veränderten Zeiten wirken, wenn sie nicht mehr brisant sind. Heute darf jeder über Stalin lachen. Geschichten, auch witzige Geschichten, auch Witze, dienen nur dazu, die Geschichte zu illustrieren, sie aufzubewahren. Auch Witze sind zumindest das: geschichtliche Zeitzeugnisse, Partikel, Momentaufnahmen, die sich an der Politik entzünden. Der jüngste Fall für mich ist der Fall Guttenberg. Er handelt vom jähen Aufstieg und schnellen Fall eines Ministers, der mitten in die graue Glanzlosigkeit der matten ersten Monate des schwarz-gelben Kabinetts Merkel-Westerwelle Glanz brachte, der bald wieder verlosch.

Wer in der Politik zu Lebzeiten zur Witzfigur wird, hat meist nicht mehr viel zu lachen. Wie derjenige, der über Politiker in Diktaturen Witze reißt, riskiert, bald nichts mehr zu lachen zu haben.

Es könnte der amerikanische Präsident Jimmy Carter gewesen sein, aber jeder andere, von Truman über Eisenhower, Kennedy, Nixon, Reagan oder Bush (Vater und Sohn), wäre bei dem folgenden Witz als Zielscheibe auch willkommen – also, es soll Carter gewesen sein, der seinem sowjetischen Gegenspieler im Kalten Krieg, Leonid Breschnew, die folgende Frage gestellt haben soll:

Carter: »Sammeln Sie auch Witze, die über Sie im Umlauf sind?«
Breschnew: »Nein, aber ich sammle Leute, die Witze über mich erzählen. In Lagern.«

Der Mächtige fürchtet, wenn er durch den Witz verächtlich gemacht wird, die Gefahr der eigenen Zerstörung. Witze bedrohen ihn – wie es Andersens Märchen von »des Kaisers neuen Kleidern« satirisch festgehalten hat. Orwells »Großer Bruder« in 1984 muss befürchten, dass ihn jeder, der ihn lächerlich zu machen sucht, in seinem Machtanspruch bedroht.

Wir dürfen uns das Verhältnis zwischen Witz und Macht durchaus als asymmetrische Kriegsführung zwischen den Mächtigen und den Unterdrückten vorstellen. Für diejenigen, die ihre Witze in totalitären Systemen auf Kosten der Herrscher und der Herrschaft reißen, ist die Gefahr, die für sie darin besteht, dass sie die Witze wagen, Bestandteil ihrer Würde und ihrer oppositionellen Kraft. Witze nehmen die Macht – jedenfalls für den Moment der Pointe – nicht ernst, auch nicht Julius Cäsars Sprichwort: »Mögen sie mich hassen, wenn sie mich nur fürchten.« Hört die Furcht für den Augenblick auf, in dem man über das Terroristische, Furchterregende der Herrschaft zu lachen und zu spotten wagt, dann fühlen sich die Mächtigen in ihrer Unantastbarkeit bedroht. Für den Geduckten, Unterdrückten bedeutet es, dass er sich die Freiheit nimmt, die auszulachen, die ihn bedrücken, unterdrücken. Er gewinnt seine Würde wieder, seine Freiheit. Er bezahlt diese Freiheit mit dem Risiko, ausgelöscht zu werden.

Andererseits erlauben Machthaber, glauben sie sich fest im Sattel, den Spaßmachern, sich auf ihre Kosten lustig zu machen. Stalin, im Hochgefühl seiner Macht, soll Witze über sich genossen und goutiert haben, sie schmeichelten ihm. Sie zeigten ihm, wie sehr er gefürchtet war. Anders ausgedrückt: Sie festigten seinen Sockel. Auch Göring, der Reichsmarschall Hitlers, soll Witze über sich geschätzt haben als Gradmesser seiner Popularität. In solchen Fällen wird das Dampfablassen des Überdrucks im Kessel nach außen als Regulativ empfunden. Tauwetterperioden im Kalten Krieg versendeten solche Zeichen: Es darf gelacht werden! Wir sind souverän. Wir fürchten nichts. Nicht einmal den Witz. Im Hintergrund blieb allerdings die Überzeugung: »Alles hat seine Grenzen!« – »Alles muss seine Grenzen haben.« – »Bis hierher und nicht weiter!« Und so bleibt es bei der Asymmetrie im Kampf zwischen Witz und Macht. Beide Seiten loten die Grenzen aus.

Natürlich ereignet sich Politik überall, auch in Staaten, die zumindest die selbst gesetzten Normen und Regeln anerkennen und diese mit den allgemein anerkannten Menschen- und Bürgerrechten in Einklang zu bringen suchen. Im Übrigen sind von den rund 200 Staaten, die in der UN anerkannt und vertreten sind, 180 nicht so stabil, dass sie diesen Normen entsprechen. Gäbe es Rating-Agenturen für Politik, sähe es in der politischen Wirklichkeit ähnlich desaströs aus wie im momentanen Zustand der Weltwirtschaft.

Selbst da, wo es an der Verfassung der Staaten, ihrer garantierten Freiheit, Rechtssicherheit, (theoretischen) Gleichheit nichts zu kritisieren gibt, wo Politiker sich Wahlen stellen müssen, wo Gerichte ihre Macht kontrollieren können, wo ein Gleichgewicht der Kräfte herrscht, Minderheitenrechte geschützt sind, findet der Witz noch genügend Stoff und Themen. Wir leben, wie gesagt, in einer gebrechlichen Welt. Die Demokratie ist nicht die beste aller Staatsformen, sondern nur die am wenigsten schlechte. Die Gleichheit hat Anatole France so definiert, dass sie in ihrer unendlichen Gerechtigkeit es Armen wie Reichen verbietet, unter den Brücken zu schlafen.

Man kann Gier, Geilheit, Heimtücke, Neid, Machtmissbrauch nicht abschaffen, nur – wenigstens theoretisch – öffentlich sichtbar machen. Die Willkür und ihre Einschränkung, die Lüge und ihre Entlarvung, das sind auch im politisch friedlichen Alltag Themen für Witze. Und immer ist der Witz das Kind im Märchen, das sagt: »Aber der Kaiser ist ja nackt.« Politik lebt überall auch vom Pathos, das sie um sich verbreitet. Der Witz reißt ihr diese verhüllenden Fetzen und Schleier vom Leib.

An diese Stelle passen zwei Witze aus der Breschnew-Ära. Leonid Breschnew regierte nach Chruschtschows Sturz 1964 (der es nach Stalins Sturz immerhin auf eine Herrschaft von elf Jahren gebracht hatte) bis 1982. Bei Machtantritt war er immerhin schon 58 Jahre alt. Es war die Zeit der unendlich langen Agonie des Sowjetstaates, der Herrschaft eines sklerotischen Politbüros, dessen Mitglieder sich misstrauisch beäugten, damit nur ja keine Veränderung stattfinden konnte und ein unbewegliches Gleichgewicht das Land in einer Starre hielt. Es gab keinerlei Rechtssicherheit, keine unabhängige Justiz, keine Wahlen – kurz: Es war eigentlich nicht viel anders als heute in Russland, nur dass offiziell der Marxismus herrschte. Korruption und Vetternwirtschaft gibt es heute wie schon zu Zeiten des Zaren.

Hier also der erste Witz, den ich dem Buch *Das komische Manifest. Kommunismus und Satire von 1917 bis 1989* von Ben Lewis verdanke. Er spiegelt die geistige Verkalkung des greisen Sowjetführers wider – Breschnew hatte damals bereits mehrere Schlaganfälle erlitten.

> Breschnew verliest eine Rede: »Wer behauptet, dass ich immer nur vom Blatt ablese? Ha, Komma ha Komma ha Komma ha Komma ha.«

Der Witz ist nicht systemgebunden. Er trifft eine lange Herrschaft. Einen Herrscher, der als Greis entlarvt wird, der längst auf dem Marsch in die Altersdemenz ist. Solche Witze gab es von dem betagten Reichspräsidenten Hindenburg, dessen Alterungsprozess die schnelle Agonie und den galoppierenden Untergang der Weimarer Republik spiegelte.

Die Rede Hindenburgs geht so:

> Und hiermit schließe ich mit einem dreifachen Hoch auf das deutsche Vaterland. Es lebe hoch!Hoch! (Pause, Rascheln, weil Hindenburg umständlich umblätterte) Hoch!

Solche Witze streifen das politische System nur am Rande, sie treffen nur seine geriatrische Immobilität und damit die geistige Aushöhlung seiner Führer und Strukturen. Nicht zufällig lässt sich der gleiche Witz auch über einen begriffsstutzigen Fagottisten machen, der die berühmte Stelle im *Rigoletto* spielt:

»Ta, Ta, Ta, Ta, Ta, Ta – Ta«, und vor der letzten Fermate stets raschelnd sein Notenblatt umblättert. Bis der ungeduldige Dirigent ihm bei der Probe schließlich einen Notenumblätterer zur Seite stellt. Wieder spielt der Fagottspieler »Ta, Ta, Ta, Ta, Ta, Ta«, und dann setzt er sein Instrument ab, sagt leise »Danke schön« zum Umblätterer und spielt dann »– Ta!«.

Das hat, wie das Beispiel belegt, nichts mit Politik direkt zu tun, nur mit der immobilen Begriffsstutzigkeit, mit der sie ausgeübt wird.

Das Gleiche gilt für die Lübke-Witze. Heinrich Lübke war von 1959 bis 1969 Präsident der Bundesrepublik. Besonders in der zweiten Amtszeit, die er durch einen vorzeitigen, als quälend spät empfundenen Rücktritt beendete, machte sich seine fortschreitende Demenz bemerkbar. Schon in seiner ersten Amtszeit war er durch eine knorrig schlichte, sauerländisch getönte Sprache aufgefallen, über die sich der Volkswitz in zahllosen Scherzen lustig machte. So soll er eine Rede in Afrika mit der Ansprache »Sehr geehrte Damen und Herren, liebe Neger« begonnen haben. Vor allem das Englisch des »silberhaarigen Sauerländers« *(Der Spiegel)* war Gegenstand ständigen Spotts. Er sagte zu Sportlern, sie seien »heavy on wire« (schwer auf Draht), oder sagte zu Beginn einer Rede: »Equal goes it loose.« – Gleich geht es los.

Der blödeste Lübke-Witz, so saudumm konstruiert, dass er schon wieder komisch ist, spielte in Indien.

Da zeigte ein indischer Minister dem greisen Staatsgast weite Felder. Und als Lübke fragte, was denn hier angebaut würde, antwortete der Inder: »Alles Jute!« Darauf Lübke: »Danke! Ihnen auch!«

Solche Witze tauchen vor allem dann auf, wenn Amtszeiten von Politikern als quälend lang empfunden werden (in der »Arabellion« in Ägypten und Tunis wurde die Kleptokratie allerdings witzlos entfernt). Auch Helmut Kohl musste darunter leiden und wurde, nachdem die Zeitschrift *Titanic* ihm den Spitznamen »Birne« verliehen hatte – eine Anspielung auf den »Bürgerkönig« Louis-Philippe –, wegen seines Englisch verspottet. Er soll der Eisernen Lady Margaret Thatcher das »Du« mit folgenden Worten angeboten haben: »I'm Helmut. You may say you to me!« Allerdings hat er später die heftige Gegnerin der deutschen Wiedervereinigung genial ausgetrickst – darüber gibt es keine Witze. Warum auch!

Doch zurück zu Breschnew, zurück in die Agonie der Sowjetunion in der Zeit der Vergreisung. Auch hier ist wohl niemand für die Witze über den sich nur noch wie eine Aufziehpuppe bewegenden Generalsekretär eingesperrt worden.

1974, zu Beginn der Ära der Stagnation, erlitt Breschnew einen Schlaganfall, 1976 einen weiteren. Dazu kursierte folgende Verlautbarung:

Mit großem Bedauern gibt die Regierung der UdSSR bekannt, dass der Generalsekretär des Zentralkomitees der Kommunistischen Partei und Präsident des Obersten Sowjets, Genosse Leonid Iljitsch Breschnew, nach langer Krankheit und ohne das Bewusstsein wiedererlangt zu haben, seine Regierungspflichten wieder aufgenommen hat.

Dieser Witz ist gleichzeitig ein Beispiel für die verkalkte und alterserstarrte Sprache der sowjetischen Staatsbürokratie, das, was laut Orwell mit dem sogenannten »Double-Speech«, dem Doppel-Sprech, begonnen hatte. Auch dieser Witz überlebte nicht nur Breschnew, sondern auch die, die ihn rissen.

Für politisch erstarrte Systeme gilt auch, dass deren höchste Repräsentanten hinter bunten Uniformen mit gewaltigen Ordenreihen auf der Brust auftreten. Es ist so, als gäbe ihnen die Uniform den letzten Halt und ersetze mit ihrem Talmi die fehlende Ausstrahlung.

> Die Familie Breschnew isst zu Abend, als das ganze Haus plötzlich wie unter einem Erdbeben erzittert.
> »Oh Gott, was ist das?«, fragt erschrocken Tochter Galina.
> »Keine Sorge«, sagt ihre Mutter, »das Jackett deines Vaters ist vom Stuhl gefallen.«

Das hätte Göring, dem Caudillo, Gaddhafi und jedem südamerikanischen Staatsstreich-Obristen auch passieren können.

DER FALL GUTTENBERG

Der jüngste Fall (wir schreiben Sommer 2011) eines mit Witzen übergossenen, ja überkübelten Politikers ist der von »KT«, vom fränkischen Freiherrn Karl-Theodor zu Guttenberg. Viel kommt da zusammen: das Gefälle »Wer sich selbst erhöhet, wird erniedrigt werden« oder »Hochmut kommt vor dem Fall« wie auch »Wer hoch hinauswill, kann auch tief hinunterstürzen«.

Der Witz funktioniert da wie die antike Tragödie, wie das Shakespeare'sche Königsdrama.

Der CSU-Politiker aus Oberfranken, wo die Burg seiner Familie über der Landschaft thront, stieg steil wie ein Komet auf – umso tiefer musste der Sturz nach einem Fehltritt wirken, der das Missverhältnis zwischen Sein und Schein, die Kluft zwischen Anspruch und Realität deutlich machte. Er wurde zu einem »Witz«-Fall, der maßlose Übertreibung zum Thema hat.

Guttenberg stürmte zuerst himmelan. Unter die grauen Gestalten und schrillen Fehlbesetzungen in Angela Merkels Kabinett brachte er adeligen, schier königlichen Glanz, Unabhängigkeit, Freiheit des Geistes, er bewegte sich auf dem politischen Parkett elegant und modisch schick, hatte eine hochgeborene schöne Ehefrau und reizende Kinder. Neben seinem hochadeligen Namen (er hat allein zehn Vornamen: Karl-Theodor Maria Nikolaus Johann Jacob Philipp Franz Joseph Sylvester) konnte er noch mit dem Dr. jur. summa cum laude aufwarten. Und an diesem Punkt war er verwundbar. Und hier wurde er erlegt wie Siegfried von Hagen. Hier offenbarte er seine Achillesferse. Alles schien auf einmal abgekupfert, geklaut. Das »summa cum laude« blamierte die junge Uni Bayreuth als käuflich, von Glanz und Fördertum bestechlich, die Verteidigung betrieb er erst vom hohen Ross, dann mit immer scheppernderem kläglichem Pathos und übte dann einen unheimlich starken Abgang, der ihm, trotz Zapfenstreich mit Jazz, im Grunde missriet. Alles Verleumdung, mir kann keiner. Und weg in den Abgrund (der Blamage, der Lächerlichkeit).

Kann er je wieder auftauchen? Witze kümmern sich einen Dreck darum. Sie zeigen, wie es war, wie es ist. Sie sind wie eine Gegendarstellung zum Verhalten des Münchhausen-Barons und seiner Verlautbarungen. Der Witz bohrt gerne in Wunden, da versteht er keinen Spaß, da kennt er keine Gnade. Ihm ist das Peinlichste gerade recht.

Die Witze über Guttenberg, die das Internet ausschüttete und die an Stammtischen mit dröhnender Schadenfreude zitiert wurden, waren meist Gebrauchsware für den Tag. Dauerhaft dürfte das Wenigste sein. Aber ein paar schöne und typische gibt es doch – zumal seine Verteidiger seinen Sturz mit dem gleichen pathetischen Talmi zu schmücken suchten, das seinen Höhenflug begleitete: »Er hätte sich, wär er hinaufgestiegen, höchst königlich bewährt« (Hamlet), gesungen auf die leise Melodie »They never come back!«

Sein Parteifreund Pfister hat auf dem Parteitag der CSU Oberfranken kräftig in dieses Horn gestoßen: Kein Massenmörder sei so erniedrigt worden wie »unser KT«. Hamses nich 'ne Nummer kleener?, fragt da der Berliner, und ein neuer Witz macht die Runde.

> Als Vater Guttenberg nach dem Sturz seines Sohnes
> mit berechtigter väterlicher Kränkung und Fürsorge in
> ein ähnliches Horn stieß, keinem Politiker seit 1945 sei
> so viel Unrecht geschehen, war es der *FAS* zu viel, und
> sie machte sich den biblischen Vornamen des Vaters
> »Enoch« zunutze, um den väterlichen Schmerzseufzer
> zu kommentieren: Da könne man nur, meinte die
> Sonntagszeitung, mit Donna Summer singen: »Enoch
> is Enoch.«

Auch auf die Uni, die ihn zu hoch ausgezeichnet hatte, regnete es Kalauer dieses Kalibers – so im Internet die Frage, »ob der Gutti seine Dissertation schon bayreuth hat«. Und als neuer Name für die Uni wurde vorgeschlagen: »Buy right.« Dem Witz ist nichts zu gequält.

Besser war der spontane erste Witz zu der Affäre.

Guttenberg war noch im Amt. Da erscheint montags ein Handwerker beim Pförtner des Verteidigungsministeriums.

»Ich soll den Kopierer reparieren«, sagt er, um Einlass zu bekommen.

»Da haben Sie Pech«, sagt der Pförtner, »der ist heute in Kundus!«

Kundus, wir erinnern uns (und man wird es vielleicht eines Tages wissen wollen um der historischen Wahrheit willen), war der Ort der glanzvollsten Auftritte des Ministers, in schicker Lederkluft, mit oder ohne Gattin, mit oder ohne Fernseh-Talk. Wie sich überhaupt das Gewicht der Medien, der medialen Vermittlung in den Witzen bemerkbar macht. *Wetten, dass..?* ist dann ein ebenso realer Schauplatz wie eben Kundus. Oder der Zapfenstreich in den *Tagesthemen*.

So gibt es den folgenden fiktiven *Wetten, dass..?*-Auftritt des Barons:

>»Wetten, dass ich sämtliche Autoren meiner
>Dissertation in einer Stunde salutierend auf der
>Domplatte auftreten lassen kann?«

Das erinnert an den Papstwitz von Johannes Paul II., der sich auf seiner fleißigen Reisetätigkeit per Flugzeug von Kontinent zu Kontinent zu PR-Zwecken für die fromme Sache regelmäßig auf den Boden kniete, um die Pisten zu küssen.

>Der inzwischen seliggesprochene Johannes Paul II.
>war zu Lebzeiten zu *Wetten, dass..?* eingeladen. Er
>könne sämtliche Flugpisten der Welt an ihrem
>Geschmack erkennen!

Von der verstörten und gestörten Hierarchie durch Publicity handelt auch der folgende Papstwitz. Er ist und war und bleibt mein Lieblingswitz:

Der Papst macht einen Staatsbesuch in Kanada.
Zum Abschluss, bevor er nach Europa und Rom zurückfliegt, lädt ihn die kanadische Regierung zu einer kleinen Rundreise in Kanada ein. Ihm wird ein Wagen mit Chauffeur zur Verfügung gestellt. Und am nächsten Morgen holt ihn dieser Chauffeur zu einer Reise durch den Osten Kanadas ab. Wälder, Seen, Weiten.
Der Papst ist sehr beeindruckt. Nachdem sie einige Stunden durch die Weiten Kanadas über die Highways gefahren sind, rutscht der Papst unruhig auf seinem Sitz im Fond des großen Tourenwagens hin und her. Dann wendet er sich an seinen Fahrer: »Ach, ist das beeindruckend hier! Schön!! Und die Weiten. Die schier unendliche Landschaft! Ach, ja«, der Papst seufzt, »Sie wissen ja, ich bin nicht nur ein begeisterter Skifahrer, sondern auch ein leidenschaftlicher Autofahrer. Und Sie wissen ja«, wieder seufzt Seine Heiligkeit, »der Kirchenstaat ist eng. Kaum Raum und Platz zum Autofahren. Ich habe daher eine Frage, eine Bitte. Würde es Ihnen etwas ausmachen, für eine Weile mit mir zu tauschen? Ich würde den Wagen gern selbst durch die Weite Kanadas chauffieren!«
Natürlich ist der Fahrer einverstanden. Die beiden tauschen die Plätze. Der Papst sitzt vorn, der Chauffeur auf dem Rücksitz. Sie fahren los.
Plötzlich werden sie von einer Polizeistreife gestoppt. Der Papst öffnet sein Fenster, der Polizei-Sergeant schaut ihn an, dreht sich um und geht zu seinem

Streifenwagen zurück. Von dort aus ruft er seine
Polizeistation an:
»'tschuldigung, Lieutenant, ich habe da einen Wagen
gestoppt. Geschwindigkeitsüberschreitung!«
»Warum rufen Sie mich deshalb an?«, bellt der
Lieutenant durch den Hörer. »Verpassen Sie ihm doch
einfach einen Strafzettel!«
»'tschuldigung, Lieutenant, aber ich glaube, der Wagen
gehört zu einem hohen Tier!«
»Nun«, knurrt der Lieutenant am anderen Ende der
Leitung, »ist der höher als ich?«
»'tschuldigung, ich glaub schon, Lieutenant«, sagt der
Sergeant höflich.
»Hm«, knurrt der Lieutenant, »hm. Ist der höher als
der Polizeiminister in Ottawa?«
»'tschuldigung, Sir«, sagt der Polizist, »ich glaub schon!«
»Wer zum Teufel ist es denn?«, bellt der Lieutenant
durch das Telefon.
»Keine Ahnung«, antwortet ihm der Sergeant. »Aber
der Papst ist sein Chauffeur.«

Auch dieser Witz handelt von einem hierarchischen Zwischenfall, von einer Störung in der Hackordnung im Oben-und-un-
ten-Getriebe. Wie die über einen Minister, der, obwohl Freiherr,
beim Abkupfern seiner Dissertation erwischt wird. Was für ein
gefundenes Fressen für einen Witz. Daher noch ein letzter.

Warum will Ursula von der Leyen nicht mehr neben
Guttenberg am Kabinettstisch sitzen?
Weil der immer abschreibt.

Hier wird die hohe Welt der Politik, die Erhabenheit der Kabi-
nettssitzungen (Westerwelle, als er noch Vizekanzler war, krieg-

te sich überhaupt nicht ein, als er – die Kanzlerin war im Urlaub – einmal eine Kabinettssitzung leiten durfte. Er inszenierte das fürs Fernsehen und genoss die Inszenierung in vollen Zügen) auf die Schulbank-Banalität von Erstklässlern reduziert, die schielend beim Nachbarn abgucken und abschreiben. Zu dieser Szene denkt man sich Westerwelle hinzu, der die Finger schnippend hebt: »Herr Lehrer, ich weiß was!«

Deutschland aber ist ja nicht nur das Land der Dichter und Denker, sondern auch das der Titel und Auszeichnungen. »Heiße Magister, heiße Doktor gar«, stöhnt Faust in Goethes Drama, und sein Famulus Wagner kann sich gar nicht halten, weil er mit dem Herrn Doktor Faust nicht nur parlieren, sondern auch beim Osterspaziergang das Bad in der Menge mit ihm genießen darf.

Es gibt einen Witz, den sich die Besatzer nach der Stunde null, in der Trümmerlandschaft der zu Schutt und Asche gebombten deutschen Städte erzählten. Da gab es nicht nur die mit Recht berühmt gewordenen Trümmerfrauen, die im Schutt des zerstörten Deutschlands die Ärmel hochkrempelten und damit einen ersten Emanzipationsschub durch das Land schickten, es gab auch die ausgemergelten Hunger- und Elendsgestalten der daheimgebliebenen Männer, die im Volkssturm oder als Unabkömmliche den Krieg überstanden hatten.

Aus den Trümmern hört man ein Rauschen und Murmeln. Eine Menschenkette aus älteren Deutschen räumt auf, reicht sich die Ziegel aus dem Schutt weiter. Wenn man dem Gemurmel näher kommt, versteht man, was sie beim Weiterreichen murmeln: »Bitte schön, Herr Doktor«, »Danke schön, Herr Doktor«, »Bitte schön, Herr Doktor«, »Danke schön, Herr Doktor«, »Bitte schön, Herr Doktor« … ad infinitum.

1960 war ich Redakteur bei der *Stuttgarter Zeitung*. Deren Herausgeber, Josef Eberle, hatte in der Nazizeit zu seiner jüdischen Frau gehalten und auf jede Nazikarriere verzichtet. Er war vorher ein linker Volksschriftsteller gewesen, Sebastian Blau, der sehr schöne schwäbische Mundart-Gedichte voller List und sprachlicher Tücke geschrieben hatte. Jetzt, als einer der Lizenzträger der *Stuttgarter Zeitung*, wurde er schnell wohlhabend und angesehen. Er hatte aufgrund der zwölf barbarischen Jahre kulturellen und gesellschaftlichen Nachholbedarf, auch als Humorist, dessen mögliche akademische Karriere die Nazis verhindert hatten. Jetzt verfasste er lateinische Gedichte. Er veröffentlichte sie in der Wochenendbeilage seiner Zeitung, warum auch nicht? Er spendete dem klassisch-philologischen Institut der Universität Tübingen Gelder für deren Bibliothek und Forschung. Er wurde Ehrendoktor. Und dann sogar Ehrenprofessor, Professor h. c.

Es war ein Festtag für ihn, als er das Anfang der Sechzigerjahre feiern durfte! Wir, seine Redakteure und Angestellten, waren zu diesem Anlass zu einem kleinen Umtrunk in sein Herausgeberbüro gebeten worden. Seine Chefsekretärin rief mich an.

Wir lebten noch in den Loriot-Jahren der Benimm- und Anstands- und Hierarchieregeln, als der noch die Frage stellte, wie begrüßen sich zwei Beamte, die einander nicht vorgestellt worden sind, wenn sie unvermutet in einer Badewanne aufeinandertreffen, nackt, nur mit Seife und Bürste bewaffnet?

Die Sekretärin des Herausgebers, der nun nicht mehr nur Dr. h. c., sondern Professor h. c. war, rief mich also an. »Grüß Gott, Herr Doktor Karasek« (es erfolgte die Einladung für elf Uhr zu Butterbrezeln und Wein in die Herausgeberräume), dann die Verhaltensregel: »Übrigens, Herr Doktor Karasek, die Frau Professor möchte weiterhin nur Frau Doktor genannt werden.«

So war es, so ist es! Das macht klar, warum Baron zu Guttenberg, der zehn Vornamen, aber nur das erste juristische Staatsexamen hat, unbedingt Doktor cum laude werden wollte. Und warum ein Jurist der notorisch linken Fakultät in Bremen, Bundesgenosse der gescheiterten SPD-Ministerpräsidentin Ypsilanti, alles daransetzte, den Doktor mittels Internet abzuschießen.

Eine Episode? Ein Witz? Ein sehr deutscher Witz? Und gleich wollten die Grünen den Doktortitel als Bestandteil des Namens im Personalausweis abschaffen. Wie die Österreicher nach 1919 den Adelstitel. Prompt rief mich am Tag dieser Initiative die *Bunte* an. Was ich davon halte! Herr Professor Karasek!

Erst als die Guttenbergs weg waren vom Fenster, merkte das Publikum, dass die in Deutschland auch so etwas wie die Ersatz-Royals gewesen waren. Eine Karikatur hielt diese Sehnsucht fest.

> Da sitzen zwei Alte vor dem Bildschirm. Darauf ist ein
> Paar mit Kronen zu sehen. Dem Datum nach das
> englische Prinzenpaar Kate und William. Aber die
> Alten seufzen vor dem TV-Gerät zufrieden:
> »Gott sei Dank! Die Guttenbergs sind wieder da!«

Der jüngste »Vergleichswitz« zwischen Deutschland und seinen Nachbarn – solche Witze haben immer eine Tendenz zum fröhlichen Chauvinismus, aber auch einen Hang zur Selbstveräppelung, zur doppelten Aggression, nach außen wie nach innen – ist die Geschichte, in der zufällig am gleichen Tag drei Menschen im Himmel ankommen, die durch ihre Nationalität, also durch ihre Pass-Identität ausgewiesen sind.

> Ein Deutscher, ein Italiener, ein Franzose treffen sich
> im Jenseits. Bei Petrus, sagen wir mal. Es ginge auch
> statt im Himmel bei Luzifer in der Hölle. Es machte

keinen Unterschied. Sie fragen einander: Wie kommt's? Wie kommst du gerade jetzt hierher?

Antwortet der Franzose: »Die Pilzsaison hatte begonnen, ich hatte mir im Wald besonders delikate Pilze für eine Pilzrahmsuppe gesammelt. Einer davon war leider giftig. Voilà! Hier bin ich.«

Dann ist der Italiener an der Reihe. Auch er wird nach dem frühen, jähen Ende seiner Erdenbahn befragt. Er sagt: »Ich war bei meiner Geliebten. Wir spielten zu zweit Bunga-Bunga. Wurden von dem überraschend heimkommenden Mann meiner Freundin im Bett erwischt. Er hat mich sofort erschossen.« Er seufzt. »So schnell kann es gehen.«

Als Nächster ist der Deutsche dran. Kurz und knapp antwortet er: »Ich hatte Vorfahrt!«

Da ist es wieder, das gute alte Nationalitäten-Klischee, bei dem die Deutschen streng nach Vorschrift und gezielt nach sturer Rechthaberei in den Tod marschieren. Es gibt dafür auch die Variante von den fatalen letzten Worten.

Etwa den letzten Satz des Beifahrers: »Rechts ist frei.«

Oder den der Rottweiler-Besitzerin: »Er will ja nur spielen.«

Der älteste Vergleichswitz zwischen Nationalcharakteren der Zeit nach der Zäsur von 1945 geht so:

Was sind die drei dünnsten Bücher der Welt?
Erstens: Das Kochbuch von Bangladesch.
Zweitens: Italienische Heldensagen.
Drittens: 500 Jahre deutscher Humor.

Diesem deutschen Witz merkt man die aus zwei Weltkriegen herübergeretteten Ressentiments gegen den zwei Mal unzuverlässigen Kriegsgenossen und Achsenpaktstaat noch deutlich an. Unsere Stammtische bildeten sich noch viel auf die Tapferkeit bis zum letzten Mann und letzten Schuss ein. Ein leichter Beigeschmack, um nicht zu sagen ein gewisser Hautgout, macht sich bemerkbar. Nach dem Motto: Wir verstehen zwar keinen Spaß und »gehen zum Lachen in den Keller« – so die deutsche Redensart für den eigenen Humormangel –, sind aber »im Felde unbesiegt«, so der fatale Slogan nach dem Ersten Weltkrieg bis zum »Wollt ihr den totalen Krieg?« im Zweiten Weltkrieg. So viel zu »500 Jahre deutscher Humor«. Der Witz hat aber dennoch, auch wegen des Kochbuchs von Bangladesch, eine gewisse zynische, zerstörerische Durchschlagskraft.

In den Achtzigerjahren des vorigen Jahrhunderts war ich in Florenz und ging über den Ponte Vecchio, wo mein Blick an einem T-Shirt-Laden hängen blieb, in dessen Schaufenster ein T-Shirt hing, das sich europäische Touristen, die sich in einem unendlichen Strom durch die Kulturstadt der Medici und des Davids von Michelangelo drängten, in allen ihren Sprachen kaufen konnten. Damals war die EU-Idee populär und touristisch besser vermittelbar, als heute zur Zeit der drohenden Staatsbankrotte, die inzwischen bis ins Herz der EU reichen: in das schöne Italien.

Auf dem T-Shirt stand auf einer Seite, wie der Himmel von europäischen Fachkräften in Betrieb gehalten werden sollte und könnte.
Im Himmel, so hieß es, seien die Engländer die Polizisten, die Franzosen die Köche, die Italiener die Liebhaber, die Deutschen die Mechaniker und die Schweizer die Organisatoren.

Das leuchtete dem Klischee-Verständnis der meisten ohne Weiteres ein. Lebten nicht die Engländer in dem Land, das seit Jahrhunderten Rechtssicherheit hatte und eine Polizei, die es sich leisten konnte, unbewaffnet für öffentliche Ruhe und Ordnung zu sorgen? Und war die Nouvelle Cuisine Frankreichs damals zwar nicht in aller Munde, aber in allen Michelin-Gourmetführern die Nummer eins? Und schmachteten die internationalen Gäste im »Bel Paese«-Italien die glutäugigen Gondolieri, die geschmeidigen Kellner und die beliebten schwarzlockigen Belcanto-Sänger des Stiefelstaats an. Und garantierte die Schweiz nicht, obwohl kein Mitglied der Gemeinschaft, das Bankgeheimnis und die stabile Währung!

Die Kehrseite des T-Shirts, der Hölle vorbehalten, sah folgendermaßen aus:

> In der Hölle sind die Engländer die Köche, die
> Deutschen die Polizisten, die Franzosen die
> Mechaniker, die Schweizer die Liebhaber, und
> die Italiener sorgen für Ordnung.

Das ist eben die Vorstellung davon, was man den einzelnen Nationalitäten am wenigsten zutraut.

Zeitlich früher ist der Witz, in dem auf einer Art Skala die Reaktionen der Frauen einzelner Nationen auf ihre Liebhaber gemessen werden. Pure Vorurteile über die Erfüllungserwartung und die Befriedigungsleistung, die sie »danach« festhalten.

> Was also sagt die Engländerin, die Russin, die
> Französin zu ihrem Liebhaber, danach?
> Die Engländerin: »Darf ich jetzt den Apfel
> weiteressen?«

Die Russin: »Meinen Körper hast du besessen, meine
Seele nicht!« Und das mit dämonisch dostojewskihafter
Leidenschaft.
Die Französin (der damals noch das »Oh, là, là!«-
Klischee des Raffinements bei der Liebe anhaftete) sagt
gar nichts. Wie sollte sie auch? Mit vollem Mund
spricht man nicht!

Witze wie die über Guttenberg verwelken schnell mit der
schwindenden Erinnerung der Öffentlichkeit an die Skandale,
die sie hervorriefen.
Wer zum Beispiel weiß heute noch, dass es einen amerikanischen Präsidentschaftskandidaten gab, der Gary Hart hieß und
gegen Bush senior kandidierte? Er strauchelte im puritanischen
Amerika über eine Geliebte. Er hatte im Wahlkampf die Presse
herausgefordert, kess und übermütig, ihn nur der Untreue zu
überführen. Das taten die Journalisten, sie ließen sich nicht zwei
Mal bitten, Hart wurde beim Fremdgehen erwischt, und seine
politischen Ambitionen waren erledigt. Das hat sich in einem
hübschen Wortspielwitz niedergeschlagen, der über den vergessenen Anlass hinaus erzählenswert ist.

Die Geliebte, deren Freund Hart bei der Wahl nicht
mehr gegen Bush reüssieren konnte, wurde von
Journalisten gefragt, wen sie denn wählen würde, da
ihr ertappter Lover nicht mehr infrage käme. Und sie
replizierte:
»Well, my heart belongs to Bush, but my bush still
belongs to Hart!«

Ein Kalauer über schöne Treue in aller Zwiespältigkeit.

Dan Quayle war Vizepräsident unter George Bush. Er war offenbar ein ziemlich unbedarfter, ungebildeter, um nicht zu sagen dummer Vizepräsident und tat sich durch Lübke-ähnliche Dummbeuteleien hervor, die bei dem jungen Mann nicht auf Vergreisung und Alzheimer-Symptome zurückzuführen waren. So soll er einer Schulstunde mit amerikanischen Erstklässlern beigewohnt haben. Als einer der Youngsters an die Tafel gerufen wurde und das Wort »potato« mit Kreide aufschrieb, eilte der Vizepräsident beflissen zur Tafel und fügte ein »e« hinzu, »potatoe«. Das war aber falsch, der Kleine hatte das Wort richtig geschrieben. Quayle hatte aus dem Plural »potatoes« den falschen Rückschluss auf den Singular gezogen.

Ein anderes Mal war er zu einer staatsmännischen Reise nach Südamerika geschickt worden, das bekanntlich Lateinamerika heißt – nach der Herkunft der spanischen und portugiesischen Sprache aus dem Lateinischen (wir sprechen von romanischen Sprachen). Also sagte er auf einer Pressekonferenz nach seiner Rückkehr: »It was so nice in Latin America that I immediately decided to learn Latin, just for a better understanding of the people on my next visit.« – Er habe sich in Lateinamerika so wohlgefühlt und die Menschen dort so nett gefunden, dass er sich spontan entschlossen habe, Latein zu lernen: um sie künftig besser zu verstehen.

Solche Witze beruhen auf der lateinischen Einsicht: »Si tacuisses, philosophus mansisses.« – Hättest du geschwiegen, wärest du Philosoph geblieben, die Billy Wilder zu dem Laotse-Spruch ausweitete, den er angeblich in einem chinesischem Fortune Cookie gefunden hat: »Es ist besser, schweigend für einen Dummkopf gehalten zu werden, als den Mund aufzumachen und es zu beweisen.«

Nun wäre die Erwähnung eines längst vergessenen Vizepräsidenten in einem Buch über Witze nicht gerade zwingend, gäbe es nicht den folgenden kurzen Quayle-Witz:

Warum wird der US-Vizepräsident Dan Quayle rund um die Uhr von zwei schwer bewaffneten Sicherheitsbeamten bewacht?
Antwort: Damit sie ihn sofort erschießen können, wenn der Präsident einem Attentat zum Opfer fällt.

Das ist ein Witz, entstanden aus den bitteren Erfahrungen, die die Amerikaner nach der Ermordung ihres Idol-Präsidenten John F. Kennedy gemacht hatten. Ihm folgte sofort, wie in der Verfassung vorgesehen, der absolut unbeliebte, grobschlächtige und hinterwäldlerische Lyndon B. Johnson (der sich allerdings als tüchtiger Fortsetzer der Bürgerrechtsbewegung und der Gleichstellung der Schwarzen seines ermordeten Vorgängers erwies). Übrigens wäre auch Reagan fast einem Attentat zum Opfer gefallen. Er überlebte den Anschlag.

Ob die Clinton-Lewinsky-Affäre länger in den Witzbüchern der Historie Bestand haben wird? Clinton war, wie viele seiner Vorgänger, ein Präsident, der mit mildem Understatement als Womanizer durch seine Amtszeit und seine Wahlkämpfe lief. In Wahrheit war die Affäre mit seiner willfährigen Praktikantin Monica Lewinsky, die ihm ein Impeachment (also eine förmliche Amtsenthebungsklage) einbrachte, etwas, das dem Präsidenten Richard Nixon die Vertreibung aus dem Amt nach der Watergate-Abhöraffäre eingebracht hätte, wäre er nicht, dieser Strafe zuvorkommend, zurückgetreten. Clinton war impeached worden, weil er über seine Sex-Affäre falsche Aussagen gemacht hatte. Er kam glimpflich, sozusagen mit einem blauen Auge davon. Auch weil seine Frau Hillary, inzwischen Außenministerin unter Präsident Obama, unerschütterlich in Treue fest zu ihrem Mann stand.
Wie gesagt, Clinton war ein Präsident, der nichts anbrennen ließ, was ihn in politische Schwierigkeiten brachte, als ihn einige

Frauen anzeigten. Der Witz über diesen präsidialen Fremdgänger geht so:

Eine repräsentative Umfrage unter amerikanischen Frauen wird von Gallup erhoben: Würden Sie Sex mit dem Präsidenten haben wollen?
5 Prozent der befragten Frauen antworten mit »Nein«, 20 Prozent mit »Ja«. 75 Prozent antworten: »Nicht noch einmal.«

Der Witz ist hübsch boshaft, sodass es sich lohnt, ihn über die Abwanderung des Betroffenen in das Rollenfach alter, edler Staatsmann auf Friedensmission hinaus zu bewahren.

Zurück zu dem bürokratischen Status, den die Deutschen als humorfreie Beamte im Nationalitätenvergleich einnehmen. Um deutlich zu machen, wovon die Rede ist, soll hier der Liebes- und Anbaggerbrief eines deutschen Beamten alter Schule zitiert werden, wie ihn Tucholsky für einen pflichterfüllenden Staatsdiener nachempfunden hat.

Geheim! Tagebuch Nr. 69/218
1. Meine Neigung zu Dir ist unverändert.
2. Du stehst heute Abend, 7 ½ Uhr, am zweiten Ausgang des Zoologischen Gartens, wie gehabt.
3. Anzug: Grünes Kleid, grüner Hut, braune Schuhe. Die Mitnahme eines Regenschirms empfiehlt sich.
4. Abendessen im Gambrinus, 8.10 Uhr.
5. Es wird nachher in meiner Wohnung voraussichtlich zu Zärtlichkeiten kommen.
(gez.) Bosch
Oberbuchhalter

Diese Satire stammt von 1929. Alles ist geplant und durchorganisiert. Zu Katastrophen kann es inzwischen nur kommen, wenn ein anderer die Vorfahrt verletzt.

TU FELIX AUSTRIA

»Österreich und Deutschland sind zwei Länder, getrennt durch die gemeinsame Sprache.« Schon allein diese Definition, die mal Karl Kraus, mal Alfred Polgar zugeschrieben wird, macht das besonders diffizile Verhältnis zwischen den beiden Staaten deutlich. Vielleicht ist der Satz über die Trennung durch die gemeinsame Sprache aber auch nur eine Übersetzung des englischen Bonmots: »England and the United States of America are two countries, divided by the same language.« Das macht die Frage nach dem Ursprung nicht besser, denn auch im englischen Sprachraum streitet man sich darüber, ob denn nun dieser Ausspruch von George Bernard Shaw oder Mark Twain stammt. Oder gar von Oscar Wilde? Egal. Für Österreich stimmt er, ob er von Alfred Polgar oder Karl Kraus ist. Oder von Kaiser Franz Joseph. Nein, von dem bestimmt nicht, von dem stammt der Spruch: »Mir bleibt auch nix erspart!« Und die Abschiedsfloskel: »Es war sehr schön! Es hat mich sehr gefreut«, die in Fritz von Herzmanovskys Stück *Kaiser Franz Joseph und die Bahnwärterstochter* so weitergeht: »Meinen Namen sollt ihr nie erfahren, ich bin der Kaiser Franz Joseph!«

Zwei Witze über die k. u. k.-Majestät, den Kaiser, der fast ewig regierte, im Film mit der Sisi Romy Schneiders verheiratet war und mitten im Ersten Weltkrieg starb, sodass ihm doch einiges erspart blieb – aber nicht der Tod des Thronfolgers, seines erzherzoglichen Sohnes Rudolf, der Selbstmord aus Liebeskummer beging, und die Ermordung seines Neffen Franz Ferdinand in Sarajevo bei einem Attentat, das immerhin den Ersten Weltkrieg auslöste, damit auch den Zweiten, den Untergang der Habsburg-Monarchie, das gruselige Intermezzo des »Großdeutschen Reichs« et cetera pp. Alles das spiegelt sich auch in Witzen.

Wenden wir uns kurz dem im Erinnerungsbild greisen Kaiser mit dem typischen Backenbart (im Unterschied zu Wilhelms forsch gezwirbeltem »Es ist erreicht!«-Schnurrbart) zu. Ein Witz behandelt den Kunstfreund, den kaiserlichen Gönner der schönen Künste.

> Der Kaiser besucht ein Klavierkonzert. Anschließend beordert er den Pianisten zu sich in die kaiserliche Loge und sagt huldvoll: »I hab den Liszt g'hört. I hab den Chopeng g'hört. Aber so wie Sie g'schwitzt hat keiner. Ich gratuliere.«

Der andere betrifft eine seiner Geliebten.

> Das Madel hat sich ohne kaiserliches Einverständnis Schmuck gekauft und hat ein bisserl Angst vor dem kaiserlichen Donnerwetter und majestätischen Stirnrunzeln über ihre Eigenmächtigkeit. Also versucht sie es mit der sanften Methode. Sie zeigt ihm den Schmuck, ein Halsband, das sie angelegt hat, und sagt: »Schau, Majestät, schau, Franz Joseph, wie g'fallt dir dieses Halsbandl?« »Sehr schön, sehr charmant!«, murmelt der zerstreute Kaiser.
> »Jetzt rat amal, was dös gekostet hat«, lockt sie weiter.
> »50 Gulden?«, antwortet Franz Joseph.
> »Aber geh, Herzel«, sagt sie, »dös ist doch aus massivem Gold und schwer!«

»100 Gulden«, mutmaßt der Kaiser.

»Aber geh«, sagt sie wieder, »siehst du nicht, dass das Halsband ganz mit Brillanten und Rubinen besetzt ist?«

»1000 Gulden«, vermutet Seine Majestät.

»Aber schau, Schatzerl, wie groß die Edelsteine sind«, sagt sie bittend.

Und er: »2000 Gulden.«

Jetzt platzt es ungeduldig aus ihr heraus: »Naa, 10 000 Gulden!«

Darauf der Kaiser: »Aa nit teier!« (Auch nicht teuer.)

Zur Ahnungslosigkeit in Dingen von Kosten und Preisen gibt es auch die Geschichte über die unglückliche, unselige Verwandte des Kaisers, die Tochter Maria Theresias, Marie Antoinette, die es auf den französischen Königsthron geschafft hatte, als 1789 die Französische Revolution ausbrach, die nach Meinung einiger Historiker durch die Halsband-Affäre mit ausgelöst wurde, durch den Skandal um ein zu teures, mit undurchsichtigen Mitteln erworbenes Schmuckstück.

Fast verbürgt ist auch der Satz, den sie losließ, als sie noch Königin war und das hungernde Volk rufend und demonstrierend an ihrem Schloss in Versailles vorbeizog.

»Was rufen die Leute?«, fragte sie ihre Entourage.

»Sie rufen nach Brot, Majestät. Sie haben kein Brot.«

»Dann sollen sie doch Kuchen essen!«

Dieses Bonmot, herzlos und ahnungslos, wie es klingt, soll sie buchstäblich in Konsequenz den Kopf gekostet haben. Sie wurde mit ihrem Gemahl, dem unglücklichen Ludwig XVI., zum Tode verurteilt und guillotiniert. Die Überlieferung ihres Spruchs mit dem Kuchen findet sich in Jean-Jacques Rousseaus *Confessions* von 1782. Also lange vor der Revolution. Danach hat Marie

Antoinette, als sie eine Delegation von Bauern empfing, die Brot forderten, geantwortet: »Wenn sie kein Brot haben, dann sollen sie Brioches essen.«

Die Geschichte hat sich, wie so viele Witze, weiter und weiter entwickelt, eine aparte Version wird Elisabeth II. zugeschrieben.

> Die englische Königin fährt mit ihrer königlichen
> Kutsche über die Tower Bridge, als sich ein Bettler vor
> die Kutsche wirft und ihr, als sie hält, zuruft: »Majestät,
> ich habe seit einer Woche nichts gegessen!«
> Und die Königin antwortet: »Sie müssen es machen wie
> ich. Sie müssen sich zwingen.«

Das ist die Diätversion der Marie Antoinette im Zeitalter der drohenden Magersucht. Was die höheren Ansprüche einer königlichen Familie angeht, so kann man in die Biografie von Elisabeth II. zurückschauen. Viele Jahre, bis zu ihrer Hochzeitsnacht mit ihrem Prinzgemahl Philip.

> Hochzeitsnacht des hohen Paares. Beim Aufwachen
> fragt Elisabeth ihren Gemahl:
> »Sag mal, Philip, ist das, was wir gemacht haben, das,
> was das gemeine Volk Liebe nennt?«
> »Yes, dear«, antwortet Philip, »they call it making
> love.«
> »Well«, sagt Elisabeth, »I think it is too good for them.«

Doch zurück zu den Österreichern, zurück zu den Deutschen. Und fangen wir auch hier am Ende an, in der Zeit, als der Krieg Großdeutschlands verloren und es Österreich gelungen war, sich vor der Geschichte als das Volk darzustellen, das als erstes Opfer der Hitler'schen Überfall-Kriege zu gelten hat. Vom Täter zum Opfer – eine grandiose Geschichtskorrektur.

In Wahrheit war sie der Tatsache zu verdanken, dass Österreich, aus einer Großmacht und einem Vielvölkerstaat zu einem kleinen, aber kulturell feinen Alpenland geschrumpft, einen Vertrag als neutrales Land mitten im Kalten Krieg bekam, eine Wiedervereinung der Teile Wiens und Österreichs, also vor allem des Burgenlands und Niederösterreichs unter Abzug aller Besatzungsmächte. Ost- wie Westmächte hatten sich auf die Neutralität Österreichs einigen können.

Die Vergangenheit ließ sich so lange schönen und begradigen, bis Kurt Waldheim, Generalsekretär der Vereinten Nationen, zum Präsidenten Österreichs gewählt wurde und seine dubiose Rolle in der deutschen Wehrmacht auf dem Balkan und in Griechenland ans Licht kam. War er an der Ermordung von Partisanen und Juden beteiligt gewesen? War es nur ein zynischer Witz, wenn der österreichische Bundeskanzler Fred Sinowatz mutmaßte, nur das Pferd des jetzigen Präsidenten sei in der Reiter-SA gewesen?

Billy Wilder erzählte mir die Geschichte seines geliebt-gehassten Heimatlands Österreich so:

> Die Österreicher haben das Kunststück fertiggebracht, aus Beethoven einen Österreicher und aus Hitler einen Deutschen zu machen.

Damals verkehrte im Hause Wilder der britische Maler David Hockney, dem es die vielen Schwimmbecken Hollywoods angetan hatten, sodass er sie zu lebensfrohester Pop-Art verwandelte. Auch er wusste eine Beethoven-Geschichte, die allerdings nicht mit der Politik, sondern mehr mit Beethovens Krankheit, seiner fortschreitenden Taubheit zu tun hatte. Übrigens verlor Hockney ebenfalls sein Gehör. Sein Witz hatte also etwas vom Pfeifen im Walde.

»Beethoven«, so erzählte Hockney, »war in seinem
späten Leben allmählich so taub, dass er dachte,
er sei ein Maler.«

Der letzte Habsburger, Otto Habsburg, wie er in Österreich zu
heißen hatte, nachdem dort nach 1919 das Tragen von Adelstiteln
verboten worden war, ist erst kürzlich im biblischen Alter
von 98 Jahren gestorben. Er war bayerischer CSU-Abgeordneter
im Europaparlament, ein durch und durch konservativer Mann,
der ganz in der Gedankenwelt des k. u. k.-Staats lebte, ohne den
Boden der Gegenwart unter den Füßen zu verlieren. Nach und
während Hitlers Annektion Österreichs, die von der Mehrheit
der Österreicher 1938 frenetisch als großdeutsche Befreiung von
den Fesseln des Versailler Vertrags gefeiert wurde, die »Anschluss«
hieß und deren Devise »Heim ins Reich!«, verhalf
Habsburg, der Verbindungen zu Spaniens Franco-Regime hatte,
vielen österreichischen Juden zur Flucht über Spanien nach
Amerika und bewahrte sie damit vor dem sicheren Tod. Ein fürsorglicher
Landesvater ohne Land. Er lebte in Bayern und durfte
Österreich, bis er 1961 das sogenannte Habsburger-Gesetz unterzeichnete,
mit dem er auf Herrschaftsansprüche in Österreich
verzichtete, nicht betreten.
Die folgende Geschichte erzähle ich voller Respekt vor dem letzten
Habsburger, der es fast noch auf den Thron geschafft hätte
und der, soviel ich gehört habe, die meisten Sprachen seiner
Kronländer beherrschte. Ungarisch und Tschechisch und auch
Kroatisch.

Habsburg kommt an einem Mittwoch ins Europa-
parlament in Straßburg und findet es zu seinem
Erstaunen fast menschenleer.
»Wo sind denn alle? Was ist denn los?«, fragt er den
Pförtner.

»Ja, wissen Sie nicht, Herr Doktor, dass heute eine Fernsehübertragung eines Fußballländerspiels ist?« So klärt ihn der Pförtner auf. Und fügt hinzu: »Österreich–Ungarn!«
Darauf Otto von Habsburg: »Gegen wen?«

Über das Verhältnis zwischen Deutschen und Ösis (die Deutschen hießen übrigens hartnäckig noch lange Zeit »Reichsdeutsche« und wurden vom Volksmund in Österreich schon im 19. Jahrhundert »Piefkes« genannt) gibt es viele Geschichten.

Helmut Qualtinger, der große Wiener Volksschauspieler und Kabarettist, hat zum Beispiel in einer einmaligen Tonaufnahme Karl Kraus' berühmte Satire über das Weltende des Ersten Weltkriegs, die *Letzten Tage der Menschheit,* sämtliche Nuancen und Dialekte der deutschen Sprache mit dem historischen Timbre zum Klingen gebracht: vom preußischen Offizier bis zum k. u. k.-Hofbeamten, vom frenetischen Kriegsberichterstatter bis zum sogenannten kleinen Mann auf der Straße. Eine großartige ethnografische Leistung, wie er das seismografische Festhalten an österreichischen Befindlichkeiten im Schlachthaus des Ersten Weltkriegs, des hochempfindlichen, hochverletzlichen Ohrenzeugen Karl Kraus von geschriebener zu gehörter Sprache gebracht hat.

Ein österreichischer General *(im Kreise seiner Offiziere):* An keinem von uns, meine Herrn, is der Krieg spurlos vorübergegangen, wir können sagen, wir ham was glernt. Aber, meine Herrn, fertig sind wir noch lange nicht – da ham wir noch viel zu tun, oje! Wir ham Siege an unsere Fahnen geheftet, schöne Siege, das muss uns der Neid lassen, aber es is unerläßlich, dass wir fürn nächsten Krieg die

Organisation bei uns einführn. Gewiss, wir ham
Talente in Hülle und Fülle, aber uns fehlt die
Organisation. Es müsste der Ehrgeiz von einem jeden
von Ihnen sein, die Organisation bei uns einzuführn.
Schaun S' meine Herrn, da können S' sagen, was Sie
wolln gegen die Deutschen – eines muss ihnen der
Neid lassen, sie ham halt doch die Organisation – ich
sag immer, und darauf halt ich: wenn nur a bisserl a
Organisation bei uns wär, nacher gingets schon – aber
so, was uns fehlt, is halt doch die Organisation. Das
ham die Deutschen vor uns voraus, das muss ihnen der
Neid lassen. Gewiss, auch wir ham vor ihnen manches
voraus, zum Beispiel das gewisse Etwas, den Schan, das
Schenesequa, die Gemütlichkeit, das muss uns der
Neid lassen – aber wenn wir in einer Schlamastik sind,
da kommen halt die Deutschen mit ihnerer
Organisation und …
Ein preußischer Leutnant *(erscheint in der Tür und ruft
nach hinten)*: Die Panjebrüder solln sich mal fein
gedulden, das dicke Ende kommt nach! *(stürmt in das
Zimmer, ohne zu salutieren, geht geradezu auf den
General los und ruft, ihm fest ins Auge sehend)* Na
sagen Se mal, Exzellenz, könnt ihr Östreicher denn
nich von alleene mit dem ollen Uschook fertich
werden? *(Ab.)*
Der General *(der eine Weile verdutzt dagestanden ist)*:
Ja was war denn nacher das? *(sich an die Umstehenden
wendend)* Sehn S' meine Herrn – Schneid haben s' und
was die Hauptsach is – halt die Organisation!

Ein Randthema zwischen Ösis und Piefkes sind die Bayern, die,
was ihre oberbayerischen Berge, ihren Dialekt, ihre Häuser und
ihre Sitten und Gebräuche angeht, »eigentlich« (aber was heißt

schon eigentlich?) besser zu Österreich passen und gehören als zu Deutschland. Da liegt die »kleindeutsche« Lösung quer, trotzdem denkt man, gehört Schleswig-Holstein eher zu Dänemark und Bayern eher zu Österreich, sie sind einander jedenfalls in der gemeinsamen Bundesrepublik nur durch die gemeinsame Geschichte seit 1870 verbunden, wo Bismarck dem König Ludwig II. von Bayern seine Zustimmung zum »Deutschen Reich« mit dem »Reptilienfonds« der Welfen abkaufte. Auch nach 1945 waren sich die Gebiete zunächst durch die amerikanische Besatzung näher. Und Bayern empfand von jeher Preußen, und dass es von Berlin aus regiert wurde, als Stachel im weiß-blauen Fleisch. Hitlers Sommerresidenz Berchtesgaden drückte das ebenso aus wie heute die gleichen Janker, Dirndln und Lederhosen, die ähnliche Sprachmelodie in Salzburg und Berchtesgaden. Und katholisch san's auch beide. Heute spielt das nur noch eine subkutane Rolle, und Witze über Bayern, Österreich und Preußen haben längst eine Patina wie barocke Kirchen und Zwiebeltürme. Es ist, als stünden sie in einer Glasvitrine im Museum. Schaute man in dieses Museum hinein, so fände man im Saal mit den Bildungsbürgerwitzen den von der Münchener Hausfrau – im Witz das bayerische »Mütterlein«, das in einer *Julius Caesar*-Aufführung sitzt.

Eine alte bayerische Dame sitzt in einer Aufführung der Münchner Kammerspiele. Gespielt wird Shakespeares *Julius Caesar*. Zuerst kommt die berühmte Mark-Anton-Rede nach der Ermordung Caesars vor dem wankelmütigen römischen Plebs.
Mark Anton hebt an: »Mitbürger! Freunde! Römer! Begraben will ich Caesar, nicht ihn preisen!«
Darauf das alte Mütterchen vor sich hin (oder zu ihrer Nachbarin): »Des glaub i! I mecht aa net in Preißn begraben sein!«

Der zweite, ein Arztwitz aus den Fünfzigerjahren, beruht auf dem Unterschied zwischen dem Hochdeutschen und dem Bayerischen, dem Honoratiorenbayerisch in München. Er lebt auch davon, dass einem damals im Witz, vor allem im Medizinerwitz, jeder Vorwand recht war, um von sekundären Geschlechtsmerkmalen sprechen zu können, ohne sich schämen zu müssen. Er ist also der Infantilität jener Witzzeit verpflichtet.

> Der Professor macht Visite und examiniert dabei einen Studenten.
> »Was fehlt der Patientin?«, fragt er den Studenten, nachdem er ihm Gelegenheit gegeben hat, die Brust der im Bett liegenden Patientin zu inspizieren.
> Der Student sagt: »Die Dutteln san entzunden.«
> Darauf der Professor: »Erstens hoaßt des net Dutteln, sondern Brüste. Zweitens heißt das nicht entzunden, sondern entzündet. Und drittens san die Dutteln gar nicht entzunden.«

Der Witz funktioniert nach dem Dreisatzschema des zerbrochenen Krugs (nicht dem von Kleist, sondern dem, in dem es in einer Privatklage geht).

> Der Beklagte sagt da: »Erstens habe ich mir überhaupt keinen Krug geliehen, zweitens habe ich ihn ganz zurückgegeben. Und drittens war er schon zerbrochen, als ich ihn mir borgte.«

Als ich 1986 mein *Spiegel*-Interview mit Billy Wilder führte, schickte er mir nach der Veröffentlichung ein Telegramm, in dem er sich zufrieden äußerte – nicht ohne einen Fehler zu monieren. Ich hatte seine sarkastische Geschichte vom Begräbnis von Samuel Goldwyn erzählt. Als Wilder die riesige Trauergemeinde vor der Synagoge in Berverly Hills sah, soll er den Goldwyn-Spruch zitiert haben: »Gib den Leuten, was sie wollen, und sie werden kommen.«

Nun telegrafierte er mir (Faxe und E-Mails gab es damals noch nicht), ich hätte das falsch wiedergegeben.

> »Erstens war es nicht vor der Synagoge in Beverly Hills, sondern in der in Westwood. Zweitens war es nicht bei der Beerdigung von Goldwyn, sondern bei der von Jack Warner. Und drittens habe ich das gar nicht gesagt.«

Doch zurück zu den Vergleichen. Da kursierte in Norddeutschland die böse Schmeichelei: Der Bayer vereint österreichisches Pflichtgefühl mit preußischem Charme.

DER FÜHRER UND DIE AUTOBAHN

Soll man den Witz zuerst erzählen oder erst die Umstände, die ihn hervorgebracht haben, erklären? Probieren wir beides.

Also zuerst der Witz. Er handelt von den Grünen, er spielt unter Grünen. Als sie in die Landtage und schließlich 1983 in den Bundestag einzogen. Als Joschka Fischer in Turnschuhen 1985 erstmals Umweltminister in Hessen wurde.

> Zwei Grüne. Zwei Spitzenpolitiker der Grünen. Sie stehen auf einer Autobahnbrücke, die über die A1 führt, beispielsweise. Ein nie enden wollender dreispuriger Verkehr auf beiden Seiten.
>
> Die Grünen blicken hinunter. Mit sorgenvoller Miene.

Es rauscht und braust und staut und wälzt sich.
Sagt der eine Grüne zum anderen: »Also, Adolf Hitler
mag ja viel Gutes getan haben. Aber die Autobahnen
hätte er nicht bauen dürfen!«

Klappt das? Nicht so recht? Habe ich mit diesem Witz das Pferd,
wie es im Sprichwort heißt, vom Schwanz her aufgezäumt? Versuchen wir's andersrum!
1945 erlebten wir Deutsche die schlimmste militärische Niederlage unserer (relativ kurzen) Nationalgeschichte. Deutschland war zerstört. Am Boden zerstört. Deutsche wurden um-
gesiedelt, ausgesiedelt, vertrieben. Lebten in Trümmern unter
schrecklichen Umständen, hungerten, litten unter Besatzungs-
regimen, die sie sich nicht ausgesucht hatten. Es war die sogenannte Stunde null. Ein Volk, das bis vor dem bitteren Ende,
der totalen Katastrophe, verzweifelt auf Sieg gesetzt hatte, wider
jede bessere Einsicht und Erfahrung.
Und nun schien alles zu Ende zu sein. Man musste sich voller
Verzweiflung ums pure Überleben kümmern. Da findet man
keine Zeit, über die eigene Schuld, über die eigenen Verbrechen,
über die eigene Niederlage nachzudenken. Die anderen waren
die Sieger – und basta. Sieger haben immer recht. Da muss man,
als Besiegter, ihnen nicht auch noch recht geben.
Irgendwann, erst sehr langsam und allmählich, keimte im kol-
lektiven Bewusstsein die Ahnung, dass wir zwar besiegt worden
waren, dass wir aber vorher ein gerüttelt Maß an Schuld an der
Katastrophe des Zweiten Weltkriegs mitzuverantworten hatten.
Eine solche Erkenntnis bricht sich erst nach und nach Bahn,
und sie wird begleitet oder besser: konterkariert von den Ab-
wehrreaktionen, die da heißen: Es kann doch nicht alles nur
schlecht gewesen sein, was wir gemacht haben. Und auch nicht
alles gut, was die Sieger getan hatten. Die schlimmste, schadenfroh gehässigste Version ging so: Wir dachten, dass die West-

mächte – jetzt war der Kalte Krieg in vollem Gange – es bereuten, nicht mit Hitler Waffenstillstand geschlossen zu haben und gemeinsam gegen die Sowjetunion Stalins losmarschiert zu sein.

»Wir haben das falsche Schwein geschlachtet«, hieß die primitive Stammtisch-Version dieser selbstgerechten Erkenntnis.

Und dazu gehörte an den Stammtischen und in Familiengesprächen das immer wiederholte Mantra: Gewiss, Hitler war ein Verbrecher, keine Frage. Unentschuldbar, dass er, der das doch im Ersten Weltkrieg am eigenen Melder-Dasein erlebt hatte, einen Zweifrontenkrieg vom Zaun gebrochen hatte. Das hätte er nicht tun dürfen. Und auch das mit den Juden, das war zu viel des Schlechten.

Aber, hoben die Rechtfertiger an, er hat zwar viel Falsches, meinetwegen sogar Schlechtes getan. Andererseits hat er die Arbeitslosen mit seinen Arbeitsprogrammen von der Straße geholt. Und er hat die Autobahnen gebaut. Um die uns immerhin die ganze Welt beneidet. (Wir wollen immer beneidet werden. Möglichst von der ganzen Welt!) Andere Völker wollen sie nachbauen.

Quintessenz: Hitler, das muss man zugeben, ohne Wenn und Aber, war ein Verbrecher! Er hat vieles falsch gemacht. Zugegeben! Aber immerhin hat er die Autobahnen gebaut.

Das war einer der Kernsätze der deutschen Entlastungsmentalität. Und nun der Witz der Grünen noch einmal. Mit historischem Background.

Zwei Grüne, Spitzenpolitiker ihrer Partei, sagen, nachdem sie den brausenden Verkehr auf der Bundesautobahn beobachtet haben:
»Hitler mag ja manches richtig gemacht haben (impliziert den Arbeitsdienst, den Heilkräutertee, den Blut-und-Boden-Gedanken). Aber eins hätte er nicht tun dürfen. Die Autobahnen hätte er nicht bauen dürfen.«

Manchmal wird die historische Wahrheit offenbar, wenn man sie vom Kopf auf die Füße stellt.

Über das Weiterleben der Autobahn als »Straße des Führers« und über den Reichsarbeitsdienst, der die Arbeitslosigkeit beendet hatte – also kurz: über das Weiterleben der sogenannten guten Seiten des sogenannten Dritten Reichs gibt es einen Witz, der teils ein Einverständnis mit der Kontinuität der deutschen Geschichte über den »Zusammenbruch« hinweg herstellt, sich teils über die Ideen der Unverbesserlichen und Unbelehrbaren, die vom Wandel nichts verstehen oder ihn übersehen haben, lustig macht. Bei Kriegsgefangenen, die lange, bis 1956, in sowjetischen Lagern fernab von jedem Kontakt zur Heimat getrennt waren, ist das wohl verständlich.

Über Adenauer, der 1955 nach Moskau reiste und für die Herstellung diplomatischer Beziehungen die Heimkehr der Kriegsgefangenen forderte (über das Lager Friedland kamen sie zurück, entlassen in die Bundesrepublik, ein Meilenstein der Nachkriegsgeschichte, heute natürlich dennoch mit gutem Grund als Episode vergessen), gab es viele Witze. Der für mich schönste handelte von dem letzten Russlandheimkehrer, einem Bayern.

In seinen oberbayerischen Heimatort, ein Dorf bei Bad Reichenhall, kommt der letzte Kriegsgefangene zurück und wird mit Blaskapelle, Trachtenkorps und Aufgebot der örtlichen Honoratioren und der Lokalpresse empfangen. Vorher war er in Bonn beim Bundeskanzler, bei Konrad Adenauer gewesen. Und so wird er auch gefragt, wie es denn beim deutschen Kanzler gewesen sei.

Und der Spätheimkehrer antwortet: »Es war großartig. Wirklich! Beeindruckend. Awa oid is er worden, der Hitler, schrecklich oid!«

Adenauer war, als er 1949 Kanzler wurde, 73 Jahre alt, Hitler, als er 1945 in Berlin Selbstmord beging, 56 Jahre. Die Kontinuität der deutschen Geschichte, was dieser Witz auch impliziert, wurde personifiziert von Adenauers Staatssekretär Hans Globke, der im Kanzleramt an den Schalthebeln saß und vorher, 1936, immerhin die Kommentare zu den Nürnberger Gesetzen geschrieben hatte – also zu dem furchtbaren Ausgrenzungsgesetz, das die deutschen Juden betraf, »Rassenschande« unter Strafe stellte. Von der Bonner Regierung wurde sein Treiben so uminterpretiert, dass es aussah, als hätte er in seinem Amt »Schlimmeres verhütet«, eine Redensart, die als Exkulpation für aktive Nazis, die durch die Maschen der Entnazifizierungsgesetze der westlichen Alliierten gerutscht waren oder nach milden Strafen freikamen, in der öffentlichen Diskussion benutzt wurde.

Später, in den 68er Studentenrevolten, lösten sich auch die Linken überraschend vom Tabu des Antisemitismus, den sie (nach Muster der kommunistischen Propaganda) als Antizionismus gegen Israel aufleben ließen.

Eine Art grausige, witzige Bestätigung der gern das Palästinensertuch (»Palästinenser-Feudel«) tragenden RAF-Sympathisanten ereignete sich auf dem Mogadischu-Flug der »Landshut«, mit dem die Freipressung der Baader-Meinhof-Häftlinge in Stammheim 1977 erreicht werden sollte. Da wäre um ein Haar von den Palästinensern, die das Flugzeug gekapert hatten, eine Passagierin erschossen worden, die man als Jüdin identifizierte. Grund: Sie führte einen Montblanc-Füller bei sich, dessen Markenzeichen – den Stern auf der Kappe – die Terroristen als Davidstern missdeuteten.

Die scheinbar neonazistischen Witze gegen die Juden haben oft eine satirische Tendenz gegen nazistische Borniertheit und Dummheit.

Die Grundsituation des folgenden Witzes ist die (von den Rechten gern besetzte) Sage vom Kyffhäuser. Immer wenn es um Deutschland und die Idee des starken deutschen Nationalstaates schlecht steht, kommt die Kyffhäuser-Legende zum Tragen. Viele Rechte haben in den Jahren, in denen Deutschland darniederlag, also zum Beispiel in den nationalen Befreiungskriegen gegen Napoleon oder in den Jahren »nach Versailles« 1919, die Kyffhäuser-Legende beschworen. Danach sitzt Friedrich Barbarossa, der bei einem Kreuzzug ertrunkene Stauferkaiser, schlafend und wartend im Kyffhäuser, in dem Thüringer Berg, und hofft darauf, von den Deutschen gerufen zu werden, um sie erneut zu alter Pracht und Größe zurückzuführen.

Dieses historische Gefühl macht sich der folgende Witz zunutze.

Neonazis kommen zum Kyffhäuser, wo der »Führer« verbittert sitzt, weil ihn seiner Meinung nach die Deutschen 1945 im Stich gelassen und verraten haben. Die Neonazis beschwören Hitler: »Mein Führer, du musst aufwachen. Und uns befreien. Wieder die Führung übernehmen!«

»Nein«, grollt und schmollt Hitler im Berg. »Nein, ihr seid meiner nicht wert.«

»Bitte, Führer, erhöre uns. Die Ausländer, vor allem die Türken, die Muslime erheben drohend ihr Haupt. Sie drohen, unser Volkstum zu verderben und zu zerstören!«

»Nein«, grollt der Führer abermals und wendet sich verbittert ab.

»Bitte, bitte. Erlöse uns! Erwecke uns!« Die Neonazis werfen sich flehend zu Füßen des Bergschrats Adolf Hitler.

»Also gut«, murrt und knurrt der Führer. »Aber unter einer Bedingung: This time no nice guy.«

Das Kuriose für mich ist, dass ich den Witz zum ersten Mal hörte, als Joachim Fests Buch *Der Untergang* (die Vorlage zu dem Eichinger-Film) noch nicht erschienen war. Ich las das Buch und fand darin zwei »Witze«, die Hitler sich in der surrealen Wirklichkeit der letzten Tage geleistet hatte.

Der eine war ein Dialog mit Eva Braun, die er gerade geheiratet hatte.

> Ihr Schwager (wahrscheinlich auch ihr Liebhaber) hatte sich telefonisch bei ihr gemeldet. Der hohe SS-Führer Hermann Fegelein, Verbindungsoffizier im Führerbunker für den Reichsführer-SS Heinrich Himmler, war in Charlottenburg desertiert und in Zivil geflüchtet. Er wurde von einer SS-Streife erwischt, in den Bunker zurückgebracht und sollte dort nach einem schnellen Kriegsgerichtsurteil erschossen werden.
> Eva Braun wandte sich an ihren Frischvermählten und bat ihn für den Mann ihrer Schwester um Gnade.
> »Nein«, sagte Hitler.
> Eva Braun bat ihn erneut. Ihre Schwester sei hochschwanger. Die Erschießung ihres Gatten würde sie tief verletzen, ja ihr Leben gefährden.
> Hitler widersetzte sich ihren Bitten wiederum. Wahrscheinlich auch deshalb, weil er kurz zuvor vom »Verrat« Himmlers erfahren hatte, der wahnwitzigerweise über schwedische Mittelsleute einen Separatfrieden mit den Westalliierten auszuhandeln suchte.
> Also sagte Eva Braun schließlich resignierend: »Gut. Dann ist es so. Du bist der Führer!«

Und der zweite ist die »Originalversion« des »Good Guy«-Jokes, den ich zuerst auf Englisch erzählt bekommen habe.

> Wieder im Führerbunker. Hitler versucht verzweifelt, Truppen, die nur noch als Geisterarmeen existieren, zu seinem Entsatz anrücken zu lassen, um ihn zu befreien, die Rote Armee zurückzuschlagen.
>
> Von einem Augenblick zum anderen erkennt der in seinem Wahnsystem Verharrende, dass diese Truppen nicht mehr existieren, also dass es keine Überlebenschance mehr gibt.
>
> Er hat einen fürchterlichen, gleichzeitig weinerlichen Wutausbruch, in dem er zum ersten Mal äußert, dass der Krieg verloren sei. Und dann sagt er den Satz: »Ich war zu gutmütig zu meinen Generälen.«

Next time no nice guy. Nächstes Mal nicht mehr der nette, pflegefreundliche, gutmütige Führer! Der größte Schlächter der Neuzeit, ein nice guy.

DIE GLIENICKER BRÜCKE

Die Glienicker Brücke ist im Kalten Krieg und für die deutsche Teilung so etwas wie ein Symbol. Hier wurden zwischen den USA und der Sowjetunion Spione ausgetauscht. In zahlreichen Thrillern über Spionage, Unterwanderung, Ost-West-Undercover-Verhandlungen spielte sie eine große Rolle, ein Ort zwischen Westberlin und Potsdam, also der DDR. Ihre Öffnung 1989 symbolisierte das Ende des Kalten Krieges.

So ist sie natürlich auch Gegenstand einer Geschichte, die sich nach Öffnung der Grenzen hier (im Witz natürlich) abgespielt haben soll.

Ein schier endloser Autostrom fährt über die Brücke, von Westberliner Polizisten dirigiert. Frohe Menschen, die hupen und jubeln, einander zuwinken.
Die Polizei stoppt einen Wagen. Eigentlich aus einem hocherfreulichen Grund. Als der Fahrer das Fenster runterkurbelt, der Wagen ist ein Trabi oder ein Wartburg, grüßt der Polizist freundlich und eröffnet dem Mann: »Willkommen beim Überqueren der ehemaligen Grenze! Sie sind der 10 000. Wagen und haben deshalb eine Willkommensprämie gewonnen: 1000 Mark. Gratuliere!«
Der Mann erhält einen Gutschein, die neben ihm sitzende Frau einen Blumenstrauß. Dann fragt der Polizist leutselig: »Was werden Sie mit dem Gewinn anfangen?«
Der Mann sagt spontan, ohne zu überlegen: »Nu! Da werd ich erst mal den Führerschein machen und bezahlen.«
Darauf die Frau, panisch den Fehler ihres Mannes korrigierend: »Glauben Sie ihm kein Wort! Mein Mann ist total betrunken!«
Noch ehe der Polizist auf diese Eröffnungen reagieren kann, schreckt auf einem Hintersitz die Oma der Familie auf, sieht den Polizisten und sagt: »Isch hab gleich gewusst, dass dös schiefgeht. Mit dem gestohlenen Wagen.«
Und kurz darauf hört man hinten, aus dem Kofferraum eine Kinderstimme: »Sin mir schon drüben? Sin mir schon im Westen?«

Das ist ein Witz nach dem Muster der Verschlimmbesserung, wo sich Familienmitglieder, um den Fehler des vorher Sprechenden gutzumachen, sozusagen um Kopf und Kragen reden. Ohne Führerschein fahren ist schlimm, besoffen fahren schlimmer, in einem gestohlenen Auto am schlimmsten.

Der Witz gehorcht der Dreierkonkordanz der Steigerung. Die Kinderstimme aus dem Kofferraum ist eine an sich überflüssige Zugabe. Der Ruf des Kindes »Sin mir schon drüben?« verschlechtert eigentlich nichts. Er ist überflüssig, was die Ökonomie des Witzes anlangt. Gibt aber ein zusätzliches Zeitkolorit, weil es die jahrzehntelangen versuchten Grenzübertritte und Fluchtversuche sozusagen anachronistisch aufgreift. Mit Verspätung.

Der Witz sollte, wenn es irgend geht, sächsisch erzählt werden. Auch damit er die Stimmung des »Gänsefleisch!«-Witzes aufnimmt. Sächsisch war der Dialekt des DDR-Regimes. Sachsen waren es, die in der DDR den Ton angaben – jedenfalls in Witzen. Ulbricht sprach Sächsisch – unvergesslich, dass sein Voraus-Dementi des Mauerbaus, die große Lüge der DDR, auf Sächsisch stattfand (»Niemand hat die Absicht, eine Mauer zu errichten«). Sie war das geflügelte Wort, die Lebenslüge des SED-Staats.

»Gänsefleisch«, das war die Losung der (in den Ohren der Transitreisenden) meist sächsisch sprechenden Grenzer. »Gänsefleisch Ihren Kofferraum aufmachen?«, sagten sie, wenn sie ein Transitauto kontrollierten. Dieses »Gänsefleisch« hallt noch nach in dem Witz von der Glienicker Brücke. In der Frage aus dem Kofferraum: »Sin mir schon drüben?«

Sächsisch wird auch der Ulbricht-Witz erzählt, in dem seine Frau Lotte Geburtstag hat.

»Nu«, fragt Ulbricht, der Generalsekretär des ZK
und allmächtiger Prokonsul der Sowjetmacht in der
DDR, »nu, Lotteschen, was wünschst du dir zum
Geburtstag?«
Sagt sie: »Ach gönntest du nich ein Tag lang die Mauer
aufmachen?«
Antwortet er: »Kleiner Schäker, nu, du möchtest wohl
allein mit mir sein bei der Geburtstagsfeier!«

Eckart von Hirschhausen erzählte bei unserem gemeinsamen
Auftritt eine Variante, bei der Ulbricht Marilyn Monroe fragt,
was sie für eine Nacht mit ihm wohl verlange. Und sie sagt ebenfalls: Er möge doch dafür die Mauer öffnen. Wieder lautet die
Pointe, wie eben erzählt: Sie möchte wohl beim Tête-à-Tête mit
ihm allein sein.

Im normalen auf Sächsisch vorgetragenen Witz spielt die Weich-
heit dieses Idioms eine große Rolle. So beim Liebesspiel des
sächsischen Paares, als der Liebhaber in schier überschäumen-
der Leidenschaft seine Partnerin aufstöhnend bittet: »Gib mir
wilde Tiernamen, nenn misch Bumä!« (Puma!)
Im politischen Witz der DDR korrigierte die konsonantener-
weichende Aussprache den schrecklichen Ernst der Lage – und
sei es auch nur den der Instruktionsstunden. Beispielsweise in
der Schule, wo es oft um die westlichen Kolonialkriege ging,
etwa jenem in Angola, wo die Guerilleros und ihre kubanischen
Verbündeten die Kolonialmacht Portugal bekämpften.

Fragt der Lehrer in der Schule:
»Was wisst ihr von Angola?«
Antwortet das Fritzchen in der Schule von
Karl-Marx-Stadt: »Angola (an Cola) gönnte isch misch
dodsaufen.«

Da waren Angola und das verpönte Getränk des Kapitalismus Coca-Cola auf Sächsisch zu einem Wort verschliffen.
Auch der Witz von der Marxistisch-Leninistischen Instruktionsstunde klingt am besten sächsisch im Ohr.

Instruktionsstunde für die Werktätigen im Marxismus-Leninismus. Lang und breit schildert der Kaderleiter Marx, sein Leben, sein Wirken, dass er Hegel vom Kopf auf die Füße gestellt habe, das *Kapital* geschrieben und mit Engels zusammen das *Kommunistische Manifest* verfasst habe: »… Ihr habt nichts zu verlieren als eure Ketten … Proletarier aller Länder, vereinigt euch!« Und der am Ende nach dem Resümee die Kursteilnehmer fragt, ob noch irgendetwas unklar geblieben sei.
Einer der Teilnehmer hebt die Hand: »Genosse, isch habe noch eene Fraje. Is der Marx (Mars) nu bewohnt oder unbewohnt?«

Auch darin verbirgt sich ein Wanderwitz, der Regime und Zeiten überdauert. Etwas wird geduldig erklärt – und am Ende stellt jemand eine Frage, die offenbart, dass zumindest einer der Zuhörer nichts, aber auch gar nichts verstanden hat.

Die mir bekannte Urversion spielt am Kaiserhof in Berlin. Da gab es einen Kreis bildungsbeflissener und bildungshungriger Prinzessinnen, die sich ab und zu einen Gelehrten, eine Koryphäe einladen, um sich von ihm populärwissenschaftliche neue Erfindungen, Entdeckungen und Phänomene erklären zu lassen. Einmal geht es um die damals phänomenale Erfindung des transatlantischen Kabels, das von Siemens 1874 entwickelt worden war.

Die Prinzessinnen haben einen Gelehrten der Technischen Universität zu sich geladen. Der gibt sich alle Mühe, den erlauchten Damen die neue technische Errungenschaft nahezubringen und zu erläutern.

Er endet nach einer Stunde. Verhaltener Applaus wird hörbar. Die Damen danken diskret und höflich. Eine preußische Prinzessin, die diesmal die Runde zu Tee und Biskuits geladen hat, dankt dem Professor mit bewegten Worten.

»Sehr verehrter, lieber Herr Professor. Ich danke Ihnen sehr, im Namen der anwesenden Damen, dass Sie sich die Mühe gegeben haben und dass es Ihnen auch, Sie merken es am Kopfnicken und am Applaus der anwesenden Damen, gelungen ist, die hochkomplizierte Materie uns nahezubringen und zu erklären. Dank Ihres pädagogischen Vermögens ist es Ihnen geglückt, dass wir einen so verwickelten Vorgang aus der Elektrizität durch und durch verstanden haben.«

Wieder höflicher bis herzlicher Beifall. Die Prinzessin eilt auf den Gelehrten zu, um ihm die Hand zu schütteln. Vorher hält sie inne. Und sie sagt:

»Ich habe nur noch eine Frage.« Sie blickt den Gelehrten strahlend an. »Wie kommt es, dass die Telegramme auf dem Weg über den Atlantik nicht nass werden?«

Ehe jemand merkt, dass es sich um eine Art frauenverachtenden Witz handelt, schnell zurück oder voraus in die Zukunft nach 1989 und die Wiedervereinigung, die mit der Freiheit auch die Freiheit der grenzüberschreitenden Prostitution brachte. Denken wir an ukrainische Frauen, die mit Visa-Tricks in eine neue Sklaverei im Westen gebracht wurden. Oder auch an die Kinderprostitution an der neuen deutsch-tschechischen Grenze.

Der folgende Witz, von entwaffnender Tristesse, spielt in Hamburg, im hochberühmten Rotlichtmilieu der Reeperbahn, das nach dem Fall der Mauer auch Ossis zugänglich ist.

Da kommt ein Ossi, frisch bewaffnet mit Begrüßungsgeld, und fragt eine am Straßenrand stehende Hure – natürlich auf Sächsisch: »Nu, was kriesch isch für fünf Mark von dir?«
Sie mustert ihn verächtlich von Kopf bis Fuß: »Für fünf Mark? Da kannste dir einen runterholen.«
Er zieht mit eingezogenem Kopf ab.
Nach fünf Minuten ist er wieder da.
Die Liebesdienerin schaut ihn an: »Was willst 'n du schon wieder?«
Da sagt er traurig und zückt seinen Geldbeutel: »Na, bezahlen.«

Dieser Ossi hat sich schnell in das neue Wirtschaftssystem eingelebt.

WITZE AUS DER BESATZUNGSZEIT
SCHWIMMEN UND NICHTSCHWIMMEN

Zuerst ein Witz aus der Zarenzeit, in der das Opfer meist ein Jude war.

Jakob, ein russischer Jude, rutscht eines Tages auf dem nassen Flussufer aus und fällt ins Wasser. Da er nicht schwimmen kann, droht er zu ertrinken.

Zwei zaristische Polizisten eilen zur Hilfe herbei. Als sie sehen, dass es sich um einen Juden handelt, lachen sie ihn nur aus und sehen tatenlos zu, wie er langsam zu ertrinken droht.

»Hilfe, ich kann nicht schwimmen!«, ruft Jakob.

»Dann musst du eben ertrinken«, erwidern die Polizisten.

Plötzlich brüllt Jakob mit letzter Kraft: »Nieder mit dem Zaren, nieder mit Nikolaus II.!«

Sofort stürzen sich die Polizisten in den Fluss, ziehen Jakob heraus und verhaften ihn wegen Unruhe-stiftung.

Ben Lewis, der diesen Witz in seinem *Komischen Manifest* erzählt, sagt übrigens, dass sich die politischen Witze über Zar Nikolaus II. ohne Mühe und viel Federlesens auf Stalin übertragen ließen.

Es sind Witze von Verfolgten, Unterdrückten, Schwächeren, die der Willkür der Mächtigen ausgesetzt sind. So fühlen sich auch die Deutschen als Kriegsverlierer gegenüber den Besatzern. Dass eine solche als Unrecht empfundene Unterdrückung nationalistische Reaktionen hervorruft, erzählt Bertolt Brecht in den Geschichten von Herrn Keuner.

Vaterlandsliebe, der Hass gegen Vaterländer

Herr Keuner hielt es nicht für nötig, in einem bestimmten Lande zu leben. Er sagte: »Ich kann überall hungern.« Eines Tages aber ging er durch eine Stadt, die vom Feind des Landes besetzt war, in dem er lebte. Da kam ihm ein Offizier dieses Feindes entgegen und zwang ihn, vom Bürgersteig herunterzugehen. Herr Keuner ging herunter und nahm an sich wahr, dass er gegen diesen Mann empört war, und zwar nicht nur gegen diesen Mann, sondern besonders gegen das Land, dem der Mann angehörte, also dass er wünschte, es möchte vom Erdboden vertilgt werden. »Wodurch«, fragte Herr Keuner, »bin ich für diese Minute ein Nationalist geworden? Dadurch, dass ich einem Nationalisten begegnete. Aber darum muss man die Dummheit ja ausrotten, weil sie dumm macht, die ihr begegnen.«

Die Vaterlandsliebe, sagte Herr Keuner, ist wie jede Liebe eine freiwillige Bürde und ist also höchstens noch für den geliebten Gegenstand lästig. Anders ist es mit der Vaterlandsliebe, die als Hass gegen andere Vaterländer auftritt. Sie ist für alle lästig.

So sind auch die beiden folgenden Geschichten nicht frei von hämischer Schadenfreude und manifestieren auch den latenten Rassismus, der nach 1945 herrschte.

Ein farbiger Besatzer der US-Armee klemmt sich beim Zuschlagen der Coupétür (die Züge hatten damals oft noch Abteile, die eigene Türen hatten, die man fest zuschlagen musste) den Finger ein. Stumm vor Schmerz rinnen dem Armen die Tränen aus den Augen.
Ein schwäbischer Bauer schaut ihn scheinheilig mitleidsvoll an und fragt: »Heimweh?«

Von kleinlich verklemmter Revanche der gedemütigten »Herrenmenschen« an den neuen Besatzungsherren erzählt auch eine Geschichte aus einem Bahnabteil. Man nannte das damals: »Die Rache der Stubenfliege.«

In einem Zugabteil sitzen ein hübsches Mädchen, ihre Mutter, ein junger Mann und ein farbiger Besatzungssoldat. Der Zug fährt durch einen Tunnel. Als es stockfinster ist, hört man ein schmatzendes Kussgeräusch, danach ein Klatschen, eine schallende Ohrfeige. In dem Augenblick denkt das junge Mädchen: Schade, jetzt hat der nette junge Mann aus Versehen meine Mutter geküsst, und die hat ihm eine geknallt.

Die Mutter denkt: Recht so, jetzt hat der freche junge Mann meine Tochter geküsst, und sie hat ihm eine gescheuert.

Der Besatzungssoldat denkt: Jetzt hat der deutsche Junge das hübsche Frollein geküsst. Sie dachte, ich sei es gewesen. Und hat mir eine gelangt.

Und der junge Deutsche denkt: So, jetzt warte ich, bis der nächste lange Tunnel kommt, dann mach ich wieder ein Schmatzgeräusch und lange dem Besatzer eine.

Der Witz ist vielleicht nicht gut und zeigt eine niedrige Gesinnung. Aber er spiegelt wie kein anderer den Zeitgeist wider: Hübsche junge Mädchen lassen sich für Zigaretten und Nylons mit Besatzungssoldaten ein und beschwören damit den Sexualneid der zu kurz gekommenen deutschen Männer herauf.

Ebenso zeitgeistgerecht ist die Geschichte aus der Drogerie. Sie hält übrigens den Preis für eine Dose Nivea aus der Zeit nach der Währungsreform 1948 fest.

Ein Besatzungsoffizier betritt eine Drogerie und kauft sich eine Dose Niveacreme.

»Forty-five?« (Für die Pfeif?), fragt der Verkäufer.

»No, fors Gesicht!«, sagt der Ami.

Primitiver geht's nicht. Aber das war für die Stammtische ein Brüller. Die Besiegten hatten viel zu kompensieren.

Die deutsche Nachkriegsgeschichte ist eine Geschichte der Vertriebenen, der Flüchtlinge, der Ausgebombten, der aus der Stadt aufs Land Flüchtenden.

Die neue Republik, die Bundesrepublik von 1949, war das Werk dreier Besatzungsmächte und eines Grundgesetzes, das sich die damals neuen Bundesländer durch Delegierte am Chiemsee gegeben hatten. Sie war auch das Resultat des Kalten Krieges, der Deutschland zweiteilte. Die Frontlinie lief mitten durch das Land. Der Kalte Krieg war für Deutschland Glück und Unglück zugleich, Glück im Unglück, da die neue Rivalität zwischen Ost und West die beiden Teile Deutschlands zu erwünschten und angestrebten Partnern der beiden antagonistischen Großmächte USA und UdSSR machte.

Die Staatsidee, von der die neu gegründete Bundesrepublik Deutschland getragen wurde, war eine christlich abendländische, der erste Kanzler ein rheinischer Katholik. Die CDU/CSU schälte sich bald als die herrschende Kraft dieses westlich orientierten Staates heraus, dessen Zeitgeist restaurativ war. Eine gewisse Bigotterie grundierte diesen Zeitgeist und war das Ziel fast aller politischen Kabaretts und Satiriker.

Die Witze dieser Zeit enthalten die Erfahrungen von Entwurzelten, die es in den katholischen Süden, also nach Bayern, verschlagen hatte.

Klein Fritzchen aus Berlin hat es nach Oberbayern verschlagen. Dort in der Schule ist er stets schweigsam, zurückhaltend, verschlossen. Eben ein isoliertes Kind. Die Lehrerin beobachtet das eine gute Weile mit pädagogischer Sorge und möchte ihn dann aus der Reserve locken, indem sie ihm eine ganz leicht zu beantwortende Frage stellt.

»Fritzchen«, fragt sie. »Was ist das? Es trägt ein rotes Fell, hat ein buschiges Schwänzchen, hüpft von Ast zu Ast und nährt sich von Eicheln und Nüssen.«
Fritzchen antwortet: »Wenn ick nach meinem jesunden Menschenverstand jehe, is det 'n Eichhörnchen.« Pause.
»Aber wie ick den Laden hier kenne, is det sicher wieder det liebe kleine Jesulein!«

Der zweite spielt unter Mädchen.

In der Handarbeitsstunde fragt die Klassenlehrerin ihre zehnjährigen Mädchen, was sie denn später für einen Beruf erlernen und ergreifen wollten.
»Stewardess!«, sagt die eine.
»Sekretärin!«, die zweite.
»Arzthelferin!«, eine weitere.
Schließlich sagt eines der Mädchen: »Ich möchte Prostituierte werden!«
»Was möchtest du werden?«, sagt die Lehrerin und erbleicht.
Laut und fest wiederholt das Mädchen: »Prostituierte! Nutte! Hure! Das möchte ich werden.«
Die Lehrerin beendet abrupt den Unterricht, schickt die Mädchen in die Pause und stürzt zum Schulleiter.
»Herr Direktor«, stammelt und stottert sie. »Es ist etwas Schreckliches passiert! In meiner Klasse, im Handarbeitsunterricht, ist ein Mädchen, das ha-ha-hat gegegesagt, a-a-als ich sie, sie, sie nach ihrem Berufswunsch gefragt ha-ha-ha-habe, dass sie Pro-Pro- Pro…«
Dem Direktor wird blümerant. Er setzt sich, blickt die Handarbeitslehrerin gefasst an.

»Sprechen Sie es ruhig aus«, sagt er, nachdem er sich in seinen Sessel hat fallen lassen.

»Da, da, da ist in meiner Klasse ein Mädchen, die, die, die möchte« (sie nimmt all ihren Mut zusammen), »die möchte Prostituierte werden.«

»Ja, Gott sei Dank«, sagt der Direktor. »Warum sagen Sie das nicht gleich! Ich hab schon gefürchtet, das Mädchen wolle Protestantin werden.«

DIE OSTZONE UND DAS STRICKZIMMER

Die unmittelbar nach dem Krieg in der »Ostzone«, der Sowjetischen Besatzungszone, kursierenden Geschichten und Witze über die sowjetische Besatzungsmacht, die Rote Armee, kreisten um »Zapzerap«, wie das Plündern der Russen genannt wurde, um »Uhri, Uhri«, weil sie den Deutschen die Uhren abnahmen, manchmal stolz sechs Armbanduhren mit sich herumtrugen, bevor das Plündern verboten wurde, um beschlagnahmte Fahrräder, vergewaltigte Frauen und das »Strickzimmer«. Geschichten und Bilder von russischen Offiziersfrauen haben sich auch mir eingeprägt, weil sie, selbst wenn sie mit gesunden weißen Zähnen ankamen, bald stolz den Mund voller Goldzähne hatten – als »Wohlstands«-Symbol, mit dem sich die Besatzungsmacht schmückte wie heute die Oberschicht in, sagen wir, Kasachstan. Anders als in den Westzonen, die sich vor der Gründung der Bundesrepublik »Trizonesien« nannten – in ihnen spielten viele Besatzerwitze –, wurde die russische Besatzungsmacht bald strikt von der deutschen Bevölkerung isoliert, was laut Stammtisch- und Flüsterparolen damit zusammenhing, dass die Soldaten aus dem »Arbeiterparadies« nicht merken sollten, dass die besiegten »kapitalistischen«, gar »faschistischen« Deutschen in besseren Lebensumständen und höherer Zivilisation lebten als sie zu Hause.

Viele kamen aus einer primitiven Welt. Auch hier hatten die Witze einen chauvinistischen, ja nazi-nostalgischen Touch wie der folgende aus den Hungerjahren.

> Da fragt der Junge, der beim Buchlesen auf das Wort »Butter« stößt, seinen Vater: »Du Papa, was ist Butter?« Der Vater überlegt. »Butter …? Butter …? Keine Ahnung! Aber warte!«, sagt er, geht zum Bücherschrank und greift nach einem Lexikon. Beim Buchstaben B schlägt er Butter auf und liest: »Butter. Brotaufstrich aus der Nazizeit.«

Da wird die Hungerzeit in eine lange trostlose Zukunftsperspektive verlängert. Dieser Witz macht auch deutlich, wie schnell der Westen nach der Währungsreform und den Wirtschaftswunderjahren zum »Goldenen Westen« avancierte, in dem es vor allem Orangen und Bananen gab. Unvergessen das *Titanic*-Titelblatt nach der Wiedervereinigung, das ein Zonenmädchen zeigt, das stolz eine geschälte Salatgurke hält. Die Bildunterschrift: »Zonen-Gaby im Glück: Meine erste Banane.«

Über die schrecklichen massenhaften Vergewaltigungen macht sich der folgende Witz lustig, der der Tatsache Rechnung trägt, dass die vergewaltigenden Soldaten alles hernahmen, was nur einen Rock trug. In der verrohten Nachkriegsgesellschaft war der folgende auf den Hund gekommene Herrenwitz im Umlauf:

> Kommt ein altes Mütterchen zur sowjetischen Kommandantur einer Kreisstadt. Es ist Sonntag, und sie fragt: »Wird heute nicht vergewaltigt?«

Als die Vergewaltigungsorgien der Roten Armee vorbei waren, ging es auch beim Sex zivilisierter zu, ganz wie im richtigen Leben. Und nicht mehr nach dem Soldatenrecht des Stärkeren, das übrigens die europäische Malerei gern in der die Manneskraft verklärenden Szenerie des »Raubs der Sabinerinnen« feierte.

Der folgende Witz spielt in Tschechien und feiert die geschmeidige Art von Anpassung und Gehorsam.

Ein Tscheche erzählt seinem Freund: »Weißt du, was mir gestern passiert ist? Ich bin nach Hause gekommen, und da lag meine Frau mit einem russischen Offizier im Bett.«
»Und was hast du gemacht?«, fragt der Freund.
»Natürlich auf Zehenspitzen nichts wie raus. Ich hatte Glück: Er hat mich nicht gesehen.«

Die »Strickzimmer«-Witze sollen die Rotarmisten als vorsintflutliche Menschen zeigen, die noch nie mit einer Zivilisation in Berührung gekommen sind.

Da erzählen heimkehrende russische Offiziere in der Sowjetunion, wie prächtig die besiegten Deutschen wohnen. Sie haben Küche, Schlafzimmer, Esszimmer, Wohnzimmer und Strickzimmer.
»Was ist Strickzimmer?«, fragen die daheim Zuhörenden.
»Strickzimmer ist Zimmer, du gehst aufs Klo. Ziehst Strick, und Scheiße ist weg.«

Oder:

Treffen sich zwei russische Offiziersfrauen. Beschwert sich die eine: »Geh ich neulich in Strickzimmer, will Kartoffeln waschen, leg in Schüssel, ziehe Strick, Kartoffeln weg.«

Dass sich die russischen Offiziersfrauen in der Schüssel die Füße wuschen, wurde später spöttisch kolportiert. Gern von denen, deren Wohnung mitsamt Strickzimmer beschlagnahmt worden war.

Das Strickzimmer selbst ist samt seiner zum Kartoffelwaschen denaturierten Kloschüssel vom heutigen Zivilisationslevel weit entfernt. So weit, dass ich versucht bin, für jüngere Generationen zu erklären, dass damals hoch über dem WC eine Wanne angebracht war, aus der ein Hebel herausragte, an dem eine Schnur, meist eine Metallkette, hing. Unten an dieser Kette gab es einen länglichen Porzellangriff, an dem man nach erfolgreicher Erleichterung und hinlänglicher Säuberung des Allerwertesten mit Zeitungspapier zog und damit eine Spülung in Gang setzte. Danach begann sich die Wanne oben wieder zu füllen, die Wasserzufuhr wurde durch einen Schwimmer gestoppt, sobald der Behälter oben wieder voll war. Dann konnte der »Strick« auf ein Neues gezogen werden.

Billy Wilder erzählte mir, was er bei der Befreiung von Paris mit den erfolgreichen GIs in der französischen Hauptstadt erlebte. Sie sahen zum ersten Mal ein Bidet. Und sagten: »Funny thing! You piss in and it pisses back.« (Man schifft hinein, und es schifft zurück.)

Als Wilder 1934 von Frankreich in die USA emigrierte, baten ihn bereits emigrierte Freunde, ihnen doch ein Bidet in seinem Schiffsgepäck mitzubringen. Er hatte dazu kein Geld und telegrafierte zurück: »Ich empfehle statt des Bidets Kopfstand unter der Dusche.«

Witze über die mangelnden sanitären Einrichtungen retteten sich sogar über den Kalten Krieg.

Da gab es den stolzen russischen General, der einem amerikanischen Außenminister stolz einen neuen großen Erholungspark in Moskau vorführt. Mitten bei der Sightseeing-Tour sehen sie einen Mann, der ungeniert in einem Gebüsch die Hosen runterlässt und sich erleichtert.
Der amerikanische Außenminister zeigt das süffisant dem russischen General. Der zieht wütend seinen Revolver und erschießt den Hockenden.
Ein Jahr später kommt der General zum Gegenbesuch nach Washington. Beim Pentagon gehen die beiden durch Grünanlagen, und wie der Zufall so spielt, hockt sich auch da ein Mann zu seiner Notdurft mit herabgelassener Hose nieder.
Der russische Gast frohlockt und sagt zu seinem amerikanischen Gastgeber: »Du ihn erschießen?«
Darauf der Amerikaner mit einem Achselzucken:
»Geht leider nicht – es ist der russische Botschafter.«

Viel diffiziler, weil weiter von der bloßen Notdurft entfernt, ist die folgende Geschichte von dem prächtigen Moskauer Hauptbahnhof.

Der russische Außenminister zeigt dem amerikanischen Botschafter stolz den neu erbauten Moskauer Hauptbahnhof, prächtige Hallen mit hohen Kuppeln, Marmorböden, vielen Säulen und Gängen.
Als der Amerikaner sich beeindruckt zeigt, fährt sein russischer Gastgeber stolz fort: »Und hier fahren alle zehn Minuten Züge in Richtung Wladiwostok,

Leningrad, Odessa, Charkow, Minsk und Kaliningrad.«
»Ich bin beeindruckt«, sagt der Ami. »Aber wir stehen jetzt fast zwei Stunden hier, und es ist noch kein Zug abgefahren.«
Darauf der Russe, zornig: »Und ihr! Wie behandelt ihr die Neger!«

Dann kam der Sputnik. Die Sowjetunion hat die Festbrennstoff-Ingenieure Deutschlands festgenommen und eingesackt, während die Amerikaner Wernher von Braun und seine Flüssigbrennstoffraketen-Entwickler nach Cape Canaveral mitgenommen hatten. Die waren effektiver, aber der Brennstoff empfindlicher. Die Sowjetunion gewann die erste Runde um die Raumfahrt mit dem Sputnik 1957, was Nixon als Präsident erst mit der Mondlandung aufholte.
Die Witze im Wettbewerb der beiden Systeme, darüber, wer das Größte und wer das Beste hatte, nahmen zu, und ihr zynischer Humor wurde im Kalten Krieg schärfer.
In der DDR war ja manches besser, erzählt Ben Lewis in seinem Buch zum Trost seiner DDR-Freundin und bietet ihr folgenden DDR-Trost-Witz an:

Ein britischer und ein DDR-Liliputaner wohnen im zehnten Stock eines Hochhauses. Der britische Liliputaner reicht im Lift nur bis an den Knopf zum achten Stockwerk. Also muss er die letzten Stockwerke laufen. Der Liliputaner aus der DDR erreicht den Knopf zum zehnten. Denn: Die DDR hat von allem das Größte. Also auch die größten Liliputaner.

Na ja! Besser gefällt mir ein Witz aus der Zeit, als die Uhr der DDR ablief.

Da zeigte die ruhmreiche Sowjetunion auf der
Leipziger Messe den größten begehbaren Mikrochip.

Auch auf ihren größten kommunistischen Verbündeten, das
China Mao Zedongs, war für die Sowjetunion auf einmal kein
Verlass mehr. An der Grenze am Ussuri kam es zu kriegerischen
Auseinandersetzungen zwischen den roten Supermächten.
Ein Witz malte sich den Verlauf eines Krieges zwischen der
Sowjetunion und China aus.

Am Ussuri bricht ein Krieg zwischen der Sowjetunion
und China aus.
Am ersten Tag stößt die Sowjetunion über die Grenze
vor und nimmt 500 000 rotchinesische Soldaten
gefangen.
Am zweiten Tag geraten eine Million in sowjetische
Gefangenschaft.
Am dritten Tag sind es schon vier Millionen gefangene
Chinesen.
Am vierten Tag kapituliert – die Sowjetunion.

Der Goliath-David-Unterschied zwischen Rotchina und der
DDR spielt eine noch groteskere Rolle in der Geschichte, in der
Walter Ulbricht (noch an der Macht) Mao Zedong (noch am Le-
ben) besucht.

Bei einem Staatsbesuch in China fragt Ulbricht Mao
Zedong: »Nu sag mal, hochverehrter Genosse Mao,
wie viele Dissidenten gibt es wohl in deinem großen
rotchinesischen Reich?«
Mao überlegt kurz, lässt sich eine Statistik bringen und
sagt dann, nachdem er die Papiere studiert hat: »Eins
Komma drei Prozent.«

»Aha«, sagt Ulbricht, »und wie viel Millionen
Menschen sind das wohl, die eins Komma drei
Prozent?«
Mao rechnet kurz und sagt dann: »Rund 17 Millionen.«
Darauf Ulbricht freudestrahlend: »17 Millionen! Nu,
Genosse Mao Zedong, mehr hab ich in der DDR ooch
nich!«

Vielleicht sollte man für alle, denen die Einwohnerzahl der DDR
nicht mehr so präsent ist, hinzufügen, dass dieser Staat insge-
samt 17 Millionen Einwohner hatte. Jene in pathetischen Reden
17 Millionen in Unfreiheit lebenden Menschen, die durch die
Mauer vom Rest der Welt weggesperrt worden waren.
Rechenkünste sind ohnehin die Stärke von Politikern an der
Macht, die sich alles schönrechnen und dem Gegner alles
schlecht. Man nennt das Statistik, und die Bismarck'sche Definition der Statistik lautete:

»Es gibt drei Formen der Lüge. Die Zwecklüge, die
Notlüge und die Statistik.«

Der folgende eherne Satz wird ebenfalls Bismarck zugeschrieben:

»Glaube keiner Statistik, die du nicht selbst
gefälscht hast.«

In den Witzen über die Sowjetunion, deren sinistre menschen-
vernichtende Staatsräson George Orwell in seinem Buch *1984*
und Aldous Huxley in seiner *Schönen neuen Welt* oder Arthur
Koestler in seinem Roman *Sonnenfinsternis* beschrieben haben,
werden aus Rechnungen wie dem kleinen Einmaleins tödliche
Fallen. Der Staat des Gulag mit seinen Menschenvernichtungs-

maschinen, denen Millionen zum Opfer fielen, der Double-Speech der Propaganda, die aus Schwarz Weiß machte und aus Weiß Schwarz, fielen Menschen zum Opfer, die neueste Wendungen nicht verfolgten, die nicht verstanden, dass der Moloch Staat immer neue Opfer brauchte, die er ermordete, um die »Linie« neu zu definieren: Opfer waren Trotzkisten, Abweichler, Dissidenten, Zionisten, Titoisten, Sozialdemokraten und so weiter und so fort. Alles Häretiker, mit dem Tod zu bestrafende Ketzer, die der kommunistischen Inquisition zum Opfer fielen. Ich habe selbst in der DDR 1951 die Geschichte vom Universitätsrektor in Halle gehört (und Heinar Kipphardt, der DDR-Dramatiker und DDR-Flüchtling, hat sie mir bei einem Gespräch bestätigt).

> Immatrikulationsfeier in Halle, ein Jahr vor Stalins Tod. Der Rektor, ein Naturwissenschaftler, betet die Litanei auf den Genossen Stalin runter, sie ist wie das Credo im Gottesdienst (»… gelitten unter Pontius Pilatus, gekreuzigt, gestorben und begraben, hinabgestiegen in das Reich des Todes, am dritten Tage auferstanden von den Toten, aufgefahren in den Himmel«).
> Also ließ der Rektor Stalin hochleben. Als Erbauer des Sozialismus. Als Sieger und Feldherr des Vaterländischen Krieges. Als besten Freund des deutschen Volkes, als Führer der internationalen Arbeiterklasse …
> Nur ein Attribut ließ er aus, weil es offenbar gegen seine wissenschaftliche Ehre verstieß. Er rühmte Stalin nicht als den größten Wissenschaftler. Prompt wurde er deswegen aus seinem Amt entlassen.

Die Sowjetunion und ihre Satelliten bildeten einen Gottesstaat ohne Gott, wo der Katechismus von den jeweiligen Parteigremien bestimmt wurde, als ständig neu zu schärfende Guillotine für Schauprozesse.

Hier ein Witz über das grauenhafte Einmaleins der Gehirnwäsche:

> Ein kommunistischer Funktionär verkündet auf einer Versammlung: »Zwei mal zwei ist sechs.« Seine Worte werden mit tosendem Applaus aufgenommen.
> Aber da ruft jemand von hinten: »Das stimmt nicht. Zwei mal zwei ist vier.« Der Mann wird auf der Stelle verhaftet und landet für zwanzig Jahre im Lager.
> Nach seiner Rückkehr aus Sibirien nimmt er erneut an einer Versammlung teil, wo er denselben kommunistischen Funktionär auf dem Podium erkennt, der unter lautem Applaus verkündet: »Zwei mal zwei ist fünf.«
> Der ehemalige Häftling kann sich nicht halten: »Zwei mal zwei ist vier!«
> Nach der Versammlung kommt der Funktionär zu ihm, umarmt ihn und flüstert: »Du willst doch bestimmt nicht, dass zwei mal zwei wieder sechs wird?«

»Die Partei, die Partei, die hat immer recht«, wie es im Lied heißt, und alle müssen ihren Korrekturen des Rechthabens folgen. In der Propaganda des Kalten Krieges nimmt sich dieses kommunistische Hexeneinmaleins so aus:

> In Moskau findet ein Marathonwettlauf zwischen einem sowjetischen und einem US-Athleten statt. Der Amerikaner gewinnt. Der Sowjetsportler wird Zweiter.

Am nächsten Tag schreibt die offizielle sowjetische Nachrichtenagentur TASS:

»In einem hochbesetzten internationalen Kampf errang der sowjetische Athlet einen hochverdienten und ehrenvollen zweiten Platz, während die USA nur Vorletzter wurden.«

Diese Logik beherrschte den gesamten Kalten Krieg in ihrem Wettkampf um die führende Rolle. Das alles funktionierte nach der Devise:

Der Kapitalismus ist zum Untergang verurteilt. Wir werden ihn in spätestens zehn Jahren eingeholt, ja überholt haben.

Das ähnelt dem Credo des Augustinus oder des Tertullian: »Credo, quia absurdum est!« Ich glaube, weil es unvernünftig ist. Oder besser: Ich glaube, weil es unglaublich erscheint.

STRUWWELPETER UND CO.

Ich liebe das als schwarz verschriene Kinderbuch des Dr. Heinrich Hoffmann, den *Struwwelpeter*. Ich glaube, es ist das erfolgreichste Kinderbuch der Welt. Auf dem Deckblatt steht, mit gelbem Zauselkopf, blauem Kragen, rotem Wams, grünen Strümpfen und sauberen Schuhen, der Struwwelpeter und guckt ganz unglücklich in die Welt. Die Kleidung ist adrett, die Frisur wild und fürchterlich (längst bevor es die Beatles oder gar die Stones gab), die Fingernägel sind grässlich lang. Das Gesicht des Knaben blickt einen vom Deckblatt mit unsäglicher Traurigkeit an. Die wichtigste Geschichte ist für mich die vom Daumenlutscher. Doch der Reihe nach.

Der Autor, Dr. Heinrich Hoffmann, war Nervenarzt in Frankfurt und Direktor der städtischen Nervenheilanstalt von 1851 bis 1888. Dieses Krankenhaus war die erste Klinik auf der Welt, die eine Abteilung für psychisch kranke Kinder eingerichtet hatte. Dr. Heinrich Hoffmann suchte ein Kinderbuch für seinen Sohn, fand in den Buchhandlungen nicht das Passende, kaufte ein leeres Heft und übergab es seiner Frau mit den Worten: »Hier habe ich, was wir brauchen.« Auf ihren verwunderten Blick hin antwortete er: »Das ist ein leeres Schreibheft, jawohl. Aber da will ich dem Jungen schon selbst ein Bilderbuch herstellen.« Nicht umsonst hatte Hoffmann bei seinem Vater zeichnen gelernt, nicht umsonst schon Verse gemacht, nicht umsonst diese Fertigkeiten am Bett kranker und widerspenstiger Kinder zur Beschwichtigung angewandt. Also zeichnete, malte er den *Struwwelpeter* und schrieb die dazu passenden Verse. Im Laufe der

Jahre veränderte der *Struwwelpeter* seine Gestalt. Die erste Fassung stammt also von Weihnachten 1844.

Weihnachten 1845 erschien der *Struwwelpeter* unter dem Titel *Lustige Geschichten und drollige Bilder, mit fünfzehn schön kolorierten Tafeln für Kinder von 3 bis 6 Jahren.* Lustige Geschichten? Und drollige Bilder? Und das für unvorbereitete Kinder? Die damit beschwichtigt werden sollten? Die »lustigen Geschichten« handeln vom Struwwelpeter, der sich weigert, seine Nägel schneiden zu lassen und sein Haar zu kämmen, und der dafür an den Pranger gestellt wird.

> An den Händen beiden
> Ließ er sich nicht schneiden
> Seine Nägel fast ein Jahr;
> Kämmen ließ er nicht sein Haar.
> Pfui! ruft da ein jeder:
> Garst'ger Struwwelpeter!

Ich glaube, kein Kind hätte es als lustig empfunden, mit Pfui-Rufen so in seiner Schande bloßgestellt zu werden.

Im »bösen Friederich« ist es der Pranger, wie ihn in der Gegenwart für Promis die Boulevardpresse erfunden hat: »Weltbanker vergewaltigt Zimmermädchen.« Damit die Zeitungen nach dem Muster des *Struwwelpeter* schreiben können: »Pfui! ruft da ein jeder, / garst'ger Struwwelpeter!« Der große Humorist Mark Twain hat übrigens während seines Berlin-Aufenthalts im Jahre 1891 den *Struwwelpeter* als Erster ins Englische übersetzt.

In der »Geschichte vom bösen Friederich«, sieht man schon im ersten Bild, wie tote Katzen, Vögel und Geflügel um ihn herum liegen, er die Peitsche gegen sein Gretchen schwingt und einer Fliege gerade den Flügel ausreißt. Bild zwei zeigt, wie ihn der Hund ins Bein beißt. Zitat:

Da biss der Hund ihn in das Bein,
Recht tief bis in das Blut hinein.

Dann die Geschichte mit den Streichhölzern, »Paulinchen war allein zu Haus«. Schon im zweiten Bild brennt Paulinchen lichterloh, »Herbei! herbei! Wer hilft geschwind? / In Feuer steht das ganze Kind! / Miau! Mio! Miau! Mio! Zu Hilf'! das Kind brennt lichterloh!« Im letzten Bild ist Paulinchen ein Häuflein Asche. Allerdings sieht sie in den Flammen wie eine Balletttänzerin aus, Feuervogel. Schließlich die sehr erbaulich erzieherische »Geschichte von den schwarzen Buben«, die in Tinte gesteckt werden, weil sie böse sind zu einem Schwarzen, einem »Mohren«. Die Geschichte vom Suppenkasper ist eine über Magersucht, die in fünf Tagen zum Tode führt, in der vom Zappelphilipp (heute als ADS bekannt), begräbt sich ein Junge unter dem Essen der hungrig bleibenden Eltern, und Hans Guck-in-die-Luft wäre um ein Haar ertrunken. Der fliegende Robert aber: »Wenn der Regen niederbraust, / Wenn der Sturm das Feld durchsaust, / Bleiben Mädchen oder Buben / Hübsch daheim in ihren Stuben. – / Robert aber dachte: ›Nein! / Das muss draußen herrlich sein!‹ – / Und im Felde patschet er / Mit dem Regenschirm umher«, bleibt für mich ein Archetyp der männlichen Sehnsucht nach ungebundener Freiheit und Gefahr. Weg aus den hübschen Stuben daheim. Und dann das böse metaphysische Ende.

Schirm und Robert fliegen dort
Durch die Wolken immerfort,
Und der Hut fliegt weit voran,
Stößt zuletzt am Himmel an.
Wo der Wind sie hingetragen,
Ja! das weiß kein Mensch zu sagen.

Der Preis für die Flucht aus der häuslichen Enge.

Am stärksten hat mich aber die Geschichte vom Daumenlutscher beeindruckt. Ich glaube, sie ist für alle kleinen Jungs und
wahrscheinlich auch für alle kleinen Mädchen mit der Kastrati-
ons- beziehungsweise Sterilisationsangst verbunden. Es ist die
Geschichte einer furchtbaren Verstümmelung. Beim ersten Bild
geht die Mutter fort. Sie ist als Furcht einflößende Matrone kos-
tümiert und nur von hinten zu sehen, mit Haube, Umhänge-
tuch, Überrock und breitem Rock. Die Linke schwingt drohend
den Zeigefinger. In der Rechten droht unterstützend der Regenschirm.

Das zweite Bild zeigt Konrad mutterseelenallein, wie er sich
blitzschnell der mütterlichen Warnung und Drohung, beide
missachtend, widersetzt. Konrad steht in einem Torbogen unter
einer Art Sonnengott-Relief, und der Gott scheint maliziös zu
lächeln. Ein böse lächelndes Über-Ich, das die Mutter vertritt
und über Allmacht verfügt.

> Fort geht nun die Mutter, und
> Wupp! den Daumen in den Mund.

Für mich ist das für alle Zeit die Quintessenz knäbischen und
männlichen Verhaltens. Kaum der Oberaufsicht entronnen,
wupp! – den Daumen in den Mund. Die Geschichte lehrt, was
kein in flagranti Ertappter wahrhaben will: Die Hände auf den
Tisch, der liebe Gott sieht alles. Nun folgt das grausamste Bild.
Ein Nachtgespenst als Hampelmannballett fürchterlichster
Form, bei dem das Blut zu Boden spritzt. Ein Bild von blitzarti-
ger Schnelligkeit und Bewegung. Am Hut, an den Haaren, den
Rockschößen und dem Metermaß des Schneiders abzulesen.

> Bauz! da geht die Türe auf,
> Und herein in schnellem Lauf
> Springt der Schneider in die Stub'

Zu dem Daumen-Lutscher-Bub.
Weh! Jetzt geht es klipp und klapp
Mit der Scher' die Daumen ab,
Mit der großen scharfen Scher'!
Hei! da schreit der Konrad sehr.

Konrad steht allein. Die Über-Ich-Sonne grinst zufrieden. Dagegen ist Konrads Gesicht von demütigem Schmerz verzogen.

Als die Mutter kommt nach Haus,
Sieht der Konrad traurig aus.
Ohne Daumen steht er dort,
Die sind alle beide fort.

In der Urfassung steht Konrad hier noch im leeren Raum. Erst in der endgültigen Fassung schwebt ein böser Gott über dem Bild. Konrad bleibt keine Fluchtmöglichkeit, das Zimmer ist total kahl, kein Versteck, keine Ecke, keine Decke. Ich erinnere mich, jedes Mal, wenn ich mir den Daumenlutscher vergegenwärtige, an eine Kinderszene, in der ich allein auf dem Weg zur Schule einen Käfer willentlich und absichtlich zertreten habe. Er knackte. Ich blinzelte hoch zur Sonne, die mich höhnisch anzublinken schien. Es sind Kinderszenen des aufmüpfigen Ungehorsams, den der *Struwwelpeter* festhält, wenn das Kind zur Sauberkeit, zur Ordnung, zur Räson erzogen wird. Eigentlich ist nichts komisch, und eigentlich gibt es nichts zu lachen. Außer für das brav gebliebene Kind, das den Verzicht auf seinen Ungehorsam mit Schadenfreude und mit leiblicher und seelischer Unversehrtheit belohnt findet. So arbeitet auch der Witz. Er ist schadenfroh.

In dem Wilhelm-Busch-Comic – und der *Struwwelpeter* ist sozusagen ein Comic-Vorläufer – von der stellvertretenden Erziehung zweier Hunde namens Plisch und Plum durch zwei

Knaben steht an jedem Kapitelende der schadenfrohe Bauer Schlich, der höhnisch meckernd lacht und sozusagen die Haltung des Witzes aufnimmt. »Ist fatal«, bemerkte Schlich, / »hehe, aber nicht für mich!« Außerdem gehorchen und bestätigen die »lustigen Geschichten und drolligen Bilder« die Wilhelm-Busch-Moral aus der *Frommen Helene*: »Das Gute, dieser Satz steht fest, / Ist stets das Böse, das man lässt!« Eine sehr pessimistische Moral, aber man möchte nach den Erfahrungen der 68er-Revolte auch sagen: Besser noch als der optimistische Spruch: »Es gibt nichts Gutes / außer: Man tut es.« Wie viel Unfug hat dieser Aktivismus angerichtet.

Der Witz ist die schadenfrohe Gewissheit, die Angst abgewehrt zu haben, indem man auf dem Pfad der Tugend blieb. Witze also markieren das Aufmucken gegen die Erziehung, in Witzen erfahren die Kinder, dass sie mit Zuckerbrot und Peitsche erzogen werden. Die Peitsche hat der Hund im »bösen Friederich« mitgebracht, für das Zuckerbrot spricht der Witz von der viktorianischen Gouvernante, die mit einem kleinen Jungen und einem kleinen Mädchen, beide ihr anvertraut, den Zoo besucht. Am Paviankäfig sieht sie erschrocken, wie es die Affen miteinander treiben. Schnell steckt sie ein Stück Zucker durch das Gitter, um sie abzulenken. Darauf sagt der kleine Junge zu ihr: »Would *you* stop it for a candy?«

Tiere und Affen: Das Tierische der Kreatur ist am schönsten in dem Hauff'schen Märchen vom »jungen Lord« eingefangen. Da hinterlässt ein englischer Lord seinen Affen einer schwäbisch kleinbürgerlichen Gesellschaft und warnt alle, die diesen vermeintlichen jungen Lord lieben und schätzen, ihm doch bitte nie den Schlips zu lockern. Als sie es dann doch tun, zeigt der Affe seine ganze äffische nackte Urnatur. Ich kenne schließlich noch den Witz vom Papagei, der fürchterlich und gotteslästerlich flucht und den seine Besitzerin, eine ehrwürdige

Witwe, zum Pfarrer bringt, damit ihn dessen frommer Papagei erzieht.

Beim »Schneider mit der Scher'« folgt die Strafe blitzschnell aus heiterem Himmel auf dem Fuße. Auch dafür gibt es eine Reihe von Geschichten. So die von dem orthodoxen Juden, der auf einem Wochenmarkt vom Geruch der Schweinsbratwürste angezogen wird und einen Heißhunger auf das Verbotene, nicht Koschere verspürt.

> Also geht er an den Stand und fragt: »Was kostet ein Paar Würstel?« In dem Augenblick ballt sich eine finstere Wolke zusammen, und ein Blitz zuckt vom Himmel. Sagt der Mann mit zum Himmel gereckten Armen: »Fragen wird man doch noch dürfen!«

Doch manchmal ist die Blitzgewalt Gottes auch nicht so unfehlbar und nicht so naturgesetzlich, wie die beiden folgenden Beispiele zeigen:

> Zwei Engländer spielen zusammen Golf. Der eine ist unbeherrscht und sagt jedes Mal, wenn er ein Loch verfehlt: »Goddammit, daneben!« Der andere schaut ihn missbilligend an. Als er zum dritten Mal wieder »Goddammit, daneben!« sagt, guckt er sich entschuldigend zu seinem Partner um und sagt: »Ich werde mich zusammennehmen. Das nächste Mal soll mich der Blitz treffen, wenn ich wieder fluche.« Eine Zeit vergeht, bis es dem schlechten Golfspieler wieder entfährt: »Goddammit, daneben!« Oben eine schwarze Wolke, ein Blitz zuckt heraus und trifft den unschuldigen Partner. Eine Stimme von oben sagt: »Goddammit, daneben!«

Zu diesem Witz passt auch noch der vom Golfspiel am Sonntag zwischen Jesus und Gottvater.

Jesus hat den ersten Schlag und trifft das Loch aus hundert Yards Entfernung. Großartig! Wunderbar! Göttlich! Darauf nimmt Gottvater den Schläger, holt aus – und der Ball bleibt fünf Zentimeter vor dem Loch liegen. Darauf kriecht eine Maus aus dem Loch, greift sich den Golfball, ein Falke stürzt aus dem Himmel auf die Maus, entführt sie mitsamt dem Ball in die Lüfte, eine Wolke ballt sich zusammen, ein Blitz zuckt aus der Wolke, der Blitz trifft den Falken, der lässt die Maus fallen, die Maus lässt den Ball fallen, und der Ball landet exakt im Loch. Darauf sagt Jesus zu Gott: »Was ist? Spielen wir Golf, oder tun wir blödeln?«

VON FRÖSCHEN, BLONDINEN, PORSCHEFAHRERN, MANTAFAHRERN, VON OSTFRIESEN, ÖSIS, SCHWEIZERN UND SCHOTTEN – KURZ: SOGENANNTE »RASSISTISCHE« WITZE

Ich weiß nicht, wann die Frösche, die mit dem Märchen verschwunden waren, in den Witzen wieder auftauchten. War es, als die ökologisch Bewegten ihnen Wege unter den Autobahnen schufen? Egal! Jedenfalls gehen Froschwitze auf das Grimm'sche Märchen vom »Froschkönig« zurück. Da verwandelt sich ein ekliges, glitschiges Tier in einen wunderbaren, glitzernden Traumprinzen. Steckt dahinter ein »Augen zu und durch«? Oder die Vorstellung, dass hinter einer ekligen Schale ein goldener Kern steckt? Aber es gibt ja auch die enttäuschte Verwandlungserwartung von der Romantik zum Sex.

In einem meiner liebsten Froschwitze kommt wieder ein Autofahrer vor, ein Porschefahrer. Der erzählt seinem Freund von einem Erlebnis.

> »Du, stell dir vor«, sagt er, »was mir passiert ist. Du weißt doch, meine Frau war vierzehn Tage in Urlaub. Ich fahre also allein mit meinem Porsche. Auf einmal sehe ich einen Frosch auf der Landstraße, der mir winkt. Er möchte per Anhalter mitgenommen werden. Ich bleibe stehen, der Frosch steigt ein und sagt: ›Danke, dass du mich mitgenommen hast. Mir war so eisig kalt.‹
> Als wir vor meinem Haus sind, sagt er: ›Mir ist immer noch so kalt, kannst du mich nicht mitnehmen in deine Wohnung?‹

Ich denke, warum soll ich den armen Frosch nicht mitnehmen? Er kommt also rein, bibbert aber weiter und sagt: ›Darf ich mich nicht in deinem Bett richtig aufwärmen?‹ Ich denke, der Platz ist ja frei, warum soll sich das arme Tier nicht aufwärmen. Und, wie er dann so schön kuschelig neben mir liegt, verwandelt er sich in eine wunderbare Blondine.«

Der Erzähler unterbricht sich: »Glaubst du mir die Geschichte?«

Der Freund: »Warum nicht?«

Der Erzähler: »Meine Frau, die einen Abend früher nach Hause kam, hat sie mir aber nicht geglaubt.«

Porschefahrer in Witzen sind eben immer etwas Besonderes. So auch in dem folgendem Witz:

Zwei Freunde fahren mit ihrem Carrera durch Sardinien. Vor einem Lokal bleiben sie stehen und rufen dem Wirt, der herauseilt, schon von draußen zu: »Vino, bitte! Subito!«

Darauf der Wirt: »Rosso o bianco?«

Darauf der eine Porschefahrer: »Egal. Hauptsache al dente.«

Am anderen Ende der sozialen Autofahrer-Skala stand der Mantafahrer. Er war ein primitiver Mensch besonderer Qualität. Eine der Geschichten vom Mantafahrer geht so:

Ein Mantafahrer muss zu einer Rallye nach England und sagt zu seinem Freund: »Du, Scheiße, ich verstehe kein Englisch. Wie soll ich da in England durchkommen?«

Sagt sein Freund: »Du, Englisch ist ganz leicht. Du

musst nur Deutsch sprechen und das
g-a-n-z l-a-n-g-s-a-m.«
Der Mantafahrer kommt nach England und fragt
an einer Tankstelle: »G-e-h-t-s h-i-e-r z-u-r
M-a-n-t-a-r-a-l-l-y-e?« Sagt der Tankwart:
»J-a, e-r-s-t r-e-c-h-t-s, d-a-n-n l-i-n-k-s u-n-d
d-a-n-n e-i-n-f-a-c-h v-i-e-r K-i-l-o-m-e-t-e-r
g-e-r-a-d-e-a-u-s.«
Der Mantafahrer: »D-a-n-k-e. S-i-e v-e-r-
s-t-e-h-e-n m-i-c-h j-a s-e-h-r g-u-t. S-i-n-d
S-i-e a-u-s E-n-g-l-a-n-d?«
»N-e-i-n«, sagt der andere, »a-u-s W-u-p-p-e-r-t-a-l.«
Sagt der Mantafahrer: »D-a-n-n k-ö-n-n-e-n
w-i-r j-a D-e-u-t-s-c-h s-p-r-e-c-h-e-n.«
Darauf der Tankwart: »Good.«

Den Mantafahrern entsprechen beim weiblichen Teil der Bevölkerung die Blondinen. Ich weiß nicht, seit wann sie so dumm
sind wie im Witz, vielleicht seit Marilyn Monroe eine hinreißend dumme Blondine in *Blondinen bevorzugt* gespielt hat, die
aus Eitelkeit keine Brille trägt und sich daher auf ihre »Tastor-
gane«, sprich Busen, verlassen muss und prompt in ein falsches
Flugzeug einsteigt. Das ging damals noch, auch für Blondinen
gab es keine Sicherheitskontrollen. Der erste Blondinenwitz,
den ich gehört habe, war ein ganz kurzer. Er handelt von einer
Blondine und einem Drehbuchautor:

Schläft ein blondes Filmsternchen in Hollywood
mit dem Drehbuchautor.

Ende des Witzes? Es handelt sich wohl um den Stoßseufzer eines Drehbuchschreibers mit gekränktem Selbstbewusstsein. Es
lohnt nicht, sich bei ihm hochschlafen zu wollen.

Mein zweiter Blondinenwitz ist, ich gebe es zu, etwas heikel. Sei's drum. Er besteht einzig aus der Frage:

> Warum sitzen Blondinen so gerne auf der Heizung?
> Antwort: Weil sie gehört haben, dass die Heizung leckt.

Schließlich noch ein Weihnachtswitz:

> Sagt eine Blondine zur anderen: »Du, diesmal fällt Heiligabend auf einen Freitag.«
> Darauf die andere Blondine: »Hoffentlich diesmal kein 13.«

Inzwischen sind Blondinen und Mantafahrer sogar zusammengeführt worden, um der Gerechtigkeit willen.

> Eine Blondine nimmt an einer Quizsendung teil.
> Der Quizmaster fragt sie: »So, jetzt kommt die entscheidende Frage: Wie viel ist drei mal vier?«
> Die Blondine antwortet: »Elf.«
> Der Zuschauerraum ist gefüllt mit lauter gutherzigen, blondinenfreundlichen Mantafahrern.
> Als der Talkmaster sagt: »Das ist nicht ganz richtig, und Sie haben die Reise nach Hawaii leider nicht gewonnen«, rufen die Mantafahrer im Chor:
> »Gib sie noch 'ne Chance, gib sie noch 'ne Chance!«
> Darauf der Moderator: »Also gut, hier die zweite Chance. Wenn du die Frage beantwortest, kannst du nach Hawaii: Wie viel ist vier und fünf?«
> Die Blondine überlegt kurz, den Zeigefinger an den Lippen, mit gekräuselter Stirn und sagt dann: »Acht.«
> »Leider wieder nicht ganz richtig«, sagt der Quizmaster, »das wird wohl nichts mit Hawaii.«

Laut setzt der Chor der Mantafahrer im Saal ein:
»Gib sie noch 'ne Chance, gib sie noch 'ne Chance!«
Der Quizmaster, etwas ungeduldig: »Also gut, aber das
ist die allerletzte: Wie viel ist vier mal vier?«
Die Blondine überlegt scharf und sagt dann:
»Sechzehn.«
Darauf der Chor der Mantafahrer: »Gib sie noch 'ne
Chance, gib sie noch 'ne Chance!«

Dieser Witz sorgt wohl auch für ausgleichende Gerechtigkeit im
Geschlechterkrieg. Deshalb noch ein Exempel, in dem der Chef
einer großen Firma eine neue Chefsekretärin sucht.

Er hat dazu einen Headhunter angestellt. Der
Headhunter hat drei Bewerberinnen für diesen
wichtigen Schlüsselposten in die engere Wahl gezogen.
Er führt sie dem Chef in seinem Arbeitszimmer vor
und fragt die erste Dame: »Wie viel ist zwei und zwei?«
Die Dame antwortet: »Vier«, wie aus der Pistole
geschossen.
Der Headhunter sagt: »Danke, warten Sie draußen.«
Er ruft die zweite Dame rein und fragt: »Wie viel ist
zwei und zwei?«
Die Dame: »Zwei und zwei, das ist 22.«
Der Headhunter sagt: »Danke, bitte warten Sie auch
draußen.«
Es kommt die dritte Dame, wieder stellt der
Headhunter die Frage, und die Dame antwortet: »Das
kommt darauf an. Es kann vier sein, es kann aber auch
22 sein, je nachdem.«
»Danke, warten Sie bitte auch draußen.« Er wendet
sich an den Chef: »Ich habe Ihnen jetzt drei Typen von
Sekretärinnen vorgeführt. Die erste weiß, dass zwei

und zwei vier ist, Sie werden sich immer auf ihre exakte Nüchternheit verlassen können. Die zweite Sekretärin ist eine Optimistin. Das kann man in einem Job neben Ihnen gut brauchen. Sie rechnet das Maximale aus. Zwei und zwei sind 22. Das hat Perspektive. Und nun zur dritten. Sie weiß, dass zwei und zwei vier ist, sie kann sich aber auch denken, dass man zwei und zwei zu 22 optimieren kann. Sie ist geschmeidig, anpassungsfähig und sowohl realistisch wie optimistisch. Welche würden Sie denn gerne wählen?«

Darauf der Chef lakonisch: »Die große Blonde mit den dicken Titten.«

Minderheitenwitze gibt es aber nicht nur über Blondinen, Manta- und Porschefahrer, sie können sich auch an Minderwertigkeitsgefühlen austoben. Vor ein paar Jahrzehnten waren die Ostfriesenwitze große Mode, wobei das Friesische übrigens eine der offiziellen deutschen Sprachen ist, neben Deutsch und Sorbisch. Darauf nehmen die Ostfriesenwitze allerdings keine Rücksicht. Sie spielen mit der Rückständigkeit dieses Landstrichs aus Großstadtsicht.

Es sind Witze nach dem beliebten Warum-Schema. Wie die folgenden:

Warum haben die Ostfriesen am Montag alle zerkratzte Gesichter?
Weil sie am Wochenende mit Messer und Gabel zu essen versuchen.

Warum haben die Ostfriesen einen platten Hinterkopf?
Weil ihnen beim Wassertrinken immer der Klodeckel auf den Kopf fällt.

Warum können die Ostfriesen keine Eiswürfel
machen?
Die Frau, die das Rezept hatte, ist letztes Jahr
gestorben.

Der folgende ist noch drastischer und wendet sich an den olfaktorischen Instinkt:

Warum wird bei der ostfriesischen Hochzeit ein
Mistwagen vor der Braut hergefahren?
Antwort: Damit die Fliegen von ihr ablassen.

Im April 2011 ermittelte die Staatsanwaltschaft gegen den Regio-
nalsender Radio ffn, der, weil er jeden Morgen einen Ostfriesen-
witz sendete, wegen Volksverhetzung angezeigt worden war –
eine Minderheit werde hier diskriminiert.
Der Wiedervereinigung, als auch die Grenzen zu Polen durch-
lässig wurden und viele unserer Nachbarn versuchten, in
Deutschland nicht nur legal zu Geld zu kommen, verdanken die
Polenwitze ihre Existenz.
Auch hierfür nur ein Beispiel, etwa die Werbung des polnischen
Fremdenverkehrsvereins:

Besuchen Sie Polen! Ihr Auto ist schon da.

Und als Potenzierung:

Warum stiehlt die Russenmafia immer zwei Autos in
Deutschland?
Weil sie auf dem Transport durch Polen müssen.

Bliebe noch die Sportart des polnischen Biathlons, und das geht
so:

Zu Fuß ins Schwimmbad und mit dem Fahrrad zurück.

Schotten- und Schwabenwitze spielen auf den sprichwörtlichen Geiz an, der den beiden Volksstämmen eigen ist. Dabei werden historische Bedingungen von solchen »rassistischen« Witzen natürlich außer Acht gelassen, dass nämlich der schwäbische Geiz durch die Erbteilung und der schottische durch die karge Landschaft und die englische Ausbeutung bedingt ist.
Hier also ein Schottenwitz:

Ein Schotte hat bei einer Feier einen besonders alten und teuren Whisky gewonnen. Er steckt die Flasche in die Manteltasche und geht heim. Unterwegs rutscht er aus und fällt hin. Er spürt etwas Nasses am Körper. Es entringt sich ihm der Stoßseufzer:
»Oh Gott, lass es Blut sein!«

Der Schwabenwitz, der nach dem schwäbischen Motto »Schaffe, schaffe, Häusle baue« funktioniert, geht in der Variante »Schaffe, schaffe, Häusle baue, Hund abschaffe, selber belle« folgendermaßen:

Großvater ist gestorben. Der Familienrat tagt über die Beerdigungsform: Begraben oder Einäschern. Sagt die Großmutter:
»Der wird eingeäschert. Der kommt in die Eieruhr. Der soll schaffe!«

VOM ALTER UND VON DEN ÄRZTEN

Der kürzeste Arztwitz geht so:

> Kommt eine Frau beim Arzt.

Er ist ein Klassiker und funktioniert eigentlich nur im Ruhrpott, weil man dort »beim Arzt« kommt, auch wenn man nur »zum Arzt« gehen will. Es ist kein Dialektwitz, sondern ein Slangwitz im »Lass jucken, Kumpel«-Slang des Kohlenpotts zwischen Rhein, Ruhr und Sauerland. Es gibt großartige Komiker mit diesem Slang, der unvergessene Jürgen von Manger war einer von ihnen. Der Humor dieser Witze tendiert fast immer in Richtung Mario Barth, der allerdings Berliner Slang spricht.

In Arztwitzen geht es um das besondere Verhältnis zwischen Arzt und Patient, Rechnung und Gesundheit, Kassenpatient oder Privatversicherter.

Hier also die AOK:

> Kommt eine Patientin zu einem Schönheitschirurgen und will eine Brustvergrößerung. Er erklärt ihr, dass eine »richtige« nicht unter 2000 Euro zu haben sei. Es gebe aber auch eine billigere Version der AOK.
> »Als da wäre?«, fragt die Frau.
> »Also«, erklärt der Doktor, »wir machen eine Pumpvorrichtung, die wir in Ihren Achselhöhlen verstecken, und immer, wenn Sie mit Ihren Brüsten imponieren wollen, dann machen Sie so« – der Arzt

imitiert ein Flügelschlagen mit den Armen – »und dann pumpen sich Ihre Brüste zu voller Größe auf.«

»Gut«, sagt die Frau, »das nehme ich, wenn es die AOK zahlt.«

Am Abend geht die Brustvergrößerte in eine Bar, um ihre Wirkung auf das andere Geschlecht auszuprobieren. Als sich ein attraktiver Herr in ihre Nähe setzt, geht sie auf die Toilette, pumpt dort heftig mit den Armen, kehrt mit stolzgeschwellter Brust zurück und setzt sich in Blicknähe zu ihrer Versuchsperson. Als der sie sieht, fängt er sofort an, heftig seine Schenkel gegeneinanderzubewegen.

»Ah«, sagt darauf die Frau, »auch AOK.«

Dieser Witz korrespondiert über einen zeitlichen Graben von fünfzig oder gar sechzig Jahren mit einem Nachkriegswitz. Auch da geht es um billig und teuer, um Krieg und Frieden.

Auf einem Treffen von Kriegsteilnehmern treffen sich zwei Herren am Pissoir. Der eine scheint keine Arme zu haben, und so fragt der andere teilnehmend: »Stalingrad?«

»Nein«, sagt der eine, während er die Ärmel hochzieht, »C & A.«

Eigentlich, ganz eigentlich gehört dieser Witz zu den (weitgehend ausgestorbenen) Schneiderwitzen – aber es lässt sich an den beiden Witzen, dem von der AOK und dem von C & A ablesen, wie die Witzmechanik die Genre- und Zeitgrenzen überschreitet. Die Form, könnte man mutig mit Henri Bergson argumentieren, ist stärker als der Inhalt.

Doch wir kommen zurück in die Sprechstunde, in die der Fünfzigerjahre.

Eine Frau kommt zum Arzt. Sie ist hypernervös, neurasthenisch könnte man sagen und hat man wohl damals auch gesagt. Der Arzt, vielleicht sogar ein Neurologe, fragt sie nach ihrem ehelichen Alltag.
Und als er erfährt, dass sie tagtäglich mit ihrem Mann auch sexuell verkehrt, rät er ihr, es doch nur an den Wochentagen mit »R« zu machen.
Wahrscheinlich denkt er an die alte Regel für den Austerngenuss (nur in den Monaten mit R) und überträgt das auf die Wochentage.
Wie dem auch sei, die Frau kommt nach Hause und erzählt ihrem Mann, der schon auf sie wartet, was der Arzt gesagt habe: nur noch an den Wochentagen mit einem R.
»Ach«, sagt der Mann, »welcher Tag ist denn heute?«
»Mirtwoch«, antwortet die Frau.

Die Pointe dieses Witzes war ein geflügeltes Wort. Wenn sich ein Paar zwinkernd verständigen wollte, sagte es: Heute ist Mirtwoch.

Ein anderes Ehepaar, das sich schrecklich und vergeblich ein Kind wünscht, geht zu einem Gynäkologen, der die beiden gründlich von Kopf bis Fuß untersucht und dann sagt: »Medizinisch spricht nichts dafür, dass Sie keine Kinder haben können. Vielleicht liegt es an Ihren Sexualpraktiken. Darf ich fragen, wie Sie miteinander verkehren?«
»A tergo«, sagt der Mann, »immer von hinten.«

»Hm«, sagt der Arzt, »wie wäre es mit der Missionarsstellung, ganz normal?«

»What!«, schreit der Mann empört, »and how should we watch television?«

Hier eine Geschichte, die den Wandel der Zeiten, das unerbittliche Vorrücken des Alters selbst thematisiert.

»Früher«, beklagt sich eine Frau bei ihrer Freundin, »sagte der Arzt, wenn ich ihm mitteilte, dass mein Hals schmerzt: ›Ziehen Sie sich aus.‹ Heute sagt er, wenn ich über Brustschmerzen klage: ›Strecken Sie mal die Zunge heraus.‹«

Wir leben in einer stetig alternden, ständig wachsenden überalterten Gesellschaft – es geht um die auf den Kopf gestellte Alterpyramide. Dem Umstand trägt auch der Witz Rechnung. Alterswitze, Krankheitswitze, Rehabilitationswitze, Witze über »Kunstfehler«, ärztliche Allmacht und die Vorherrschaft der Medikamente sind Legion. Wer das nicht glaubt, muss nur das Fernsehen wenige Minuten vor den *Heute*-Nachrichten des ZDF oder der *Tagesschau* der ARD einschalten, er wird erleben (»Lesen, was gesund macht«), wie die *Apotheken Umschau* sämtliche Zipperlein des Alters mit Fürsorge bekämpft und wie im Zwiegespräch zwischen attraktiv verständnisvoller Apothekerin oder sportlichem Apotheker einerseits und wohlig gestähltem älteren Kunden, respektive Kundin, wie einer Gesellschaft, die aus »rüstigen Menschen« besteht (die manchmal einen Treppenlift brauchen), mittels Pharmaindustrie auf die Sprünge geholfen wird.

Natürlich korrespondiert der Witz mit diesen Umständen. Während erfahrene Schriftsteller auf verschiedene Weise konstatieren: »Das Alter ist ein Schiffbruch« (Charles de Gaulle), oder: »Das Alter ist ein Massaker« (Philip Roth), versucht der Witz das Alter wegzulachen. Trotz der Lachfalten, die dabei entstehen und nur durch Botox beseitigt werden können. Gerade angesichts der Drohungen und Gefährdungen des Alters heißt es hier erst recht: Humor ist, wenn man *trotzdem* lacht. Und glauben Sie mir, ich weiß, wovon ich spreche.

Hier zunächst eine soziologische Diagnose einer auf den Kopf gestellten Lebenspyramide.

> Auf einen ausgebildeten Arzt kommen zehn
> eingebildete Kranke.

Und, auf die diagnostischen Finessen bezogen, die unsere Medizin inzwischen erreicht hat:

> Es gibt keine gesunden Menschen, es gibt nur
> Patienten, die nicht hinreichend untersucht worden
> sind.

In Bezug auf die Kostenlawine, die die ärztliche Kunst notwendigerweise erzeugt, gilt auch die folgende zynische Definition:

> Chirurgie ist die Kunst, dem Patienten nur so viele
> Glieder wegzuschneiden, dass er noch zahlungsfähig
> bleibt.

Zur Entschuldigung: Witze über Medizin sind zwangsläufig zynisch.

Alter ist eine letzte Grenze, die vor dem Tod. Über den Tod gibt es wenige Witze. Über den Tod gibt es eigentlich nichts zu lachen. Man kann sich wünschen, man kann hoffen, dass er gnädig ist. Dass er nicht stattfindet, ist keine Hoffnung.

Auch der große Loriot (Vicco von Bülow) hat über seinen Tod gewitzelt, wenn auch nur auf einem Umweg.

> Als er gefragt wurde, was auf seinem Grabstein stehen solle, hat gesagt:
> »Praktischerweise mein Name.«

Der folgende Witz über ein fremdes Sterben, aus Wien, von dem vorgeblich begriffsstutzigen, dumm-schlauen Graf Bobby, weist auf die würdigenden Übertreibungen hin, die zwangsläufig über Tote in Nachrufen geäußert werden, getreu dem lateinischen Grundsatz: »De mortuis nihil nisi bene« – über Tote nur Gutes.

> Freddy trifft Bobby und fragt: »Weißt du, wer gestorben ist?«
> Bobby: »Ja, Graf Esterházy. Aber mit ihm ist noch jemand gestorben.«
> Freddy: »Wer denn?«
> Bobby: »Ja, hast du denn nicht in seinem Nachruf gelesen: ›Mit ihm starb ein bedeutender Mann.‹?«

Vor dem Tod, der letzten Ausfahrt, dem »Last Exit«, möchte der zum Sterben Bestimmte eigentlich sein Leben noch einmal genießen. Er hat sich dazu den denkbar schlechtesten Lebensabschnitt ausgesucht, wie viele Witze und noch mehr wahre Geschichten, die das Leben (vornehmlich in die Klatschspalten) schrieb, belegen. Immer wieder liest man von Alten, die sich mit Mühe und Not und mit dem Schuhlöffel in den Porsche zwängen, den sie sich erst im hohen Alter leisten konnten, um junge Blondinen oder auch Brünette aufzureißen – was ihnen in jungen Jahren offenbar mehr ungetrübtes Vergnügen gebracht hätte.

374

Mir hat immer die Geschichte des »Nach mir die Sintflut«-Sterbens gefallen, das, was Tucholsky in dem Volkslied »Wir versaufen unser Oma ihr klein Häuschen« als Volksweisheit dargestellt hat.

Einmal in dem schwäbischen Witz von dem Patienten, der zum Arzt kommt. Der untersucht ihn gründlich und sagt dann sorgenvoll: »Mein Herr, Sie müssen aufhören zu trinken. Sie sind schon völlig ruiniert. Ihre Leber zerstört. Ihr Magen zerfressen. Ihr Herz überfordert. Wie wollen Sie so weiterleben?«
Darauf sagt der Patient: »Ha no, Herr Doktor, da sauf i halt no e bissle auf der Milz herum.«

Die andere Geschichte ist die vom Wiener Altersheim, von einem von der Gemeinde wunderbar eingerichteten Alterssitz.

Ein Reporter des ORF befragt die gut gelaunten, sich geborgen fühlenden Alten. Schließlich kommt er zu einem Mann und sagt: »Offenbar geht es Ihnen hier sehr gut. Sie sehen auch noch rüstig und frisch aus. Wahrscheinlich haben Sie vernünftig und beherrscht gelebt. Sicher haben Sie, zumindest in den letzten Jahren, kaum Alkohol getrunken.«
Der Befragte sagt: »Das möchte i net gerade sogn. Also zum Mittag trink i ein, zwei Schoppen Wein, dann nachmittags zum Kaffee ein, zwei Schnapserl, am Abend am Stammtisch zwei Halbe Bier und nach dem Essen zur Verdauung wieder zwei, drei Schnapserl.«
»Ah«, sagt der Reporter, »ah, ein erstaunliches Beispiel Wiener Lebenskraft und Lebensfreude. Und wie steht's mit dem Rauchen? Da waren Sie sicher abstinent, oder?«

»Also, des möchte i so auch net sogn. I habe über Tag eine Schachtel Zigeretten g'raucht.

Nach dem Mittagessn gerne eine Stumpfe, am Abend meine Pfeife oder noch lieber am Samstag eine gute Havanna …«

»Erstaunlich«, sagt der Reporter, »wirklich erstaunlich. Sie sind, wenn ich es so sagen darf, ein echtes Beispiel für einen unzerstörbaren Wiener. Darf ich jetzt noch neugierig werden? Wie war's mit, ähm, den Verhältnissen zu Frauen? Waren Sie da in den letzten Jahren, ähm, eher zurückhaltend, sozusagen?«

»Dös könnt i, also, so au net sogn«, antwortet der Mann. »Seit meine Frau mich verlassen hat, die Gute ist vor fünf Jahren gestorben, hab ich zwei Freundinnen g'habt, die ich jeden Abend heimgesucht«, er lacht, »ja heimgesucht habe. Und in der Früh, da hob i oft wos mit dem Stubenmädl g'hobt. So zwei, drei Mal in der Wochen am Vormittag. Und zur Jause bin i so gern, Sie wissen schon, in ein Etablissement gegangen und hab mich dort mit der ein oder anderen, wie soll i sogn, vergnügt. Jo …«

»Erstaunlich, wirklich erstaunlich«, sagt der Radioreporter des ORF. »Und jetzt sagen Sie uns noch, unseren Hörern, wie alt Sie sind.«

Der Mann guckt ihn an und sagt: »Dreiundreißig.«

Andere Geschichten handeln von wirklich Alten und deren letzten libidinösen Zuckungen.

Kommt ein Mann, 75, zum Arzt (der unvermeidliche Anfang) und sagt: »Herr Doktor, ich laufe immer noch den jungen hübschen Frauen hinterher.«

Sagt der Arzt: »Und wo ist das Problem?«
Antwortet der Mann: »Ich habe vergessen, warum.«

Auch der nächste Patient, an die 80, kommt zum Arzt
und sagt: »Herr Doktor, ich habe nach dem Sex immer
so ein Pfeifen im Ohr.«
Sagt der Arzt: »Na und? Was erwarten Sie in Ihrem
Alter? Standing Ovations?«

Hört denn das nie auf, möchte die Vernunft bei solchen Geschichten fragen.
Nie, ist die eine Antwort. Früher, als man denkt, die andere.

Die Ängste des Alters bestehen aus Vergessen, Verdämmern,
Verdrängen. Als letzter Trost bleibt die Erinnerung.

Unterhalten sich zwei Alte auf der besonnten
Parkbank.
Sagt der eine: »Ach, war das schön! Ach, die Jugend!
Ach, die Jugend!«
Seufzt der andere: »Ja, die Jugend. Die schönen
Mädchen, mit denen man spazieren gehen konnte.
Arm in Arm, allein, durch den Abend.«
Sagt der eine: »Ja, und im Café sitzen oder im Kino,
wenn es dunkel wird und man die Hand der Nachbarin
ergreift.«
Seufzt der andere: »Ja, ja, ja, und dann das
Nachhausebringen. Ja.«
Da wird der eine unruhig und rutscht auf der Bank hin
und her und sagt: »Da war doch noch was, da war doch
noch was!«

Zwei andere Alte unterhalten sich in Zürich. Warum in Zürich? Ich weiß es nicht! Vielleicht, weil es die Stadt ist, in der die Langsamkeit erfunden wurde?

Plötzlich stellt der eine dem anderen eine Frage:

>>Du, was hast du lieber? Weihnachten oder
Geschlechtsverkehr?<<
Der andere wiegt sinnend sein Haupt. Überlegt.
Und sagt dann: >>Weihnachten!<<
Darauf der erste: >>Weihnachten? Warum
Weihnachten?<<
Darauf der andere: >>Weil … das ist öfter!<<

Die größte Bedrohung im Alter ist das Siechtum, und die größte Bedrohung während des Dahinsiechens ist das Vergessen, die Auslöschung des eigenen Gedächtnisses, weil es – neben und vor dem Nichts des Todes – der größte vorstellbare Verlust ist. Neben dem Vergessen ist es das Ausgeliefertsein an die Allmacht der Ärzte, die nicht nur in der modernen Zeit Halbgötter in Weiß sind, sondern diejenigen, die über unsere Geschicke entscheiden. Jeder ältere Mensch (der politisch korrekte Begriff ist: ältere Mitbürger) kennt das Ausgeliefertsein in der Narkose, die für den Patienten Ähnlichkeit mit dem Tod hat und – obwohl die Narkosetechniken sich immer und immer mehr verfeinern – ihm gleichermaßen eine Ahnung vom >>letzten Ausgang<< vermittelt. Früher hat man gesagt, dass der Schlaf der Bruder des Todes sei. Mag sein. Dann aber ist die Narkose, noch enger, sein Zwillingsbruder.

Der knappste, treffendste Vergessenswitz ist der folgende:

Ein Mann kommt zum Arzt. Als er im Ordinations-
zimmer angekommen ist, sagt er, voller Verzweiflung:

»Herr Doktor, es ist furchtbar, ich kann mir nichts merken, aber auch gar nichts. Ich vergesse sofort alles.«
Darauf fragt der Arzt: »Seit wann haben Sie denn das?«
Fragt der Patient: »Was?«

Die nächsten Geschichten zeigen Abstufungen im Abhängigkeitsverhältnis vom Patienten zum Arzt.

Ein Patient erwacht aus der Narkose, nach der Operation. Der Chefarzt kommt zur Visite und sagt: »Ich habe eine gute und eine schlechte Nachricht für Sie! Welche möchten Sie zuerst hören?«
Der Patient seufzt: »Die schlechte!«
Der Arzt: »Die schlechte ist, wir haben aus Versehen Ihr gesundes Bein amputiert.«
»Um Gottes willen«, sagt der Patient, »was ist denn dann die gute?«
»Tja, das kranke Bein heilt schneller als erwartet.«

Der nächste Witz bietet ein schlimmeres Leiden zum Trost gegen das vermeintlich schwächere auf. Es ist in Wahrheit eine Geschichte über die sprichwörtliche Wahl zwischen Pest und Cholera, in die das Alter oft die Bewohner dieses Lebenskontinents stellt.

Wieder stellt ein Arzt dem Patienten eine gute und eine schlechte Nachricht vor Augen, nachdem er ihn gründlich untersucht hat. Wieder entscheidet sich der Patient dafür, als Erstes die schlechte Botschaft zu hören.
»Also, die schlechte Nachricht ist, Sie sind unheilbar an Krebs erkrankt.«

»Und die gute?«, stottert bleich der Patient.

»Die gute ist, Sie haben auch Alzheimer. Das bedeutet, Sie werden die schlechte Nachricht, sobald Sie nach Hause kommen, schon vergessen haben.«

Tröstlich kann da nur die Geschichte vom Tenor wirken, der beim Zahnarzt gerade eine schwierige Zahnoperation überstanden hat – es war die Zeit, als Zahnbehandlungen noch sehr schmerzhaft waren –, und der Arzt nach der Behandlung zu ihm sagt:

»Donnerwetter, das muss ich sagen, Sie waren sehr tapfer. Sehr tapfer, während der schwierigen Operation.«
Darauf erwidert der Tenor: »Ohne Gage bekommt man bei mir keinen Ton heraus!«

Auch Patienten können egoistisch sein.

Hellmuth Karasek

Klug und pointenreich, vergnüglich und nachdenklich

Ein Muss
für Hitchcock-Fans!

»Vielleicht sollte man nur so, wie es hier geschieht, über Filme,
über Kunst reden, ohne großen Worte, ohne das Hehre
und Erhabene zu bemühen, sondern aus der Sicht begeisterter
Macher und souveräner Pragmatiker, und vielleicht
sollte man das nicht wie ein Sachbuch beschreiben, sondern
wie einen Roman, oder besser: wie einen Film von Hitchcock.
Ganz sicher wird man nach der Lektüre Filme anders sehen,
besser, genauer, auch kritischer und verständnisvoller,
und auch mit größerem Genuß.« *Die Zeit*

978-3-453-86141-1

Besuchen Sie den Heyne Verlag im Social Web

 **Facebook**
www.heyne.de/facebook

 **Twitter**
www.heyne.de/twitter

 **Google+**
www.heyne.de/google+

 **YouTube**
www.heyne.de/youtube

HEYNE ‹